泰戈尔笔下的印度

［印］泰戈尔 ◎著
［中］白开元 ◎编译

目 录

译 序 / 1
印度的历史潮流 / 1
古印度的"一" / 12
《奥义书》中的梵天 / 21
梵我合一 / 31
有形祭祀与无形祭祀 / 35
净修林 / 44
雅利安人的原始栖息地 / 49
印度历史 / 53
婆罗门 / 62
公正裁决的权力 / 68
杜尔迦大祭节 / 73
莫卧儿时代与英国统治时代 / 79
谁怕谁 / 82
孟加拉分治 / 90
阻止孟加拉分裂 / 98
印度人的生命与英国人的生命 / 105
印度的季节 / 113
春季和雨季 / 117
秋 / 120
印度社会 / 124

社会隔阂 / 136

盲目崇拜 / 141

西服与印式制服 / 147

陋习的折磨 / 152

印度人的人生四阶段 / 157

印度妇女 / 160

印度男人与印度女人 / 167

印度人的煞星 / 173

印度教徒的婚姻 / 175

圣雄甘地的神圣事业 / 196

探望狱中的甘地 / 201

致信甘地 / 206

印度的改革家罗摩·摩罕·罗易 / 209

印度文明与欧洲文明 / 212

被忽视的农村 / 219

印度的合作社 / 223

创建合作社的历史缘由及其宗旨 / 226

孟加拉人的纺织厂和手工织机 / 232

森林女神 / 236

土地女神 / 238

疟疾防治 / 241

三个阶层喝三种酒 / 248

布波纳沙尔庙 / 252

孟加拉掠影 / 258

孟加拉母亲 / 270

印度巨人 / 271

恒　河 / 274

泰姬陵 / 277

金色的孟加拉(孟加拉国歌) / 280

印度命运的主宰(印度国歌) / 283

译　序

罗宾德拉纳特·泰戈尔是印度文学巨匠，也是杰出的思想家、教育家和社会活动家。

泰戈尔于 1861 年 5 月 7 日诞生于加尔各答泰戈尔家族的祖宅朱拉萨迦。1941 年 7 月 30 日在这幢红楼中与世长辞。他漫长的一生经历了印度空前激烈的动荡。

从 1757 年英国侵略者施展阴谋诡计，收买内奸，打败孟加拉邦藩王希拉兹杜拉，开始实行殖民统治，到泰戈尔诞生，印度人民饱受了 104 年的苦难。期间，印度人民多次揭竿而起，奋力反抗。1857 年，士兵大起义席卷全国，震撼殖民统治大厦的柱石。20 世纪初叶，在十月革命的影响下，印度各地掀起推翻殖民统治的群众运动。

泰戈尔是伟大的爱国者。在民族独立运动蓬勃发展的日子里，泰戈尔与群众一起走上街头，示威游行，在集会上发表演讲。为鼓舞印度人民的斗志，泰戈尔创作了包括《印度巨人》《孟加拉母亲》《金色的孟加拉》《印度命运的主宰》在内的数十首爱国歌曲，表现炽热的爱国情怀和对祖国自由独立的憧憬。他号召印度人民超越种姓、教派，为掌握祖国的命运，为创造崭新美好的未来，团结奋斗。印度独立后，《印度命运的主宰》定为印度国歌。孟加拉国独立后，《金色的孟加拉》成为孟加拉国国歌。这两首歌曲将世世代代传唱下去，抒发印度、孟加拉国人民对祖国母亲的热爱。

其后 30 余年，发生了英国殖民当局推行分裂孟加拉的罪恶计划、甘地发动非暴力不合作运动、殖民当局与国大党、穆斯林联盟就未来印度建国问题召开圆桌会议等重大历史事件。

泰戈尔撰写的《莫卧儿时代与英国人统治时代》《谁怕谁》等文章是一幅幅真实的历史画卷。在这些文章中，他阐述了对国内重大事件的政治立场。他坚定地说："我们是英国人统治的庶民，但我们的天性不是他们的奴隶。英国人把千百只眼睛瞪得血红，也不能流放我们的天性。"关于孟加拉分治，他说："孟加拉分治之刀霍霍磨砺的声音，使整个孟加拉胆颤心惊。"他向孟加拉人大声疾呼："用自己的力量，从内部创建我们的国家。"获悉殖民当局以莫须有的罪名逮捕甘地，把他投入大牢；甘地进行绝食，以示抗议后，他不顾年老体衰，亲自前往监狱，对甘地"以全体国民的名义"进行的"决死斗争"表示声援。

泰戈尔从他独特的角度审视群众运动中出现的错综复杂的各种问题。他赞赏甘地发起的非暴力不合作运动，但局囿于富裕的家庭环境，不赞成"以革命的方式改朝换代"。他对在汹涌澎湃的群众运动中难免出现的焚烧英国布、抵制英国货的"过激行为"持否定态度。他坚持接受西方文明的言论并无过错，但在民族矛盾极为尖锐的情况下，显然是不合时宜的。

泰戈尔以敏锐的目光观察反殖民统治斗争的艰难历程，揭示妨碍群众运动取得胜利的两大问题，即印度教徒和穆斯林之间的矛盾和印度社会的种姓隔离。

泰戈尔呼吁各个政党以宽广的胸怀容纳不同政见，加强党派团结。他形象地指出"印度教徒和穆斯林"是"坐在一个祖国母亲的两个膝盖上，分享同一份慈爱"的两个儿子。但他预感到两大教派的团结破裂的严重性，把印度教徒和穆斯林喻为"两轮马车的两只车轮"，"朝相反的方向转动，驾车行驶，必然翻车。"为了避免分裂，使"印度这两大群体拧成一股绳"，他呼吁最大的政党——国大党及其领导人甘地"采取谨慎、克制、宽容的态度"，对新成立的以真纳为主席的穆斯林联盟"作出必要的让步。"遗憾的是，他的宝贵意见未被当时的政党领导人采纳，"悬垂在印度头上的一把分裂的巨剑"，1947年垂落下来，血淋淋地切割出两个国家——印度和巴基斯坦。由于种种历史原因，1971年，孟加拉脱离巴基斯坦，成为独立的国家。泰戈尔在天有灵，看到在他世时的印度分裂为三个国家，想必也会感到万分悲伤。

泰戈尔在希拉伊达哈经管祖传田庄期间，深入社会现实，广泛接触贫民。孟加拉农民的极端贫困和生存环境的恶劣，震颤了泰戈尔的心。之后，他人生旅程的方向转变了。他把创建合作社和兴办教育视为改变国家和群众命运的是两条重要途径。

泰戈尔认为愚昧无知是民族灾难的根由，铲除这个根由必须普及教育，提高群众的素质，从1901年开始，泰戈尔在圣蒂尼克坦实施他的教育计划。经过20余年的艰苦努力，泰戈尔把开初只有五六名学生的小学逐步扩建成进行国际文化交流的国际大学。泰戈尔创建学校，排除殖民当局设置的重重障碍，为印度培养了大批人才，他呕心沥血发展民族教育的执著精神令人敬佩。

泰戈尔在希拉伊达哈目睹佃农的贫穷，心中萌生了帮助他们脱贫致富的念头。他认为在利欲横流的凡世，应该唤醒与他人合群、在群体中活跃的人的本性。只要属于社会的人互相配合，社会中人人就能分享共同创造的丰硕成果。基于这种认识，泰戈尔早于圣雄甘地20年提出了建立合作社的构想，在斯里尼克坦进行集体农业发展的最初试验。泰戈尔的宏伟计划是在斯里尼克坦为印度树立几座模范村，继而在全国推广合作社制度，彻底消除贫困。尽管历史无情地宣告，泰戈尔那种不触动土地私有制的改良主义实验，未能取得期望的效果，合作社的种子未能在各地开花结果，但他希望国民共同富裕的美好理想，至今不乏现实意义。

泰戈尔的人生观、世界观和许多政治观点源于印度古代典籍。

印度是一个文明古国。古圣梵典《吠陀》、《奥义书》汇聚了印度古人对自我对宇宙的质朴认知，闪烁着智慧的光芒。泰戈尔从小跟父亲学习《奥义书》，信奉梵教，奉创造大神"梵天"为唯一真神。他在

《古印度的"一"》、《奥义书中的梵天》、《有形祭祀与无形祭祀》等文章中,力图以"梵我合一"的哲学思想诠释各种自然现象,探讨人世痛苦的根源,揭示生死的内涵。

泰戈尔认为,神是外在的,又是内在的。神融于我,与我不可分离;神不单与我合一,也化于万象,于是万象之中亦有我。神不仅无处不在,而且无时不在,因而"我"也超越时空,生生不息,"我"来自亿万年前,延续到亿万年之后。泰戈尔宣扬的神,不光与"我"和自然合一,也在万民之中。对于民众来说,相信神即相信自己。欲挣脱厄运,不必脱离尘世,不必对偶像顶礼膜拜。

泰戈尔阐述的这种泛神论,无疑属于唯心主义范畴。但泰戈尔强调人的作用,强调人即神,膜拜神不如唤醒自身中沉睡的力量,这与把人的命运完全托付给上帝的宿命论相比,仍具有进步意义。此外,泰戈尔关于有限与无限,有形与无形,生与死,瞬息与永恒的哲理思考和表述,也不乏辩证因素。它鼓励人们从狭小的世俗樊笼中解脱出来,开阔视野,豁达胸襟,淡泊名利,以脱俗的目光看待纷乱世事,确能给人有益的启迪。

阅读泰戈尔在这些文章中的诗性论述,不仅能了解古代圣典对印度历史和文化的深远影响,理解印度群众别样的思维方式和奇特的祭祀活动,也能获得美的享受。

此外,泰戈尔还以犀利的笔触剖析印度的婚姻制度、社会弊病、风俗习惯和祭祀庆典,表达他的真知灼见,给人以深刻启示。他以诗的语言、诗的意象、诗的韵律,生动描写了印度名胜古迹,自然景观,通过寥寥几笔营造宏大奇丽的意象,呈现绚丽而阔大的印度形象,能激发读者对神奇印度的向往。

印度是中国的友好邻邦。2014年9月17日至19日,中国国家主席习近平对印度进行首次国事访问,双方确立了今后加快建立伙伴关系的大方向,达成了一系列重要战略共识和具体合作项目。2015年5月14日至16日,印度总理莫迪访华,双方签署了24份合作文件,涵盖教育、航天、影视、海洋、地震等方面的科学合作。两国领导人的成功互访在中国掀起了"印度热",渴望全面了解印度的中国人也越来越多了。

  本书是从泰戈尔的孟加拉语全集和英文文集选译的。希望此书有助于我国读者了解印度的过去,对当今印度产生更浓厚的兴趣。

  在中央编译出版社领导的大力支持下,本书与《泰戈尔笔下的人生》、《泰戈尔笔下的教育》、《泰戈尔笔下的文学》得以顺利出版,邓彤女士极为认真仔细地编校译文,付出了大量心血,在此谨表示真挚的感谢。

白开元
2015 年 9 月 14 日

印度的历史潮流

在大千世界,轮流进行着呼气与吸气、睁眼与闭眼、入睡与苏醒;进行着一次向里一次向外,一次上升一次下降的富于韵律的运动。由于停止和启动的不间断的结合,世界的运动得以完成。科学研究表明:万物皆有孔隙,换言之,万物存在于"有"和"无"的聚集之中。光明与黑暗,显与隐,有序地交替,创造因而不会断裂,而能节奏明快地进行下去。

看一眼手表的分针和时针,感觉到它们要么在不停地转动,要么完全停转。但注视一下秒针,就会发现,它在滴答滴答地跳跃。钟摆一次向左,少顷又向右,在右面稍停后又向左,不停地摆动,应和着秒的节拍。在世界万物中,我们只看到它们的钟的分针,假如看到显示更小的时间单位的秒针,就能看见,世界每时每刻都在停步和迈步。它不间断的乐音中,乐调时而上升时而下降。创造的钟摆,摆到一边的尽头是"是",另一边的尽头是"不";一边的尽头是"一",另一边的尽头是"二";一边的尽头是"吸引",另一边的尽头是"排斥";一边的尽头是"向心力",另一边的尽头是"离心力"。在逻辑学中,为解决这个矛盾,我们施出浑身解数,提出各种观点。可在创造的经典中,它们轻易地融合,从而使世界奥秘只可理会不可言传。

人类本性中的韵律,不像世界本性中的韵律那样清晰。其间也遵循收缩和扩张的原理,但我们不易维持它的和谐。世界之歌的节拍是简易的,人类之歌的节拍,则要经过艰苦努力才能掌控。我们很多时候倾向于矛盾的一方,回到矛盾的另一方已经晚了,节奏乱了套,拼命纠正错误,全身大汗淋漓,疲惫不堪。一方是自身,另一方是他人,一方是获取，另一方是舍弃，一方是克制，另一方是自由，一方是举动，另一方是评判，从两个方向扯拉着人。避开这种牵拽的不同节奏，达到平衡的教育，是人性的教育。练习掌握这种节奏的历史，是人类的历史。在印度，可以清楚地看到寻求这种节奏平衡的情景。

在希腊、罗马、巴比伦等所有古老文明的元初时期，均发生过民族冲突。在这种迅快的冲突中，一个人在他人中间穿过，又回到自己人中间，才完全觉醒。在这种冲突中，人从单一发展走向多元发展。这就是文明。

帷幕拉开，印度历史的第一场戏中，我们看见雅利安人和非雅利安人之间激烈的民族冲突。最初流血的冲突中，雅利安人对非雅利安人产生了仇恨，它促成了雅利安人的团结。

这种团结是历史的必然。因为，一批批雅利安人，在不同时期进入印度。他们的种族、神祇和经文，有所不同。如果他们不受到外部的猛烈打击，雅利安殖民地眼看着就会被瓜分成许多块。他们就不可能认识到自己是一个整体，就会夸大他们表面的微小差异。在与别人作战的过程中，雅利安人认识到他们是一家人。

和世界万物一样，冲突也有两个方面，即"分"和"合"。所以，在冲突的第一阶段，为维护本种族的特性，雅利安人曾产生自我封闭意识，但历史不可能随之停止脚步。按照世界韵律的规律，历史在自动延伸的道路上，逐步走向联合。

我们不知道在雅利安人和非雅利安人对立的日子里，雅利安社会中出现过哪些英雄。印度的史诗中，没有关于他们丰功伟绩的描写。也许镇群王①举行蛇祭的故事里，隐藏着古代某一场惨烈的战争。镇群王为报父仇，为杀尽灭绝崇拜蛇的非雅利安人的那伽族，竭尽全力。这个故事在史诗中确实有生动描写，不过，镇群王在历史上从未赢得殊荣。

---

① 典出史诗《摩诃婆罗多》，环住王被巨蛇达克沙迦咬死，环住王之子镇群王为报父仇，举行蛇祭，诱杀达克沙迦及同类。

但是，有些人以不懈的努力成功促成了雅利安人和非雅利安人的融合，他们在我国至今被视为神明，受到祭拜。

在充满遐想的历史上，人逐渐获得精神地位。例如，在英国的神话故事中，亚瑟王就是这样的人。他在民族之心中，摈弃个人形象，获得了精神形象。在中世纪的欧洲，亚瑟王深受一个个武士树立的基督教楷模的鼓舞，为赢得胜利与他的敌人作战。同样，在印度的历史上，我们看到，一批刹帝利在宗教和建功立业方面，树立了崇高榜样。他们长期与敌人进行激烈斗争，资料表明，在这种斗争中，婆罗门是他们的仇敌。

我们现在不可能完全知道当时新兴的刹帝利的境况。变革的胜利明确之后，各派之间达成了妥协。社会中对立的因素不再扩散，大家各尽其力，尽快治愈战争的创伤。婆罗门承认新派别的合法性，重又赢得主导地位。

但婆罗门和刹帝利的人生哲学的差异，沿着哪条路呈现怎样的形态，其表象仍可找到。祭祀规则是家庭的一门学问，一个个雅利安家族，尊奉一个个族长，保持各自的颂赞经文和愉悦神明的特殊规则。掌握与祭祀相关知识的人，才能得到特别高的荣誉和许多财物。所以，这类宗教活动，成为一种职业，它像守财奴的珍宝，不是每个人能够获得的。熟练掌握和运用这些经咒和祭祀仪式的复杂规则的重任，自然而然落到某个阶层的肩上。这需要长期学习和反复练习，进行自卫战争和侵占别国领土的人，是不能承担这副重任的。如果没有一个特殊阶层承担维护这一切的重任，家族的纽带就会断裂，与祖先的联系就会中断，社会就会陷入无秩状态。由于这个原因，当社会的一个阶层的人，风餐露宿，外出征战时，另一个阶层的人，竭力保持家族的古老宗教和一些值得铭记的事情的纯洁性，使之代代相传。

然而，当这样的重任落到某个阶层肩上时，整个国家的心路历程和它的宗教发展就不可能同步，因为，那个特殊阶层把宗教法规像大坝似的坚固地构建在一个地方，它与整个国家心路历程是不一致的。渐渐地，平衡的破坏不为人知地达到极为严重的地步，最后，不进行一场革命，就无法恢复和谐。当婆罗门们守护着雅利安的传统习俗和祭拜方式，把宗教活动弄得越来越复杂、繁琐时，刹帝利们与自然和人类的各种阻力作斗争，高喊着胜利，奋勇前进。

那些肩并肩与敌人作战、慷慨赴死的人所显示的团结精神，是在其他阶层中看不到的。面对死亡、团结一致的人，不会过分看重彼此的差别。换言之，精细地保护经咒、神祇和祭祀活动的特殊性，不是刹帝利的行当。在人类的道路极为坎坷的生活领域中，他们是在对抗中成长起来的人。在刹帝利的心田，对传统的、表面的宗教仪式的差异的认知，从来不是根深蒂固的。所以，在自卫和扩张殖民地的时候，全体雅利安人团结的钥匙，掌握在刹帝利的手中。为此，刹帝利领悟到，在一切差异中，团结是最真实的东西。所以《梵学》成为刹帝利的经典学说，《梨俱吠陀》、《夜柔吠陀》、《娑摩吠陀》被宣布为二等知识。他们认为婆罗门精心维护的祭火、祭祀等宗教活动是无用的，并要将其抛弃。由此可以清楚地看到，那时发生过新旧势力的对抗。

印度梵学典籍

社会中出现的传染病似的思潮，绝不甘心受到限制。同样，雅利安族中越是生发统一意识，四面八方就越是扩展这样的感悟：神可以有许多名字，但在真实中是一样的。所以，"以某种颂赞经文和某种方式愉悦某个神明，可能获得特殊成果"，这种观点在整个社会中渐渐淡化，人们自然而然设法消除不同派别的供奉方式的差别。然而，不争的事实是，《梵学》得到刹帝利的大力扶持，于是《梵学》被冠以国学的美名。

婆罗门和刹帝利之间的差异，并非微不足道，这是身心内外的差异。当我们关注外部事物时，我们看到的是繁复和多姿多彩；而当我们观察内心世界时，只看见"单一"。当我们把外在力量当作神时，我们以经文和各种外在的宗教活动，力图把神拉进自己的派别之中。因此，外部的许多力量成了神，外部的各种仪式，也就是宗教事务，按照仪式的差异及其内蕴的能量，期盼着不同的成果。

于是，社会中产生了信仰的异化，作为异化了的信仰的具象，我们看到了两个大神，即属于远古吠陀经典及其相关仪规的大神大梵天，和属于新兴派别的大神毗湿奴。大梵天永世静坐冥想，他的四个面孔是四吠陀。毗湿奴挥动着四只手，不时播布新领域的福音，制造统一之轮，宣传治理，展示真美。

当神明在外部，凡人感受不到自己的灵魂与其息息相关时，人和神之间只有欲望和畏惧的关系。我们以赞颂制服他，向他索要金币、奶牛、长寿和仇人的惨败。祭祀一旦出现差错，他肯定不满意，肯定会惩罚我们，为此，我们担惊受怕，惶惶不可终日。心怀欲望和恐惧的祭拜，是外在祭拜，是对他人的祭拜。当神成为心灵之宝时，内心的祭拜才能开始，那祭拜是虔诚的祭拜。

我们在印度《梵学》中看到两股潮流，即有德的梵和无德的梵，无差异的梵和有差异的梵。《梵学》时而趋于"单一"，时而承认有"二"，并在"二"中间看见

有四只手的毗湿奴

"单一"。不承认"二",就无从举行祭拜,而在"二"之中不承认有"单一",就没有虔诚。作为二元论者,犹太人尊奉的远处的神,是恐惧之神,统治之神,法则之神。当神在《新约全书》中与人结合,承认与人的亲缘时,他就是爱情之神、虔诚之神。当《吠陀》经典中的神,与人分开时,照样可以祭拜他,但当至高灵魂和生命的灵魂,在充满欢乐、不可思议、神秘的游戏中既是"单一",又是"二",既是"二"又是"单一"时,就可崇拜心中的神了。因此,在印度,与《梵学》相关的活动中,爱情和虔诚的宗教诞生了,虔诚宗教的神,就是毗湿奴。

一场革命之后,婆罗门接受了毗湿奴宗教,但有资料表明,他们开初是不肯接受的。婆罗门婆利古朝毗湿奴胸脯踢了一脚,这个故事里隐藏着对抗的一段历史。在《吠陀》经典中,把婆利古描写成祭祀者和分享祭品者的楷模。毗湿奴在祭祀的宝座上限制大梵天的位置,并最终夺取他的座位。举行五花八门的祭祀的时代被抛到后面,虔诚宗教的时代在印度出现的关键时刻,一场摧枯拉朽的风暴来临了。这是势在必然的风暴。那些掌握举行各种祭祀活动的权力,并依凭这样的权力在社会中得到特殊照顾的人,是轻易不让别人打破他们的堡垒的。

毗湿奴虔诚宗教主要是由刹帝利创建的,其证明之一,是我们看到刹帝利黑天是这个宗教的师尊。他的训诫中包含对《吠陀》经文和《吠陀》倡导的行为的打击。另外一个证据是,印度古老的《往世书》中,两个人物——公认的毗湿奴的化身黑天和罗摩,是刹帝利。显而易见的是,刹帝利的虔诚宗教,通过黑天的训诫和罗摩的故事,得到了广泛宣传。

印度两大史诗的基本内容,是古代社会的革命。换言之,它表现的是新旧势力的矛盾。显然,在《罗摩衍那》时代,罗摩站在新生阶级的一边。关于罗摩选择了崭新的道路,历史提供的证据是,朝毗湿奴胸脯踢了一脚的婆罗门婆利古的家中,诞生了持斧罗摩。

以仇恨挑起雅利安人和非雅利安人的矛盾,通过战争和杀戮解决这个矛盾,不过是痴心妄想。在内部以爱和联合解决这个大难题,要容易得多。然而,内部的联合,不是想要就有的。当宗教是外部事物时,当人们把神祇当作自己的财富一样看待时,人与人心灵上的差异,就很难消除了。

刹帝利罗摩曾把低贱种姓人古哈克当作自己的朋友,人们至今认为,这个传说反映了他令人惊讶的宽广胸襟。此后的社会,在《罗摩衍那》的《后篇》中,试图抹掉他的崇高品德。后代的社会卫士造谣说,罗摩曾下令处死首陀罗种姓的修道士,这个例子足以说明罗摩的为人;他们想把罗摩拉入他们的阵营。罗摩无论在痛苦还是欢乐的时候保护了悉多,并冒着生命危险从敌人手中把她救了回来。可是,最后出于

《罗摩衍那》中的罗摩形象

履行社会义务的需要,不得不把她抛弃,他是无罪的。从《后篇》创作的这个故事,不难看出,具有高贵品德、值得崇拜的雅利安民族的杰出英雄罗摩的事迹,被当作有利于社会传统的内容,煞费苦心地加以渲染了。罗摩品行中隐藏着社会革命的历史,其痕迹被后人肆意抹尽,从而使他的品行符合后代的新社会道德标准。当初,罗摩的品德,作为家庭道德和社会道德的样板,被大肆宣扬。罗摩曾让他的种姓走出狭隘的仇恨,走向博爱,他以这种行为准则解决一个难题,因而永远被全民族崇拜。可是,这些事迹泯灭了。渐渐地,他竟成了一个符合教典家

规、世人拥护的社会习俗的捍卫者。罗摩曾把宗教政策和农业学引上新的道路，令人吃惊的是，后代的社会，却把他的品德用于强化陈腐法规的桎梏。在一个时代，一个人为推动社会前进而表现出大无畏的英雄气概，可另一个时代的社会，却把他宣扬为维护稳定的英雄。事实上，在罗摩一生的活动中，前进和稳定是统一的，所以才有后来发生的一连串事件。

罗摩凭正道战胜非雅利安人，赢得他们的忠诚。他没有依仗武力征服他们，扩大疆土。他在南方宣传农业文明和以虔诚为基础的一神教。他播下了种子，几个世纪之后，印度收获了果实。

在雅利安人的历史上，我们看到扩张和缩小这两种现象。人一方面具有"特性"，另一方面又具有"共性"。在印度，这两方面的引力所起的作用，如果我们不加以研究，就不能认知印度。过去，婆罗门是自卫能力的鼓吹者，而刹帝利是扩展能力的鼓吹者。刹帝利朝前迈进，婆罗门就设置障碍。当刹帝利越过障碍，推动社会前进时，婆罗门把新变化和旧事物连缀在一起，占为己有，重新确定其范围。

然而，可以看到，印度未能完全维持促进发展和维护稳定的两种力量的均衡。每次对抗结束，总是婆罗门在当时社会中取得优势。若说其原因是婆罗门才华出众，那是悖违史实的。它的真正原因，在于印度特殊的社会状态。印度发生的民族冲突，是敌对民族之间的冲突。他们的种姓和信仰差异甚大，在他们强烈的对抗之下，印度的自卫能力得以扩大。

攀登阿尔卑斯山雪峰的登山勇士，用绳索把他们连在一起，奋力克服重重困难，朝顶峰迈进。他们走了一段路，重新用绳索把他们联结在一起，向上攀登。绳索在监狱里用于制服犯人，而在崎岖的山路上，是前进的辅助手段。同样，印度社会也是用绳索捆着自己前进的。它最大的危险是脚一滑，坠入万丈深渊。

纵观罗摩的一生，我们发现，刹帝利曾强调宗教团结，以结盟的方式轻易地消除了与非雅利安人的对抗。双方持续不断的厮杀，任何时候对任何社会都是不利的。要么一方灭绝，要么双方联合。在印度，经常高举宗教的旗子，开创联合的事业。开初，宗教和结盟政策均遇到阻力，但最后婆罗门接受了它，并攫为己有。

雅利安人和非雅利安人逐步和好时，感到有必要与非雅利安人的宗教达成妥协。可这时，雅利安信徒却抵制非雅利安人的大神湿婆。在这场斗争中，有时是雅利安人有时则是非雅利安人获胜。

研究《摩诃婆罗多》，可以清楚地看到，对立之中交融着雅利安人和非雅利安人的血缘和宗教。当产生混杂的血缘和宗教时，社会的自卫能力，一次次重新确定自己的界限，竭力保护自己。凡是舍弃不了的，就接受下来，捆在一起。在《摩奴法论》中，反对混血，对主张偶像崇拜的婆罗门表示憎恶，由此可以知晓，虽然接受了与非雅利安人的血缘和宗教的交融，但从未停止对它的阻挠。于是，在社会扩展片刻之后，收缩的倾向又使社会本身变得极为冷酷。

后来，在御庙僧人的支持下，两位刹帝利凭借强大的力量，对此作出强烈反应。宗教政策不仅体现社会法则，也是实实在在的东西——人不是靠遵顺表面的社会习俗，而是在宗教政策的庇护下获得解脱。"宗教政策不认为人与人的差别是永恒的真实"，苦修的刹帝利佛陀和大雄关于解脱的这种观点，传遍印度。令人吃惊的是，这种观点突破民族漫长的礼教和重重障碍，涵盖了全国。之后很长一段时间，刹帝利师尊的影响，击退了婆罗门的势力。

我绝不能说这是一件完美无缺的事。由于一方过于偏执，国家难以保持正常状态，国家的健康受到损害。所以，佛教时代把印度从一种礼教的罗网中解救出来，又把印度推入另一种礼教的罗网，这种现象在别的时代没有出现过。在这之前，雅利安人和非雅利安人的融合中间，不断地产生凝聚力，它像修筑的堤坝，抵御着毁灭的洪水。雅利安民族同化了从非雅利安人那里汲取的一切，使之适合自己的本性。这样，慢慢铸造一个生机勃勃的民族实体，雅利安人和非雅利安人就可休戚与共了。

后来，佛教影响的洪水退去时，社会处处满目疮痍。本想通过一种制度，以统一取代民族差异，可那种制度已分崩离析。佛教试图实现统一，却又破坏了统一。印度所有的分裂倾向纷纷抬头，原先的花园变成了丛林。

造成这种结果的一个主要原因，是以前的印度社会中，有时是婆罗门，有时是刹帝利，占主导地位，但双方保持着民族团结；那时构建民族的任务交给了雅利安人。但是，在佛教影响扩大的时候，不仅印度内部有非雅利安人，从印度外部又来了大批非雅利安人，他们形成强大的势力，很难与雅利安人继续保持原有的和睦。佛教鼎盛时期，不和谐尚未达到不健康的程度。然而，随着佛教逐渐衰败，不和谐以怪异的形式蔓延到了全国。

沙迦人、匈奴人等外国的非雅利安人一批批进入印度，融入印度社会，像接踵而来的洪水，沿着佛教开凿的渗透之河，流入许多支流，抵达印度社会的核心部位。

谁也不要认为，非雅利安人没有什么值得给我们的东西。事实上，从文明的角度而言，古代土著达罗毗荼人并不低微。在他们的合作下，印度教文明才形式多样，意蕴深厚。达罗毗荼人不是哲学家，但他们富于想象力，能歌善舞，善于创造。他们精通艺术，他们的群主神的妻子，是艺术女神。雅利安人的纯哲学与罗毗荼人的艺术趣味和形象思维能力相结合，凝成一种特质。它不完全是雅利安人的，也不完全是非雅利安人的，它就是印度教。

我在前面说过，把自己散落于"繁多"，不是印度的本性。印度的目的是寻求"单一"，把"繁多"凝聚于"单一"。印度最内在的真实性格，是让印度摆脱一切无意义的繁杂的重荷。不管它的历史在它的前进道路上设置了难以想象的障碍，它的天才，依靠自己的力量，突破山一样的障碍，奋勇向前。

印度处于子夜时分沉重灾难的黑暗中，也从不向黑暗投降。种种古怪的噩梦的磐石，压在它的胸口，妄图使它窒息，印度昏沉的意识，不时奋力推开那磐石，在质朴的真理中苏醒过来。现在，我们从外部看不清楚我们所处的时代，但我们感觉到，印度已经行动起来，争取重新获得自己的真实、自己的"单一"和自己的和谐。岁月之河的堤坝一层层加高，很长时间河水无法流动。如今坝基已经坍陷，静水似乎与大海取得了联系，又开始汇入世界大潮之中。可以看到，我们各种新的行动，像强劲的心脏驱动的血液，有时向世界奔流，有时折返回来。世界大同有时领它弃家外出，民族主义有时又把它送回家中。有时它渴求"万有"，放弃"本体"，可它看到，放弃"本体"，一贫如洗，却得不到"万有"。这就是新生活开始的迹象。如此这般，经受着两种碰撞，真实的道路在我们民族生活中显现。这让我们认识到，在本民族之中可以实实在在找到所有的民族，在所有的民族之中可以实实在在找到本民族。我们终将省悟，如同舍弃自身，赢得他人，是徒劳的乞求，舍弃他人，锁闭自身，则是贫困的最大灾难。

1911 年

古印度的"一"①

那个"一"像一棵大树,静静地矗立在天空。这里的一切,与大神和至美浑然交融。

啊,美,如同所有的鸟儿回到树上的巢中安然静憩,这里的一切,依附于至上灵魂。

就像大河流过直路、弯路,携带大大小小的支流,因诸多涧溪加入而越发丰盈,穿越重重障碍,奔向一个浩瀚的大海,人心也是如此,纵然不知道目的地,也在世界的无限繁复中,从一个"一",奔向另一个"一",最终去了哪儿呢?好奇的"科学"在一种种物质的门口,在原子、分子中间,在寻找谁呢?"亲情、友情"一步步受到离别、忘却、死亡的折磨,在无尽渴望的驱策下,在一条条路上徘徊,期望见到谁呢?惴惴不安的"虔诚",头顶着祭品,在太阳、火焰、飓风、雷电、乌云中,迷失在哪儿呢?

这时候,在无尽头的路上行进、迷失方向的人听见,路边绿荫浓郁的净修林里,有人用雄浑的声音在诵念经文:

"那个'一'像一棵大树,静静地矗立在天空。这里的一切,与大神和至美浑然交融。"

所有的路断绝了,行路的艰辛随之消失。结束了无尽"因果"的倦乏的大小旅程,"领悟"说:

---

① "一"指印度梵一元论中的"梵"。

"应在神奇世界活跃的繁多中,将无量永恒视为一体。"

这时,在千百种恐怖和怪异中,寻找大神的筋疲力尽的"虔诚"说:

"这个'一'是万物之神,是众生之主,是众生的养育者;这个'一'像大桥,支托着万世,使之不遭毁灭。"

在外面各种打击和牵制下,烦躁不宁的"爱情"说:

"这是'一',他是最为深邃的至上灵魂。他比儿子更亲切,比财富更让人喜爱,比其他一切更让人喜欢。"

一瞬间,在对抗中,充满"一"的永恒宁静和世界的繁复显现了。"一"的真实,"一"的无畏,"一体"的快乐,以无量的美,将破碎的世界缀连为一体。

露水滋润的冬天的早晨,东方的天空扩展着朝霞,薄雾弥漫的广阔原野笼罩着生物即将苏醒前的一片宁静,养育生物的大地母亲,此刻似乎首次睁开眼睛,这位世界的主妇在她的广厦里尚未开始喂养无数生物。在白日之初,她诵读了经咒,在世界之庙开启的金光闪闪的大门口,在造物主面前默默地低垂着头。这时想象一下,就能感知,露珠点缀的杳无人影的寂静原野上,处处有不息的生命运动。每棵小草的原子里进行着神奇的生命活动。每滴露水里,增与减,拉与推,持续不断。可在这不停的无数晃动中,宁静和美岿然不动。今天,此时此刻,把宏大地球强劲地拽向天宇的神力,在我们面前默默无语,一声不吭。今天,此时此刻,我们难道知道,环围地球上陆地的大海里,万顷波涛在吼叫,在狂舞。千百条江河里,水浪在翻涌。一座座原始森林里,绿涛起伏,一簇簇树叶在飒飒作响?遍布宇宙的巨大创作室里,亿万星灯从不熄灭。它绵绵不绝的声响,何曾震聋谁的耳朵?它奋力创造的气势磅礴的场面,何曾折磨过人?当我们放大地观察劳作之网罩住的地球时,我们看见永不疲倦的恬静的美。如许劳作中,如许拼搏中,如许生死、苦乐的无尽循环中,它从无焦虑、忧伤的神情。世世代代,它的早晨多么清丽！它的晌午多么沉静！它的黄昏多么温柔！它的夜阑多么旷达！在如许纷繁和拼搏中，缘何有这种稳定的静谧和美呢？如许声响中，这完美的歌曲怎么可能谱写呢？唯一的回答是：

"那个'一'像一棵大树，静静地矗立在天空。"

因此，繁复也是美。世事中的宁静，遍布世界。

'一'像静立在天空的树

深夜，在裸露的天空下，感到四周多么幽静，个人多么孤独！然而，光幕徐徐升起，我们骤然获悉，"黑暗"的会场上，我们站在阳光世界的无数人中间。这是何等出人意料的奇迹！这是茫茫世界的幽寂！这儿，有多少闪光和多少无光的太阳系，有多少数不清的循环之路上的旋舞，有多少雾团的剧烈碰撞，有多少骇人的火焰喷发。在其中央，我异常平静，十分孤单！宁静和憩息，无际无涯！这怎么可能呢？唯一的原因是：

"那个'一'像一棵大树，静静地矗立在天空。"

否则，这千姿百态、无从丈量的世界，带着一个个颤抖、旋转的尘粒，将是多么可怕！假如繁复脱离"一体"，"无量"不用一条纽带维系，迸发的各种力量，不被沉默的"一体"抓住，那将多么惊心动魄！大千世界的恐怖将难以描述！那么，我们在一个个凶悍的世界中，依靠谁的力量能够这样无忧无虑呢？这极其陌生的世界，它的每颗尘粒对我们来说也是揭不开的奥秘，我们依靠谁的信念，感到它像永远熟悉的母怀呢？此刻，我坐的椅子上，正在发挥作用的扩张与收缩的伟力，从这张椅子开始，不间断地完整地一直走进日月星辰的世界。世世代代，它不停地凝聚、分裂一个个世界。我坐在它的怀里，无忧无虑地歇息。我根本不可能看到它狰狞的本相。那世界各地的惊天大事，丝毫不妨害我的休息。我们在它的中间游戏，建造房屋。它是我们的什么人？对它这样发问，它不会回答。它在各个方向，从一重天到另一重天，漫不经心地，千姿百态地，走自己的路。是谁让我们与这个容貌千变万化的哑默的痴迷者建立了如此亲密的、熟悉的亲人般的关系？他就是：

"那个'一'像一棵大树，静静地矗立在天空。"

我们在世界的繁复中看到的这个"一"是美，在世界的力量中看到的这个"一"是宁静。那么，在人的世界上，这个沉默的"一"的含义是什么呢？含义是福。人世间，有种种冲突和摩擦。因为有苦乐、离合、得失和利害，人世间时时处处怨言不绝于耳。但是，这动荡这争斗中，这个"一"总是不声不响，世界才没有崩坍。所以，在各种矛盾和仇恨中，儿子与父母，兄弟与兄弟，邻居与邻居，熟人与生人，每时每刻得以维系在一起。这种维系之网，因我们一时的怨愤破损多少，马上又会修补多少。我们虽局囿一处，看到世上的无数丑恶行径，但整个世界仍在阔大的美中显现。同样，就局部而言，人世间的罪恶无穷无尽，但整个人世永远被不断的善行的纽带紧紧联结着。在它的某一部分，我们虽看到许多不安宁和不和谐，可仍然看到，它整体的善德的理想丝毫没有破坏。为此，人才能如此容易地归附这个人世。虽有那么庞大的群体，虽有那么多非亲非故的人，虽有那么剧烈的冲突，这个人世仍是美好的，仍想法保护我们，养育我们，而不伤害我们。它的苦痛也融进了气势恢宏的善德之歌的和声和美妙旋律中。这是因为：

"那个'一'像一棵大树，静静地矗立在天空。"

我们时刻分割生活，因此，人世的痛苦才难以忍受。只要把所有分割的细小部分纳入伟大的"一"之中，我们就能摆脱一切烦恼焦虑。

只要看到他统辖①一切心性一切行为，遇到障碍，我还会着急吗？遇到困难，我还会沮丧吗？听到别人说三道四，我还会气恼吗？有了权力，我还会傲慢吗？遇到挫折，我还会气馁吗？这样的话，我做每件事情，就有耐心，心境平和。一切心性中，就有美和福的显现。气愤就能转化为善行。人世间遭受打击的痛楚就能衍化为温情。那时，处处感受到那沉默的"一"的善意约束，就不会认会人世间存在的苦痛是猜不透的谜；身处痛楚、悲伤、匮乏中，也会低着头接受它。在它的中间，世世代代，大千世界一切痛苦的全部含义，汇聚在完整的福祉中。

丑恶在局部中，美在整体中；苦斗在局部中，安宁在整体中；矛盾在局部中，福祉在整体中。同样，死亡在局部中，永生在整体中。把那整体分割了加以观察，我们就不能走出千疮百孔了。于是，"财物"强悍起来，财力、精力和荣誉感自行膨胀，驱使我们四处奔波。与此同时，马车和砖木房子名声大振，敛取财物便没有终点。我们与邻居不停地展开竞争，在争夺拼抢中分散自己的精力，直到生命的最后一刻。当死神从库房门口遽然把我们抓走时，在那最后一刻，我们还把在人生的各种争斗中积累的山一样的物品视为至爱和灵魂的极终庇护所，想使出最后一点儿力气，紧紧抱在胸前。

　　通过心灵所得的东西中，没有多样性。

在大千世界，他是无量永恒。表面上，他不在任何地方整个地显现。只有心灵在多样性中看见那"一"，祈求那"一"，依附那"一"，让自己获得成功。在多样性中找不到那"一"，就没有心灵的幸福、安宁和福祉，它迷惘的旅程就没有终点。心灵若不能与那恒久的"一"牢牢地结合，就不能与永生结合，就会被分散的死亡驱赶，打伤，四处漂泊。心灵受制于天性，有时知道有时不知道自己时而走直路时而走弯路，在一切感悟中，在一切情感中，时刻寻找那至高无上的"一"的

---

① 这儿的他，指"一"，亦即梵。

极终快乐。一旦找到，立刻说："我获得了永生。"接着说：

  黑暗消逝，我认出了那熠熠闪光的大神。认出他的人全长生不老。

贾迦波勒卡①把全部家产交给妻子姆伊德雷易，动身前往大森林时，姆伊德雷易问丈夫："有了这些家产，我能长生不老吗？"贾迦波勒卡回答："不能，你的生活将和有财物的人的生活一样。"姆伊德雷易说："靠这些东西，我不能长生不老，我要它干什么呢？"

抛弃了那些多余的东西、那些零散的东西、那些被死亡击打的东西，姆伊德雷易祈祷在完整的永恒的"一"之中获得一席之地。

死亡改变我们与世界的关系，改变我们与各种各样的人的关系，但不能改变我们与那个"一"的关系。因此，全身心地归附"一"的仙人，获得了永生。他没有损失的担忧，也没有分离的恐惧。他知道，人生的苦乐是活跃的，可其间有象征着福祉的缄默的"一"。得失来而复去，但是，那个"一"是最大的收获，默默地待在灵魂之中。财富和凶险时刻在流转，然而那个"一"是稳定的——

  它是生灵的极终，是生灵的至宝，是生灵的极终世界，是生灵的极乐。

谁在为绫罗绸缎、权位、豪宅和金银拼搏？他们是我什么人？他们能给我什么？只要他们是在藏匿我的至宝，为此，我日夜不感到一丝愤慨，而为他们的积蓄而感到骄傲。为有大象、骏马和宝石而感到的荣耀，不是灵魂的荣耀；空虚的心中，没有心灵之神的位置。最大的卑贱，体现于极终真谛的缺失，它使整个心灵变得贫乏、丑陋、龌龊。热衷于华服饰物，只会让我变得臃肿不堪。这时，我做不了世界之主要我做的事，因为，我书写的卖身契交给了绣榻雕椅、华服、饰物，把头脑卖给了固体物品的垃圾，每天掸去所有脏了的什物上的灰尘，打发我的

---

① 贾迦波勒卡是印度古代的一位圣哲。

时光。我没有能力为天帝的事业捐赠什么，因为，绣榻上马车上，我的全部赠品已送完。该做的善事留剩着，因为，在众人面前，一天天大张旗鼓地高唱自己的美名，我累得身子瘫软，顾不上别的了。为了用千疮百孔的陶罐汲水，我忙忙碌碌，直到生命的最后一刻，而辽阔的甘露之海静静地待在我面前。他是一切真实的真实，可我在身心内外，在性情和感知中，哪儿也看不见他。带着这样的盲目性，我竟心满意足。他①是最甜美的快乐，在其极少一部分快乐中，一切生物的生命的努力、心灵的努力、友好的努力、行善的努力，全受到鼓舞，其中却没有我的快乐。我的快乐、我的骄傲，只在商品中。我被如此宽大的愚蒙遮得严严实实。在他无形手指的指引下，生物的特性，经历了不为人知、无所作为的数千年，从谋利进入追求真谛，从恣意妄为进入自我克制，从个人独裁进入社会统治。他是令人害怕的疯狂的霹雳，他是烧毁桎梏的熊熊大火。从古至今，在一个个世界，他是我的天帝，他的号令没有进入我的耳朵，我不相信他的伟业。只在一生的几天内，认定那几个人就是民众，把甘受他们威胁、摆布和花言巧语的玩弄，当作我宝贵人生的唯一目的——我竟如此愚蠢！我不知道我看不见——

那个"一"像一棵大树，静静地矗立在天空。这里的一切，与大神和至美浑然交融。

对我而言，整个世界支离破碎，所有的感悟四分五裂，人生目标已裂成千百块碎片。

啊，"一"，大千世界至高无上的神，接受我这颗心吧！你丰满了整个世界，也默默地丰满我吧！但愿我在我的身心里，在体内体外，在劳作、感觉和情感里，直接认知你的完美。我想在你的全面管束下，无声无怨地做你的事情。你随时发布命令吧！召唤吧！以你喜悦的目光给我快乐吧！用你的右手赋予我力量吧！当委靡的艰难日子来临时，当朋

---

① 指创造大神梵天。

友们不愿来到我身边时,当人们欺负我时,当顺境成为奢望时,别让我彻底失败,瘫倒在地!别让我看许多人的脸色行事!但愿我面对许多人的恐吓毫不畏惧!听了许多人的挖苦讽刺仍坦然自若,面对许多人的诱惑而不动心。啊,"一",当我心座上的国王吧!独自占有我的一切成就!制控我所有的自鸣得意!在你的足前,集中、制约我的一切欲望!

啊,不朽的大神!在远古的印度,从你那儿涌溢往世的智慧时,我们心地纯朴的先辈们知道了什么是梵的无畏和快乐。他们因有了"一"的力量而强大,因有了"一"的充沛精力而朝气蓬勃,因有了"一"的光荣而崇高。为了衰落的印度,我再次向你祈求闪烁着智慧、无畏纯洁的灿烂岁月。在印度这片土地上,再次让我们面对你的王座昂首挺胸!我们不想通过战争、机器和贸易,而要靠艰苦、纯正、欢愉的梵行臻于高尚。我们不要王权,不要霸权,不要骄奢淫逸,在天堂人间,我们要的是每日一次独自站在你宏大庙宇里的权利。倘若能那样,我们就不再贫困、屈辱和低三下四。我们的衣衫可以粗敝,我们的物品可以稀少,但愿我们不会羞愧,心中没有恐惧、卑贱和桎梏,灵魂的尊严在一切尊严之上。但愿丧失了王冠、忠于梵的印度的宽阔额头,在你的圣光下熠熠闪亮!在我们周围,为自己的文明而趾高气扬、为科学进步而疯狂、因自己身强力壮而神气活现、为牟取暴利而极其残忍的一些民族,一刻不停地磨砺自己的牙齿和指甲,彼此怀着戒心,虎视眈眈,以兄弟的鲜血玷污吓得发抖的世界。他们这样做所谋求的东西,以及他们膨胀的妄自尊大,不会使他们不朽。他们的机器,他们的科学,他们山一样高的巨大财富,不能保护他们。但愿印度不贪图他们的强势和财富的疯狂,不贪图他们的物质丰富。啊,举世无双的"一",但愿苦修的印度穿着树皮衣,凝视着你,用通晓《梵学》的姆伊德雷易的甜美声音说:

"靠这些东西,我不能长生不老,我要它干什么?"

请不要把印度的目光引向被炮弹的黑烟和金色尘土遮暗的国家的光荣。让卑微的印度抬起低垂的头,遥望你永不黑暗的世界。

当你永不黑暗的世界闪现时，哪儿还有昼夜？哪儿还有真假？只有祥和，只有福祉。

啊，美，啊，至美，向你顶礼！

啊，福祉，啊，至上福祉，向你顶礼！

啊，善德，啊，至上善德，向你顶礼！

1901 年

《奥义书》中的梵天

我想在房间里点燃一盏油灯，就得忙好一阵子——为了这件小事，我需要许多人帮忙。他们中间，有的在某个地方种油菜，有的在某个地方榨油，有的在某个地方买卖菜油。此外，制作灯具的人也得东奔西走，花费很多精力。经过如此复杂的过程获得的灯光，其实是很微弱的。灯光下可以做我家里的事，但在灯光的映衬下，外面的黑暗似乎浓稠了两倍。

然而，接受显示世界轮廓的曙光，我不用依靠谁。不用我去制造，只要我苏醒就行了。只要睁开双眼，推开房门，射进来的曙光，是谁也挡不住的。

谁要是说，什么地方隐藏着观察曙光的极为神秘的手段，听了心里马上会联想，看到的肯定不是曙光，而是一种人为的光，是人世间有特殊用处的一种微弱的光。因为，普洒的阳光是自行落到我们头上的。而为了获取那种微光，必须建造许多工厂。

宗教，就像这样的曙光。它也这样朴素，也这样无穷无尽。它是天帝的自我奉献——是恒久的、繁复的，环围着我们，静静地维系着我们身心内外的一切。想要它就能得到，只要敞开心扉就行了。然而，获得满天的阳光，对我们来说，是不可能的，同样，想采取特殊措施去获得我们无限生命的财富——正道，任何时候也是不能遂愿的。

我们自己创造的东西，往往变得相当复杂。我们的社会是复杂的，我们的世界是复杂的，我们的人生旅程也是复杂的。这种复杂性，依凭自身的多姿多彩，常常装得阔大而强悍，耍弄我们愚昧的心。我们无知的脑瓜把专门知识加到极为玄奥的哲学著作身上，看着它感到十分疑惑。有些文明的多种走向是紊乱的、交错的，其工厂、材料遍布各地，迷惑我们脆弱的心。但能轻易阐述哲学观点的哲学家，是名副其实的能人和智者。有些文明以简单方式有序地把自己的各种体系传播到各地，是货真价实的先进文明。不管"复杂"的外表如何艳丽，其实它是一种软弱，是无所作为。而简朴才是完美。正道就是这种完美，所以是简朴的，是唯一的至上理想。

但是，我们的不幸在于，人们用世界最大的"复杂"包装正道，用无数经咒、人为的仪式、复杂的理论和离奇的想象把它弄得如此深奥，如此难以把握。在人为的漆黑的复杂中，一个个探索者每日开辟一条条新路，创建一个个教派。不同教派和理论的冲突，给世界带来无穷的矛盾、仇恨、动乱和灾祸。

为什么会这样呢？唯一的原因，是我们不让自己全心全意地忠于正道，而处心积虑地把它变成私物；以自己的尺度强行削斫它，使它变得和人世间其他必需品一样，非常适合自己使用。

毫无疑问，对我们来说，正道是必不可少的珍宝。但把它变得适合自己使用，它不可缺少的特质就丧失了。它超越国家、地域和人群的细微差别，是无瑕的，从不变异，所以世世代代，在任何情况下，对我们来说，它是不可缺失的。它超越我们，因此，在一切变化中总让我们看到指路的北斗星。

正道是应该皈依的。皈依正道，应按照我们的天性。可是人性多种多样。由于多种多样，原本的"一"变成"众多"。在"众多"所在之地，复杂不可避免。在"复杂"所在之地，必然产生矛盾。

然而，正道又是不必皈依的。正道之王——天帝，是不可皈依的。我们皈依的，不是他，而是别的什么。那不是正道，是凡世。所以，正道中出现凡世的全部征兆。凡世的表征，是繁杂，是矛盾。

凡是我们可以皈依的，其间我们的满足感渐渐消失。凡是我们皈依的，其间每时每刻发生异化。怀着幸福的希望，我们想皈依一切，可凡是皈依的，其间我们的幸福渐渐消失。所以《奥义书》云：

繁多中有幸福，寡少中没有幸福。

如果我们把繁多变成寡少，使之容易接受，就会造成痛苦——这样的痛苦如何摆脱呢？身处凡世应该认识繁多，但通过凡世分割或者禁锢繁多，是不足取的。

举个例子。对我们来说，房子是必要的，我们可以居住。对我们来说，辽阔天空不适合居住。但是，对我们来说，让辽阔的天空保持辽阔，是必要的。让我们房子的空间与辽阔天空保持不间断的联系，对我们来说，我

印度古籍《奥义书》

们的房子才不是监狱，不是坟墓。我如果说，我要把天空变成像房子一样的私物；如果在天空中建造高墙，我的房子在那儿扩展，辽阔天空就将远来越远。如果我想象：我们建造奇大无比的房顶，整个天空成为我的私物，那么，在天上，我就会使自己丧失阳光的诞生地和人间天堂的永恒乐园。凡是容易获得的，凡是用自己的方法不能获得的，费尽心机地去攫取，只会使它变得难以获得。设置包围圈，我们可以获得人世的一切。但只有突破包围圈，才能靠近正道和正道之主。采用凡世的获取方法，是不能获得凡世之外的东西的。事实上，在我们有资格品尝"未得"的快乐之地，想毫不费力地获取，只会全部丧失"未得"的快乐。因此，印度古代的隐士说：

"言语和神思"找不到梵天就消逝，那个梵天的快乐，谁品味

过，就无所畏惧。

印度曾有朴素的宗教理想。我们在《奥义书》中可以找到佐证。其间现身的梵天，是完美的，完整的，未被我们的想象之网缠裹。《奥义书》云：

> 梵天是真实，是悟彻，是无限。

他是真实，否则，这世界绝对就不是真实的。他是认知，一切全是他的认知。凡是他知晓的，全都存在，全是真实。他是无始无终，是无穷无尽的认知，是无穷无尽的真实。

《奥义书》把丰富多彩的大千世界放在在梵天的无穷真实和感悟中，加以观察。《奥义书》不曾想象特殊世界，不曾建造特殊寺庙，不曾在某个地方安置他别具特色的雕像；只在各地完整地感知他；并把各种错综复杂和各种活跃的想象推到远处，使之不具备形态。如此纯洁朴素的伟大宗教理想，难道别外还有吗？

"《奥义书》中描述的这个梵天，是我们不能接近的"，但愿我们不草率地说这句话，不把隐士们的不朽名言抛到我们的运用范围之外。我们不能说，天空不像砖头那样可让我们拿在手中，所以天空是不能抵达的。事实上，恰恰由于这个原因，它是容易抵达的。凡是可抓住的，凡是可触摸的，全可能阻挡我们。我们手砌的一面小墙，挡住我们的去路，但无垠天空，并非不可抵达。壁垒必须推倒，但打破天空是无稽之谈。早晨的阳光不像金币那样可以储存起来，为此，难道能说阳光是难以获得的吗？事实上，一块金币不是难以弄到的吗？而早晨满天的阳光难道可以卖给哪个人，让他带回去吗？人的心里不可能产生花钱买阳光的想象——它无法定价，它是无价的。

《奥义书》中的梵天就是这样的。他在人的身心内外的各地——他在最深之处，他在最远之处。我们在它的真实中是真实的，在他的快乐中显现。《奥义书》云：

> 如果天空中没有这样的快乐，谁会设法凝成形体？谁还能

活着？

那存在的快乐不停地把阳光洒满天宇，因此，我们每时每刻能够呼吸，每时每刻汲取生命力。

其他所有生灵也在享受这快乐中的一部分快乐。

所有生物诞生在那无所不在的快乐之中，

所有生物靠那无所不在的快乐而活着，

它们在无所不在的快乐中进进出出。

《奥义书》中关于天帝的论述中，这段话是最平易最朴素的。接受梵天的情感，不用施展想象，不用制造什么，不用前往远方，不用等待吉日良辰——只要心中有热情，就会产生认识他的强烈愿望。呼吸中流淌着他的快乐，生命中颤动着他的快乐，思维中充满他的快乐，享受中看见他快乐的影子。白天的阳光只等待人睁开眼睛，梵天的快乐也那样等待心扉的敞开。

我曾经一个人住在一只船上。有一天傍晚，点燃一支蜡烛，读书，直到深夜。我累了，吹灭蜡烛，转眼间，圆月的清辉通过四周开着的窗户，注满我的小舱。我亲手点燃的一支小蜡烛，把满天的溶溶月光从我身边推到我看不见的地方。获得月光的无量财富，我不用做什么事情，只要"啪"的一声吹灭这支蜡烛就行了。之后，我得到了什么？没有得到和蜡烛一样可挪动的东西，也没有得到放在箱子里的衣物。

印度神话中的梵天

我得到的是月光、快乐、美和安宁。我获得的大大多于挪开的东西。而得到这两种东西的方法，截然不同。

获得梵天，不像弄金子那么费劲儿，只要像获得月光那样花一点儿力气就行了。像为弄到金子那样，动用各种手段，必然招来憎恨、危险和祸患。而作出获得月光那样的努力，是很容易的，很简单的。不管我们知道不知道，我们与梵天的永恒关系中，唤醒自己的心，就是在设法寻找梵天。

在印度，"觉悟"的经咒也极为简单，一口气就可念完——它是吠陀经文。"梵音回响在天堂人间"——吠陀经文的这部分的名字叫"帕利迪"。"帕利迪"这个单词的意思是汲取四周的东西。首先，心里应接纳天地，即接纳整个宇宙，心里应觉得，我是宇宙的栖居者——我不是一个邦的居民——一个个世界，是我居住的高楼大厦的一间间屋子。就这样，纯真的雅利安人，至少每天一次让自己站在日月星辰中间，超越地球，感受一次自己与大千世界的永恒关系——就像人每天早晨为保持洁净关上房门一次，走到广袤原野上，呼吸新鲜空气那样，修行的雅利安人每天一次把自己的心送到万物中间，送到大千世界。他站在无数星辰点缀的苍穹中，诵念经文：

"我冥想着应接受的孕育世界的神的力量。"

我们应冥想大千世界之王的可观的力量。感悟一次吧，此时此刻，每时每刻，无数世界一起从他那儿不停地展现。我们不能完全看清和不能彻底体认的事物，全是他送来的。我通过什么渠道同这展现世界的无限力量建立稳定关系？我们通过哪个渠道冥想他呢？《奥义书》云：

"他送给我们全部智能，正是通过他赠送的智能的渠道，我们得以冥想他。"

我们是通过什么真切知晓太阳显现的呢？是通过太阳给我们送来的阳光。同样，宇宙的养育者把智力送来我们中间——有了这样的智力，我们得以认识自己和外面一切可观的事物。这种智力，是他的力量。依靠这种智力，我能在心底直接感知他的力量。在外面，如同我们在陆地水域中感知天地的养育者，在内心深处，也可以深切感知他是我智力的源源不断的输送者。外部世界和我的心力，这两者是一种力量的体现，知道了这一点，感受到我的内心与世界的密切关系，以及我的内心与梵天的密切关系，我就能摆脱狭隘，摆脱自私自利，摆脱恐惧，摆脱萎靡不振。于是，诵念吠陀经文，就可建立身心内外的关系，建立心灵与心底幽居者①的关系。

这种冥想梵天的古代吠陀时期的方法，是非常简单的，也是非同寻常的。它摒弃各种虚伪。外部世界和内在心智，是不用哪个人到哪儿去寻觅的。只要想到，他以不倦的力量不断送来这样的世界和这样的智力，我们就能深刻地全面地真切地理解我们与他的关系。我不知道，在这方面，是否有什么技术手段，有什么程序，有什么虚假的方法，有什么娴熟的想象。在这件事上，没有争辩的余地，没有驳杂的观点，也没有个人天性的狭隘性。

我们对梵天的冥想，既简单又深广，这正是印度《奥义书》所祈求的。

外国人和他们宠爱的印度弟子们说，印度教的古籍没有充分关注罪恶，这说明印度教是不完美的，是低劣的。可事实上，这恰恰彰显印度教的优长。我们的注意力直达善恶的根基。印度典籍的全部探究，集中于心灵和无限欢乐者的融合。只要真正靠近他，说一句话，就可洗涤所有的罪恶，获得所有的善德。如果总为母亲出主意："对儿子的事情，你不能漠不关心，你应该这样做，不应该那样做。"那规劝就没完没了了。但如果说："你爱你的儿子吧！"接下来就不用说第二句话了，这实在是最容易不过的。实际情况是，没有爱，母亲做不成一件事。同样，我只要说"梵天在内心闪现吧"，关于罪恶，就不用说一句话了。我若观察罪恶，必然发现其中的复杂性永无尽头——倘若琢磨怎样用刀

---

① 指梵天。

砍，用火烧，连根拔起，将它彻底消灭，只怕永远理不出一个头绪来。总关注那个方面，就会使宗教变成莫大的恐怖。但只要看一眼欢乐者①，罪恶立刻像雾一样消散。在西文的宗教典籍中，罪恶和消除罪恶，是极其复杂极其艰涩的。西方人的智慧把它弄得越来越玄奥，并以怪诞的罪恶理念分裂上帝，使之远不可及，极大地削弱了宗教。《奥义书》云：

> 把人从虚伪引向真诚，从黑暗引向光明，从死亡引向永生吧。

我们只缺少真诚、光明和永生——我们的生活中所有的痛苦、罪恶和忧伤，皆源于此。获得了真诚、光明和永生的一些财富的人知道，有了这些财富，就可铲除我们生活的一切匮乏。那些在我们面前阻碍他显现的东西，五花八门，把我们推进各种痛苦和失败之中。因此，我们的心灵渴望冲破虚伪、黑暗和颓废的黑幕。

关于人生旅程，印度的箴言也很简单，也是为解决根本问题。印度说：

> 寻得幸福者心里应知足，应节制欲念。

追求幸福的人，应知足常乐。愿望得到满足的人，应注意节制欲望。说这句话的意义在于，得到幸福的办法，不在身外，而在心里；不在错综复杂的庞大的物品之网中，而在受约束的心中至洁的质朴之中。储存物品，往往记不清从哪天开始，也无法预测哪天结束。欲望之火中，投进的祭品，全烧成灰，饥渴的火焰渐渐蔓延，渐渐从自己的权利闯进别人的权利，它的贪婪渐渐对世界露出狰狞面目。人如果想象着幸福在身外，像追逐猎物一样凶残地驱赶世界，直到生命的最后一刻，只怕也是枉然奔波，最后，他这个猎人奔驰的骏马把他抛进死亡之渊，他的目的当然无法达到。

---

① 欢乐者指梵天。

当我们在几乎难忍的狂热驱动下,这样疯狂地奔跑时,眼前的世界便模糊不清了。四周脚下意想不到的快乐和巨大财富在等待我们,我们却轻率地撞击它们,碾压它们,踩碎它们。我们只顾奔跑,看不见世界永不耗损的快乐宝库。所以,印度说:

"节制欲望。"

控制住急躁,在沉默的满足中,世界的无穷快乐自然而然就显露出来。由于疯狂奔驰,我们看不到世界的种种仁慈、爱情和美,看不到每日千百种美好的情感交流。只要抑制躁动,心境平和,关注它们,它们中间的全部珍宝是很容易映入眼帘的。

印度从不鼓励人外出猎取不存在的东西。印度从未说过"奔走就是最大成就"这种话。印度主张获取身心内外存在的东西、丰饶的东西、恒久的东西、简朴的东西。因为它是真实的,是永恒的。印度说应在心里赢得心底的幽居者。在大千世界体悟在大千世界幽居的他,是印度的探索。印度祈望排除遮挡目光的障碍,感知我们喜欢居住的天国乐园。心灵荷塘的静谧是纯净的,它的名字是满足。印度的教诲是:它是欢乐之镜,让它脱离全部烦恼!这方面绝对不必想象、不必塑造、不必索取;只要苏醒,只要绽放,只要建树——为接受存在之物而保持纯朴心灵。

啊,印度寻找的永恒的心灵主宰,让我们印度获得成功吧!印度获得成功的道路,是平坦的忠贞之路。就在你中间,它的宗教、事业和心灵,曾有最纯的团结,用纯洁而简单的方法,解决人世、社会和生活的一切复杂问题。印度的道路,不是把我们抛进各种大大小小的利益、矛盾和彷徨之中,不是以各种诱惑把我们的欲望引向各个方向,也不是以各种方式让我们的探索在各种物品的垃圾中兜圈子。印度的道路,是"一体"之路,是冲破重重障碍的你的道路。只要我们不放弃叠印着我们祖先足迹的古老、平坦、宽畅的大道,我们就绝不会失败。当今世界多灾多难,周围战鼓咚咚敲响,四周的大货车把弱者压倒在地上,隆隆奔驰，利益的飓风发出毁灭的啸声，在周围旋转。啊，天帝，如今世人认为你的王座空着，认为宗教不过是陋习，无所顾忌地胡作非为。啊，宁静、至善、无匹之"一"①，在这旋风中，我们不会恼怒，不会像死了的枯叶那样被旋风吸引，举着尘埃之旗，四处游逛。让我们在世界惊天动地的毁灭中，专心致志地坚定地守护这博大的信念：

"不仁不义，暂可扩张，它看到暂时的利益和对手暂时的失败，但它最终被连根铲除。"

总有一天，经受各种痛苦和打击，在空旷的焚尸场上，这场灾难宣告结束。那时，如果人类社会说，当对武力的膜拜、权力的疯狂和不择手段牟取暴利到了登峰造极的地步时，当幻想的黑暗越来越浓稠时，当聚集的饥饿的傲慢在东西南北各地吼叫时，印度也未丧失自己的正道，也未抛弃信念，而是保持着对唯一的永恒真实的忠诚，使出全力，在万物之上牢牢地高举不变的"一体"之旗，在各种动荡和喧嚣之中，高喊：

"别害怕，'一体'的快乐是梵天的快乐，谁明白这个道理，谁就不会害怕。"

果若如此，不依靠倨傲，不依靠权势，不依靠中饱私囊，而依靠坚忍不拔的意志，依靠正法，依靠梵天，在印度诞生的贤哲，《奥义书》的教诲，《薄迦梵歌》的训诫，以及许多世纪各种痛苦和屈辱，将全会有所收获。

1902 年

---

① 指梵天。——译者注

梵我合一

环顾四周，世界正进行丰富多彩的创造活动。扩散的重又聚合，聚合的重又扩散。作用，反作用，一种形态转化为另一种形态，一刻也不停息。万物走向自己的归宿，但无一物有终极。我们的智力、身心也随着自然的车轮旋转。不断地离合、增减，变化着形状。

载着日月星辰，有亿万轮子的自然之车朝前飞驰，我们看不见它的目的地，它不在任何地方停留。我们莫非也乘坐这辆车，行驶在没有目标、没有终点的路上？似乎有个目的地，但任何时候不能抵达，我们的生存形式莫非是不停的运动？是永不停歇的探寻？难道我们不能到达或留驻在一个地方？

如果我们确实不能前往时空之外的地方，那么，对我们来说，那超越时空、从不显现、自身中有其归宿的，肯定是没有的了，于是，我们选用华丽辞藻对永恒的梵天所作的描写，只是一堆废话，对我们毫无用处。

果真如此，梵天这个词应该从字典里清除出去。那永远找不到的，却偏偏终日寻找，还有什么比这更令人苦恼！那么，就该说，凡世可以拥抱，凡世属于我，梵天与我毫不相干。

然而，凡世是揽不住的。凡世像《罗摩衍那》中诱惑悉多的金鹿，若隐若现，引诱我们奔跑，始终不让我们逮住。它让我们累得筋疲力尽，不让我们休息片刻。若让休息，那意味着寿终正寝。

凡世不承认什么永恒的关系。凡世与人们，如同车夫与马。换句话说，它整天驱使我们，喂草料，偶尔允许歇一会儿，是为了让我们跑得更快。皮鞭、笼头都是驱策的工具。我们走不动了，它立即停止喂饲料，不让我们住在马厩里，而把我们扔到堆放死马死牛的荒野里。

梵天是可以找到的

马享受不到奔驰的果实，也不清楚谁在享受。马只知道必须奔跑，它傻乎乎地问自己："我一无所获；我跑不到目的地，为什么还日夜奔跑？"肚子里抽打着饥火的鞭子，饥饿的火红的钢鞭雨点般地落在心头上，然而，不许马站住。这究竟是为什么？

事实上，我们在任何地方也掌握不了凡世，凡世的任何地方我们都不可能停步。梵天与尘世相同吗？在任何地方也找不到他？他也总是驾驭我们？我们是否把一无所获的前行当作不断的进步，并以此宽慰自己的心呢？

不！梵天是可以找到的，而尘世是不可把握的。因为，尘世没有获取的理论，尘世的理论只阐述如何退缩，所以使出全力想永久地抓住它，只会是自找苦吃。可是绝不能说，执著地追寻梵天是枉费精力。只有梵天那儿有获取的理论，因为他是真实的。

我们停止了在心灵中寻找至高的灵魂。"我们凭心智去认识就可以找到梵天。"这种观点是不对的。换句话说，我们塑造虚无，以渺小的心智去建立与他的关系，是不正确的。这种关系若由我们建立，便不值得信任，它不可能为我们提供庇护所。在我们自身的永恒圣地，没有时空的王权，也没有渐进的创造过程。在那心灵的永恒圣地，最高灵魂已经完整地闪现。所以《奥义书》说：

"在至美至洁的内心宇宙和心空，深知灵魂中有真智和无限的梵天者，能实现全部愿望。"

"梵天充实了虚幻的无限。"这种说法毫无意义。作为真智，梵天稳固地端坐在我们内心宇宙和心空。认清这一点，我们才不会在欲望中枉然徘徊，大彻大悟能使我们心平气和。

我们中间没有凡世，但梵天在我们中间。因此我使出全身解数也把握不住凡世，但我们与梵天朝夕相处。

最高灵魂接纳了我们的灵魂。两者举行了婚礼。梵天从此没有私物，因为他已与我们的灵魂结合。在无始的元古时期，已为婚礼诵念了祈福的咒语，大声宣告："我心属于你，你心属于我。"从此不必为渐渐显现举行祭礼。他已融入单个的灵魂，无从说出他的姓名。于是隐居修身的诗人吟哦道：

"这是圆满的归宿，这是最珍贵的财富，这是至圣的天国，这是莫大的欢乐。"

婚礼已经结束，没有别的事，终日可以做爱情的游戏了。既然已把他弄到身边，也就可以通过幸福、痛苦、财富、苦难……一世又一世地以各种方式拥有他。妻子一旦明白了这个道理，就不会再发愁。她知道她的家庭就是丈夫的家庭，家庭不会将她推入痛苦。她的家里没有疲劳，只有爱情。她知道，他化为真智，永远接受了心灵。家庭充满他的欢乐和情爱。这里，世世代代，有永恒与瞬息的愉快而甜蜜的结合。通过奇异的离合，通过许多"得"与"不得"的长久的矛盾，我们用各种方法，找到那新郎，那永久而唯一的所得；我们在各种趣味中得到他，得而复失，失而复得。摆脱了愚昧、品尝了这趣味的新娘，同时分享梵天的欢乐，从而变得无所畏惧。而不懂这个道理的新娘，揭开面纱也看不见新郎，只看见新郎的家庭，她丢失女皇的桂冠，沦为女奴，胆战心惊，悲伤啜泣，神色憔悴地踱步。

有形祭祀与无形祭祀

最近,围绕有形祭祀与无形祭祀展开了一场激烈辩论。参加辩论的某些人摆出的架势,让人觉得,他们仿佛坚守着有形祭祀,在拯救沉入毁灭的洪水中的印度教。无形祭祀仿佛与印度教背道而驰。为此,他们怀着强烈愤慨,对它进行攻击。他们以此对通晓古代梵学的哲人和《奥义书》表示极大不尊,暴露了顽固印度教徒的傲慢。他们认为,我们这些梵社成员在庞大印度教派的外面。其实,我们也是跟印度教大师学习宗教知识的。所以,想象中把梵社和印度教当作两个对立面树立起来,促发双方的"战斗",只会白白地浪费"炮弹"。

就像两只印度夜莺互啄那样,争论双方的人身上,并未留下伤痕。我觉得,伴嘴经常引发激烈争论,而双方的观点,依然保留在各自未受伤的躯体上。其实,有形祭祀与无形祭祀的定义,至今尚未确定,可围绕这两句话,却争论不休。

一个人走进旷野,随心所欲地行走,他每一步只占方寸之地。即使他趾高气扬或得意忘形地迈步,挪动躯体每步也不超过四尺。但为此强迫这个可怜的家伙站在三四尺见方的地上,在他四周砌墙,把他圈在里面,这成何体统!依我说,在祭拜天帝这件事上,提倡非偶像崇拜,就可敞开心胸,享有健康的自由;而进行偶像崇拜,必然心胸狭隘,受到不健康的情感的压迫。站在海边,由于目光的局限,我们看不到整个大海。但一个聪明的人如果说:"有什么必要花那么多钱,使那么多力气,去看大海?施出浑身解数,你也只能看到大海的一部分,整个大海是看不见的。"既然如此,他为何不挖一个水塘,把水塘当作大海呢?真那样做,他那番话,与偶像崇拜就相像了。我们心里如认定,这样就能看到大海的一切,那么,喝半杯水的人,和神话中喝大海的水的神仙,还有什么区别吗?好吧,我强迫自己把水塘当作大海。但我能感受到海风吗?我会有海边疗养的健康吗?我能感悟到浩瀚大海般的宽广胸襟吗?这些绝不是心里想有就有的。

没有人否认我们受到奴役。但正因为受到奴役,我们才争取独立,心中感到无比自豪。我们有局限性,对此,没有人表示怀疑。但正因为有局限性,我们才想不停地奔向"无限"。"有限"中没有我们的幸福。古人云:"繁多中有幸福,寡少中没有幸福。"我们软弱,为此,是谁还想消耗我们不多的力量?我们有局限性,为此,是谁企图掠夺我们的自由?目前我们很穷,为此,是谁妄图铲除我们未来的希望?听着,别堵塞我们前进的道路!这条道路,是我们唯一能站立的地方。所以,我们必须迈开大步,必须前进!别修建藩篱,阻碍我们的前进步伐!

我们站在目光不受阻挡的旷野,举目四望,想象中感受到世界的宏阔,我们的心胸就会宽广。但我们是如何知晓世界是宏阔的呢?在旷野里我们眼睛看到的地方,并不辽阔。我们一生一世如坐在这片旷野里,看不到别的东西,就会把看到的这片旷野当作整个世界。后来,再看到这旷野,就感受不到心胸宽广了。但我如果自由自在地漫游,便可得知,世界一直在

天帝总在远处

我的视野之外。同样，有些人进行修炼，自由地冥想天帝，虽然不能把握无限之本相，但渐渐变得心胸宽广。在自由的遐想中，他们得知，天帝越过他们在心中获得的一切，总在远处。心灵是有弹性的，可以不断扩张，而自由就是扩张的手段。但偶像崇拜阻止心灵扩张。所以，主张无形祭祀的人，呼吁我们走出人生的监狱，在无垠的天空下，在自由的清风中，获得健康、力量和快乐；呼吁我们把惶惑留下黑暗的监狱里，在"无限"的纯光和完美的旷达中扩展胸襟；鼓励我们挣脱个人识见的束缚，追求灵魂之美。他们说："监狱中充满黑暗的痛苦和疾病；聆听着'无限'的欢呼声，忘记悲恸，走出监狱吧！消除差异，怀着生灵之爱，站在无限之美和极终灵魂跟前吧！让那种爱显现，扩展到世界的每个角落吧！让生灵和极终灵魂合而为一，整个世界成为圣地吧！"他们从不说，应纵身一跃跨越"无限"，应架起望远镜，观察确定"无限"的边界，在"无限"四周砌墙，使"无限"有我们花园那样的格局。他们仅仅说："为了安宁、幸福、健康和福祉，在'无限'中栖息、行走吧！不要时刻以变化的、扭曲的、凌乱的、琐碎的'有限'圈围灵魂！"大部分太阳光在太阳系里，遍布浩茫天宇，与之相比，只有小如芝麻的一些阳光落到地球上。为此，难道有一尊雕像会说，对地球来说，比起那大部分太阳光，更好的是一盏油灯？地球在自由的阳光之海上浮动，地球才有风姿、美丽、健康和生命。在极终灵魂之光中，生灵才有美貌、丽姿和生命。生灵式微，承负不了全部极终灵魂之光，但难道说油灯的火苗才是我们的依靠吗？

　　受体验的影响也罢，或是其他原因也罢，我们常常不相信接触外界的感官。我们不相信天空的真实界限在视觉器官——眼睛看到的地平线的地方。通晓绘画艺术和视觉理论的人知道，我们用眼睛看到的景物，立刻在心里被我们改变。按照远近，物体的映像中出现的变形，大部分被我们修正。绝大部分时间，我们在心里把眼睛看到的小物体变大。我们在心里把眼睛看到的界限推到更远的地方。这个道理也适合内在感官。我们通过内在感官观察天帝，在天帝身上看到的界限，我们不相信是真的。我们十分了解内在感官的功能，但并不因为接受它的帮助而在各方面承认它是我们的主宰。如同我们知道，月亮比我们通过望远镜看到的大月亮不知大多少倍，可我们为此并不藐视望远镜，把它扔掉，我们通过内在感官看到的天帝虽然是有限的，但也不能冷落内在器官。然而，我们也不完全相信它，不认为它能彻底解决问题。

"无限"不是想象之物，"有限"才是想象之物。"无限"是我们天性的认知，是质朴的真实。去想象"有限"，是要吃苦受累的。观照"有限"，我们必须有参照物，必须进行猜测，必须争论，必须积累经验。如同元音位于辅音的前面或后面，"无限"的内涵，与我们的一切体悟是息息相关的。因此，"无限"的内涵不是我们的想象之物，它可知和不可知地时刻存在于我们的心灵中。假设一下吧，我们坐在十六万平方米的一片原野中央。我们深知，这片原野是越过我们的视野的。我们肯定也知道，这片原野不是无限的，但我们竭尽全力，想在想象中看清十六万平方米这片原野的一切，只怕也是白费力气。当我们说，这片原野是无限的，这样一说我们心情舒畅，同时免受测定界限之苦。来到大海中央，我们说，大海无边无际。我们想象不出天空的边际，于是，我们脱口说道，天空无边无际。把天空想象为有限的，我们心里非常难受，非常沮丧。我们充满信心地说，时光无始无终，繁星数不胜数。如此这般，我们停止与"有限"的较量，在"无限"中获得安宁。"无限"像我们的母怀，是歇息之地。我们像孩子似的，和"有限"做游戏，感到累了，就在"无限"的怀里歇息。那儿，拼搏结束。那儿，只有纯正的安逸，只有纯正的幸福。那儿，只有个人利益的彻底放弃。蛮横地强迫这世代相伴的"无限"站直，是那些认死理的学者的行当。有些人不知道谁是亲妈，别人反复解释，告诉他谁是亲妈，可他们见了亲妈，总打消不了对亲妈的怀疑。但幼儿见了亲妈，立即举起手朝她跑去。在"有限"中，我们疲惫不堪，而在"无限"中，我们生活安宁，宏远中有我们的幸福。我们还需就此进行争论吗？"有限"有无数个，"无限"只有一个。在"有限"中，我们是分散的。而在"无限"中，我们是集中的。"有限"中充斥我们的欲望。而"无限"中有我们的满足。就此进行辨析，是多余的。智慧像一盏明灯时，是有用的。而当智慧像磷火时，就是不祥之兆。所以，不管学者们怎样大放厥词，在"有限"中，我们只能不停地游泳，累得奄奄一息。而在"无限"中，我们沉入水底，重又获救。

偶像崇拜有一个可爱的错误。认定它是一个合适的符号，很多时候可省去许多麻烦，于是，人自然而然朝它走去。接下来，善德变得非常廉价，在一只只手上传递。一包善德，可以装在口袋里。善德之泥可以抹在身上。善德的种子可以编成一串，挂在脖子上。挂着毗湿奴照牌的圣人的名字，听到许多次，一提起他的名字，似乎就可免受凡世的痛苦，于是，心里就不认为有探知他真相的必要了。梵社成员能不为此忧心忡忡吗？难道唯独雕像是符号？语言不是符号吗？我

我在天帝慈足的掠影里

没有说这种话。只要是人，总会这样担心的。所以，必须采取行之有效的措施。与其他符号相比，语言符号中，令人忧虑的东西是很少的。然而，应谨慎地使用语言。念颂词进行祭祀，颂词不会受到叩拜。切记别把颂词送到神明跟前，也别把神明关在僵硬的颂词之中。

事实上，我们既需要"无限"也需要"有限"。我们脚站在"有限"上面，昂首于"无限"。我们的一边是"有限"，另一边是"无限"。现实主义诗歌的过失在于，它蒙蔽我们的想象之眼，从我们的视

域里抹掉"无限"之路。现实主义诗歌中,事物指着自己说:"我中间有万物。你闻我吧,摸我吧,享用我吧,用身心的语言欣赏我吧。"而象征诗的特点在于,它让我们站在特殊界线上,这条界线的前面就是"无限"。在象征诗中,景物指着"无限"的方向,作出某种暗示;它来到我们眼前,不遮挡无垠的天空。

说了"我在天帝的护佑之中"这句话,出于天性,信徒在心里接着会说:"我在天帝慈足的掠影里"。在我看来,这不是偶像崇拜。但谁要是数天帝的脚趾头,甚至手指着脚趾甲,那就得说,这是偶像崇拜。因为,对于昭示真义来说,这样的描述是多余的。——不光是多余的,那样做甚至会使心灵被挡在真义之后,身陷事物之中。

说"我在天帝慈足的掠影里",不会想起一双有血有肉的脚,心中只会有坐在慈足下的遐想。让我举个例子加以说明。

诗人如果说,春风像个醉汉,摇摇晃晃,在花丛中穿行。我听了,心中立刻浮现起一个醉汉的影子。把他行走的样子和春风吹拂的样子做比较,看到相同之处,我很开心。但因此真会有哪个大学者在春风的躯体上看到有脚趾的、有脚趾甲的、有特殊肤色的、有汗毛的、有血有肉的、摇摇晃晃的一双脚吗?诗人如果不通过暗示披露隐义,只侧重于表现醉汉的脚,描写他的裤子、破靴子、左脚的伤痕、右脚膝盖上的烂泥,那么,真实的诗义和姿态的相同之处,就不会在我们脑子里现映,而身躯上的那双脚,带着裤子、破靴子就会在我们面前蹦跳。谁不知道,一说月亮般的脸,脑子里不会浮现盘子一样的脸;一说莲花般的手,脑子里也不会浮现盛放焦枯花瓣的圆形器皿——但这并不意味着,如能把月亮般的脸和莲花般的手画在画布上,那么,除了想到它们的真貌,我们是别无选择的。听了"肩如公牛、双臂如杪椤树的战士冲进战阵"这样的描写,任何雄辩家不会想象这是极不正常的模样。但如果在一幅画上或一尊雕塑作品上,添加公牛那样的逼真肩膀和杪椤树那样的逼真双臂,观众就不能认为那是真的。

另外,有些事物是可以真切感知的,是可以并应该用清晰语言表述的。比如，天帝洞悉往世、今世和来世。但并不是说，在天帝的额上安上三只眼睛，我们就可比较清楚地理解这句话。关于这三只眼睛，要作详细解释，才能让人明白天帝是如何洞悉往世、今世和来世的。感知真实的语言，是不加修饰的。修饰只会掩盖真实，歪曲真实，把真实变为虚假。可感知的事物，用形象进行解释，就可能成为偶像崇拜。英国诗人丁尼生写的一首诗，取材于一个古代英国故事。故事中说，主人公兰斯勒特作为国王阿塔尔的钦差，来到公主吉娜比尔的父亲的王宫，接吉娜比尔回国与国王阿塔尔成亲。但这个公主误认为这位钦差就是国王阿塔尔，在心里拿定了以身相许的主意。最后，她明白她认错了人，却不想改变主意了。就这样，造成了一个十分难堪的结局。本可认清的钦差的形象竟造成这种乱局。看了他第一眼，我们把他置于可认知的位置上，接下来由于认错人，我们把新郎的花环戴在他的脖子上。最后，真相大白，我们却不能改变主意了。这样的结局是尴尬的。照说，一旦知道真相，我们不会再接受错误观点。然而，按照习惯，我们不可能取消表达敬意的仪式。于是，东拉西扯，作一番解释，矫揉造作地把对真知的玷污当作正当行为，费力地想把它树立起来。我们对自己做的这种"智慧游戏"也感到非常惊讶。我们把"正道"镶在诡辩的精致镜框里，挂在墙上，看着它的耀眼光彩，感到非常满意。但在这种魔术上面，是不能建造灵魂之堂的。这种魔术中，脑子会越来越机灵，但灵魂将一天天陷入麻木、虚伪和势利的地狱。这是对道义耍花招，只会暴露卑鄙。可它的主持人却越发狂妄、傲慢和盛气凌人。因为，他们知道，他们既打破又塑造天帝，他们是宗教的桥梁。

用形象来表达可认知的事物，是不必要的，也是有害的。但只能感悟的事物，我们不能用通俗语言来表达，而经常要通过形象来表达。说我在天帝的庇护所里，这只说了一件具体事情，并未表达我心中的情感。永恒变幻在天帝的庇护所里，我也在那儿，这话不过是说说而已。但说我坐在天帝的圣足下面，就能表达我心中的感情。这句话表达了彻底奉献自我的心愿。所以，这句话表达了我的真情，而不是表现天帝的圣足。所以，信徒在说"啊，天帝，赐给在你圣足下面坐的方寸之地吧"的地方，他通过形象表达自己的愿望，并未通过形象表现天帝。

冥想天帝，灵魂才能臻于崇高。不过，在这件事上，不是人人都能成功的。舌尖上一千次念叨从不冥想的天帝，不会有明显效果。天帝是人人可以把握的，但不能因此说，在典籍规则中和地狱的恐怖中，那样无效地念叨圣名，是有效方法。

反对无形祭祀的人振振有词地说，无形的天帝没有特征，所以没法祭拜他。我不懂哲学，只想谈一谈我的想法。天帝有无特征，我们怎能知道？他层出不穷的本相，只有他自己知道。但当我有特征时，我的天帝就有特征。对我来说，他存在着，是具有特征的。世界上凡是我看到的，无不是他，这我如何知道呢？他的真实模样，是无从知晓的。但说到我，可以说，我中有他。我必须这样看待两者的这种关系。把它看作别的什么关系，我就会走上绝路。

你设想一下，一个婴儿的父亲是地主、店主、市政委员会的主席、县长、作家、报刊编辑。他是加尔各答市的居民、孟加拉人、印度教徒、亚裔成员、雅利安族人。他是人，是某人的姑父、某人的姨夫、某人的兄弟、某人的主子、某人的仆人、某人的仇敌、某人的朋友，等等，等等。一句话，他的身份，是说不完的。但这个婴儿只知道他是爸爸。（爸爸的意思，他还没有弄明白。）这个婴儿只知道他是亲人，能吃什么亏！就像这个婴儿可以知道他父亲的身份，也可以不知道他的身份，我们可以认清天帝，也可以不认清天帝。我们只知道，他在我们中间。谈到天帝，在我们心中浮现的最崇高的楷模，就是我们祭拜的天帝，就是引领我们前进的天帝，就是我们世界的北斗星。谁能获得有关他隐秘本相的信息！然而，他不是我们的某个神，不是我们的幻想，也不是我们臆想的楷模。他似乎是可部分认知的真实。前面已经说过，望见大海是一回事，称水塘是大海是另一回事。我知道水塘里只有很少的水。由此得到的启示是，我越是让我的胸襟宽广，我认知的天帝就越宏大。我坚守的正义、善良和爱的理想越是扩展，我在天帝中间扩展得也越远。每走一步,登上进步的每个新台阶,并未砸碎旧神,也并未塑造新神。所以,为了获得"无限",来吧,让我们渐渐扩展灵魂的界限。我们不可限制"无限"。限制"无限",我们如何让灵魂突破界限呢?让我们视天帝为无穷的知识、仁慈和爱,扩展我们的知识、仁慈和爱吧。这样,我们就可越来越走近他。我们如认为他渺小,我们也就很渺小。我们如认为他越来越崇高,那么,我们即便目前渺小,也能渐渐走上崇高之路。否则,世界的痛苦和动乱,以及心灵的迷茫,只会扩大,不会减少。此前,嘴里念叨着幸福,我们把世界搅得天昏地暗。来吧,让我们在心里牢记先圣的名言:"繁多中有幸福,寡少中没有幸福。"也就是说,任何界限中,任何式微中,没有幸福。只有这样,我们才能免受无谓跋涉的苦痛。

1885 年

净修林

印度文明发源于丛林，而不是在都市，这是一种奇特的现象。印度文明最初惊人地发展的地域，人口不多，林木、河流、湖泊获得足够的机会与人相处。那儿，有人，有空阔，唯独没有人群拥挤。但空阔不曾迟钝印度的心，反而辉煌了它的思想。

为环境逼迫，藏身于深山老林中的人，生活习性接近于野人，或猛虎般的凶残，或麋鹿似的温驯。然而印度古代丛林的僻静，非但不曾麻木人们的灵性，反而增加其活力。从森林栖居中流出的文明之河，滋润整个印度，至今汩汩流淌。印度在林中居住者的修行中赢得的力量，不是在繁杂需求的竞争中苏醒，也不是由外部冲突锻铸的；从根本上说，它不是外向性的。它通过冥思默想进入世界深处，建立灵魂与景物的联系。印度不是在物质财富上展示文明，印度文明的舵手是稳士，是衣不蔽体的苦修者。

海滨把经商的富裕给予它养育的民族。吮吸沙漠干瘪的乳房、忍饥挨饿的游牧民族，成为所向披靡的征服者。特殊的境遇中，人的力量开辟特殊的道路。

北印度平坦的林地，为印度送来特殊的机遇，鼓励印度的智慧去开掘人世最深的奥秘之光。所有的人，应当承认它从沿海岛屿采撷精华的必要性。日日夜夜，每一个季节，自然的生命的作用，在农作物和林木身上显露。生命的游戏，在繁复奇妙的姿态、声籁、具象中，以常新的面目出现。置身其间，神思注入冥想的人清晰地感受到周遭一种欢乐的奥秘，脱口说道："一切在源自元初时期的生命中颤动。"他们素不蜗居在用砖石、木头和钢铁建造的坚固城堡里。在他们的栖息地，他们的生活与寥廓宇宙息息相关。丛林给予他们凉荫、花果、苇草和点燃祭火的柴薪，他们每日的劳作、需要和闲憩，无不与丛林保持着互相交流的关系。通过这个途径，他们学会了在生活上与幽静的环境打成一片。他们不认为环境是空虚的、沉闷的、隔绝的。他们从自然手中接受的阳光、空气、食物、水等赠品，不是土壤的，不是树木的，也不是茫茫宇宙的。他们从切身体验中明了，那些赠品的源头在鲜活的无穷欢乐之中。

  由此可以得知，森林是怎样在自己娴静的绿荫和深邃的胸中滋养印度之心的。森林曾以奶娘的身份，照看印度古时候两个漫长的时代——吠陀时代和佛教时代。不只是吠陀隐士，佛陀释迦牟尼也曾在芒果林和竹林里讲经布道，王宫里没有他的立足之地，森林爱怜地把他搂在怀里。

  时过境迁，印度的藩邦相继建立城镇，与外国开展商品贸易。贪图粮食的农田将浓荫蔽日的密林一步步往远处推去。然而，声名远扬、富裕昌盛、朝气蓬勃的印度，对欠森林的债从不感到惭愧，授予修行的荣誉一直大大超过其他行业。君主将古代森林里的修道士视为先辈，以此感到光荣。印度的神话故事中，大凡神圣的、精彩的、令人叹为观止的，皆浸透对古代净修林的追忆；它不希冀读者铭记显赫一时的君王开创的帝国，而在绵绵不绝的变迁中，把森林的整体当作生命的整体载负至今。在人类历史上，这可谓印度的一大特点。

  印度强盛的笈多王朝的超日王在位时，优禅尼是京都，迦梨陀娑是宫廷诗人。那时净修林时代已经结束。我们印度人站在汇集的人群中，中国人、匈奴人、厌哒人、波斯人、希腊人、罗马人，聚集在我们四周。国王一方面扶犁耕作，一方面向来自异域的求知者传授梵语知识，这样动人的场面以后再没有看到。但只要阅读一下在那富足的值得骄傲的时代名垂千古的诗人迦梨陀娑关于净修林的描述，就立刻明白，远远地退出我们视野的净修林，仍矗立在我们心田上。诗人描绘的净修林的美景，表明他是印度无与伦比的诗圣，谁能像他那样生动地昭示净修林里苦修蕴涵的完整的精神愉悦!

叙事诗《罗怙世系》[1]的帷幕拉开,呈现在我们眼前的是幽美圣洁的场景——苦修者在林地外采够了水果、苇草,返回净修林,无形的祭火仿佛在恭候他们。梅花鹿好像仙人的孩子,吃饱饮足,懒洋洋地躺在门口。隐士的女儿在树四周挖了土洼儿,灌满水离去,盼望鸟儿毫不胆怯地飞来饮水。日头西斜了,院落里堆满稻谷,梅花鹿惬意地躺着反刍。欢迎客人的一缕缕芳香的青烟袅袅飘荡,净化着走近道院的凡身肉胎。这幕场景的寓意是人与树木、藤蔓、禽兽完美的和睦相处。

诗人巴那维笃在梵语叙事诗《迦昙摩婆哩》里这样描写净修林:柔藤翠蔓在风中翩翩施礼,芳树一面撒花瓣一面祈祷。场院里晒着金灿灿的稻谷,采集的珍奇果品散发着沁人心脾的香味。小婆罗门朗朗的诵经声在林地回荡。饶舌的鹦鹉在学说听惯了的对来宾的欢迎词,雏鸡享用祭祀用过的食物。水泽边摇摇摆摆走过来几只雏鹅,啄食喷香的稻谷,梅花鹿舔着道童的脚跟。剧本通过净修林传达消除人与动物、植物之间隔绝的题旨。印度这种古朴的憧憬跨越数千年,至今令人神往。

名剧《沙恭达罗》中的净修林鄙夷骄奢淫逸、残酷无情的王宫。有情感和无情感之物的亲谊的温馨,是贯穿全剧的基调。

剧中的两座净修林,一座在地上,一座在天上,使沙恭达罗的悲欢在广阔的背景下趋于圆满。地上的净修林中,芒果花香和新绽的素馨花的清芬团聚的吉日,隐士的情窦初开的女儿欣喜不已。她们用饭团饲喂失去母亲的幼鹿,苇根扎伤它的嘴,疼得张不开,她们为它抹植物油,精心照料。这座净修林赋予国王豆扇陀和沙恭达罗的爱情以质朴、坚贞的美质,将其融入世界的合唱。

尊者摩哩折和妻子阿地提[2]在暮云般的北极山苦修,葛藤如网、树

---

[1] 《罗怙世系》、《沙恭达罗》均为迦梨陀娑的作品。

[2] 摩哩折和阿地堤是因陀罗的父母。沙恭达罗被失去记忆的国王豆扇陀遗弃后,曾住在他们的净修林里。

林里筑有无数鸟巢的北极山，像危坐蒲团上的大神湿婆，面对太阳，沉入默想。顽皮的仙童把啜奶的幼狮拽来，一同玩耍。幼狮哀叫着离开母怀的情景，令阿地提一阵心酸。天上的净修林为受辱的沙恭达罗的离愁别恨抹上幽远的恬静的色彩。

显然，第一座净修林是人间的，第二座则是仙境的。第一座平平常常，第二座至圣至洁。第一座以第二座为目标，不断地净化、完善，向第二座转变。两者的关系颇似湿婆和妻子萨迪。萨迪普通而真实，湿婆却至高无上。经过苦修消除世俗的情欲，萨迪与湿婆结为伉俪。沙恭达罗的生活中，通过苦修完善自身，最终到达高洁的境界。历尽苦难，凡世终于贴近了天堂。

在玛纳斯湖的净修林里，人并未脱离现实单独生存。坚战①前往天堂，爱犬还跟在他身后哩。印度古典叙事诗中，人与自然一起登天，脱离自然不会变得高洁。摩哩折的净修林里，人是苦行者，北极山峰也是苦行者；雄狮弃绝凶残的本性，林木主动填补徒弟的空缺。人不是残缺的，人在万象之中是完整的。

印度的这一特点，在修行和复杂的心理活动方面也得到反映。人一般在两种情况下，即独居和合群中，通过自我享受或广泛交际，感受自身的高贵。不言而喻，印度采取的是后一种方式，视人和自然的汇合之处为圣地。

喜马拉雅山以及南、北印度的分界线——温德亚山脉是圣山，以乳汁哺育城镇村落的河流是圣河。恒河与朱木那河的交汇处是神圣的，恒河的入海口也是神圣的。

在自然的怀抱里，人借助阳光看清景物，借助太阳能量维持体内生命的搏动，用水沐浴，消受食品得以生存；从云雾缭绕的奥秘的宫阙的重门，走出众多的使者，以乐音、香气、色泽、情味使人的知觉永远清醒。印度在这样的自然环境中，把自己的虔诚播布万方。

---

① 坚战是印度史诗《摩诃婆罗多》中般度国的太子。

印度膜拜、恭迎大千世界,不以享受将它毁损,不以冷漠拒之于劳作的领域之外。印度的圣地宣告:凭藉与自然的神圣纽带,印度看到了自己是广袤的真实。

1909 年

雅利安人的原始栖息地

小时候读书得知,雅利安人的原始栖息地,在中亚某个地方。一部分雅利安人从那儿迁往欧洲,另一部分迁移到印度和波斯。某些亚洲民族和欧洲民族相似的语言,可以证明这一点。

容易记住这个观点的原因在于,太阳从东边升起,向西运行。白皮肤的雅利安人也沿着太阳之路行走,在东边也留下了一两条渐趋黯淡的光束。

然而,不管这个比喻多么美丽,也不能把它当作证据接受。近来,在英国、法国和德国涌现的许多考古学家说,欧洲才是雅利安人的原始栖息地,只有一部分雅利安人因某种原因,迁往亚洲。

这批考古学家每日获得丰沛的新史料,看样子,我们的儿子、孙子,要开始背有关雅利安人的不同的书了,并且将鄙夷地说我们的观念是一种陈腐的误解。

对雅利安人从亚洲迁移欧洲的说法,英国的拉脱姆先生首先提出反对意见。他说,从树枝不能长出树干,从树干才能长出树枝。当在欧洲陆续发现大部分雅利安人的聚居地时,自然而然就觉得,雅利安人的原始族群诞生于欧洲,之后扩向印度和波斯的,不过是它的一根枝条。

美国语言学家惠特尼先生说,关于雅利安人的原始栖息地,单凭往世故事、史学和语言学讨论,是无法得出结论的。所以,判断雅利安人的原始栖息地,完全是一种假想。

德国学者本费先生说,认为亚洲是雅利安人最初的诞生地,是有原因的。长期以来,有一种传统观念是:亚洲是人类的诞生地。于是,没有人觉得有必要寻找雅利安人从那儿迁往别处的有力证据。但此前,在欧洲的地层中发现了悠远的古代人居住的遗迹，为此，以前的传统观念如今成了谬误了。此外，他从语言学收集到了一个相反的证据。其最重要的一点是：梵语、波斯语与希腊语、拉丁语、德语等欧洲语言中，家庭关系以及许多动物、植物的名字，有相同之处。依据语言的共同点，可以判定这些操不同语言的人有相同的民族属性。此外，雅利安人分散到各地之前住在一起的时候，他们的境况如何，通过语言比较，可以找到一些痕迹。比如，看到梵语和欧洲语言中，"犁"这个单词有相同之处，就可断定，雅利安人在分离之前，已开始种庄稼。又比如，看到某一物件的名字，在两种语言中不一样，就可以推测，关于那个物件，他们都已有所了解。依凭这个证据，本费说，在梵文中，"狮子"这个单词，是从某个词根产生的，可任何欧洲语言中都没有这个词根。从另一个角度分析，希腊人从希伯来语借用了"狮子"这个单词——希腊语中"狮子"是 Lis，希伯来语中"狮子"是 Lais。因此可以说，雅利安人住在一起的时候，还不了解"狮子"。可能在希腊语中"狮子"叫 Lis。而 Lion（狮子）这个单词，当时是从非雅利安人的某种语言获取的。或者，模仿动物之王的吼叫，也不是不可能起一个新名字。总之，亚洲如果是雅利安人的原始栖息地，"狮子"这个单词的词根，在欧洲的雅利安语言中也可以找到。这样的判断，也适用于骆驼、大象和老虎等单词。

在另一个领域，人类学的学者们说，皮肤白的人属于特殊民族，这些人在欧洲可以看到，可在亚洲是看不到的。从古代的描述和当今的实例可以得知，原始雅利安人是白人，目前大部分雅利安人有白皙的皮肤。所以，这类原始白人诞生在欧洲，可以认为是比较合乎情理的。

林登斯密特说，以语言的相同之处为基础，从头的构造和身体成熟的角度分析，名为雅利安的那些民族的原始标准身材，在欧洲可以看到。分析一下欧洲人的体形特征、长寿和旺盛的生命力，就可以知道在哪儿能找到雅利安族最强大、最古老和最深的根。在他看来，在印度和

雅利安人的原始栖息地

亚洲其他地方,雅利安人与那儿的原始土著人已经水乳交融,成为混血民族。

欧洲北部的芬兰民族不是雅利安族。语言学家库诺先生指出,芬兰语的许多数词、代词和家庭关系的单词,来源于印欧语系的词根。在他看来,这些单词,不是借来的。在远古的某个时期,两大民族彼此接触,有些单词和词根正式为双方拥有。由此可见,雅利安人的原始栖息地在欧洲,芬兰民族是他们的邻居。

以前,我们一直听说闪语族(阿拉伯族,犹太族等民族是它的一部分)不属于雅利安族。但近来一两个考古学家发现了闪语民族和雅利安族某些单词的相同之处。有人估计,闪语族人曾经属于雅利安人。他们最先分离。所以,他们和剩余的雅利安人的共同点逐渐淡化了。确定了闪语族人与雅利安人的关系,在原始时代,双方居住在亚洲,就可以认为是比较合乎情理的。

但这种观点尚不明晰,仍处于猜测的状态。

我们想说的是,不管雅利安人的原始栖息地在哪儿,它与各方的亲缘越深厚越好。一根雅利安纽带,让我们与世界上许多大民族建立了关系。阿拉伯人、犹太人数量不少。他们如果成为同族兄弟,那是令人愉快的好事。《摩诃婆罗多》有这样一段描写:黑公主见了迦尔纳,心里想:"我有了五个丈夫,加上迦尔纳,有六个丈夫,心中就没有遗憾了。果真那样,

史诗《摩诃婆罗多》

世界上没有人能和我丈夫平起平坐了。"我们也有类似的想法。英国人、法国人、希腊人、拉丁族人，是我们的堂兄弟。现在，犹太人、穆斯林要是也成为我们的亲戚，我们亲情的光荣就将世无其匹。与此同时，我们雅利安母亲首次生下的不为人知的儿子迦尔纳[①]就将脱离世仇的阵营，加入亲人的行列。

1892 年

[①] 典出《摩诃婆罗多》，贡蒂念了一段咒语，与太阳神生下迦尔纳。迦尔纳实际上是私生子。大战前夕，贡蒂劝他回到她另外五个儿子的一边，被拒绝。

印度历史

我们读的、背的和答卷上写的印度历史，不过是午夜印度做的一场噩梦而已。不晓得究竟是哪些人最初从什么地方来到印度的，之后发生的，是争斗和倾轧，是父子和兄弟之间围绕王位展开的争夺。一群人走了，不知从什么地方又来了一群人——帕坦人、莫卧尔人、葡萄牙人、法国人和英国人，他们使印度的这场噩梦变得越来越扑朔迷离。

改朝换代充满血腥

梦幻般的改朝换代充满血腥，观看血红的梦境遮掩下的印度，是看不到印度的真实面目的。印度人在哪里？关于印度历史的任何问题，没有人回答。好像根本没有印度人，只是他们——那一群群争斗和互相残杀的人。

然而，即使在悲惨的年月，争斗和残杀也未构成印度的主体。

风暴袭来的日子，虽然有咆哮声，可也不能承认风暴是核心事件——那天，尘土飞扬的天空下，村里一户户农民家中，生死哀乐的进程仍在延续，哪怕它被掩盖，对老百姓来说，也是最重要的。但对外国行人来说，暴风最重要，他们看到漫天尘埃吞噬了一切。因为，外国行人不在农户家中，而在农舍外面。因此，在外国人撰写的史书里，我们读到的，是对漫天尘埃和风暴的描述，读不到一句对农舍的描述。阅读这样的历史书，给人们留下的印象是，印度那时候根本不存在，只有回响着帕坦人和莫卧尔人的吼声的"旋风"，举着枯叶的旌旗，从北到南、从西到东，回旋着奔驰。

然而，既然有外国，就必然有印度，否则，是谁养育了迦比尔、纳努克、贾伊多纳、杜迦拉姆呢？那时不仅有德里和阿卡拉，还有迦尸和纳波迪勃。那时，在印度的实际疆域之内，涌动着生命潮流，翻腾着奋斗的浪潮，不断发生社会变革，但印度的史书中却没有这方面的记载。

事实上，现有教科书之外的那个印度，与我们紧密相连。这种联系，是延续数千年的历史纽带，一旦消失，我们的心就无家可归了。我们不是印度的杂草，历经千百个世纪，我们的成千上万条根，已深深扎进印度的心田。遗憾的是，我们不得不读别人写的历史书，真实的历史被我们的孩子们忘却了。在印度，我们似乎不是印度人，全是外来者。

我们如果觉得自己与祖国的关系微不足道，那么，我们从何处汲取生命力呢？在这种状况下，我们必然毫不迟疑地让"外国"坐在"本国"的位置上——印度脸上无光，我们竟没有丝毫羞耻感。我们轻描淡写地说，过去我们一无所有，现在，我们的衣食住行，都必须向外国乞讨。

所有幸运国家的人们，从历史中找到自己的祖国，从儿时开始，历史就让他们了解自己的国家。我们的情况恰恰相反，历史灰尘掩盖了我们的祖国。从马哈姆德入侵开始，到冠松爵士炫耀大英帝国，这一段历史，对印度来说，是一团离奇的迷雾。它不帮助我们的目光去观察祖国，反而遮蔽我们的视线。它把假光投到一些地方，使我们眼前的国家漆黑一片。在这一片黑暗中，藩王的奢华舞厅里，灯火通明，舞女们的金银首饰耀眼夺目。帝王们的酒杯中，漫溢的鲜红泡沫，看似"疯狂"初醒的血红眼睛。这一片黑暗遮盖着我们所有神殿的脊顶。在这一片黑暗中，星光吻着皇妃们的精美大理石陵墓顶端。在这一片黑暗中，马蹄声、大象闷雷般的吼叫声、兵器相互撞击发出的叮当声连绵不断，浪涛般的座座营盘的栅栏、金色的锦缎床单、清真寺的圆穹顶、宫廷卫兵守卫的内宫肃静的密室——所有这一切，被赋予各种声音、色彩和情感，形成庞大的魔幻之网，称之为印度历史有何意义？它用一本怪异的《天方夜谭》，包裹着印度的神圣古籍——那本古籍无人翻阅，孩子们逐字逐段背诵的是那部《天方夜谭》。之后，在毁灭之夜，莫卧儿帝国行将灭亡之际，在火葬场上，远处飞来的一群"兀鹰"，玩弄狡诈伎俩，互相欺骗，厮杀，这难道也是印度的历史？之后，像以五年为一格①的国际象棋的棋盘，实行英国殖民统治，其中的印度极为细小。事实上，它与真棋盘不同的是，它的黑格和白格的数量不一样，百分之九十是白格。我们用自己的粮食，从霍华德-维莱大商店换来"高级统治制度、公平审判和高质量教育"，其他所有商店都关门了。从生产商品的工厂到贸易机构，分析的话，全要打上"优级"标志，但在其中一间文书室里，印度的一席之地小得可怜。

"所有国家的历史是一样的"，这种迷信必须打破。一位阅读罗特希尔德传记的人，变得"成熟"了，他在阅读耶稣的生平故事时，收集耶稣相关的账本和办公日志。如果收集不到，他会藐视耶稣。他会说，为何去写身无分文的人的传记？同样，有些人从印度的国家博物馆里收集不到关于王族的花环和胜负的文献资料，对印度的历史感到失望，说："一个没有政治的地方，怎么会有历史？"他们在稻田里寻找茄子，找不到就发怒，不再把稻谷当作农作物。所有农田不宜种植同一类作物，懂得这个道理的人，在合适的农田里种植合适的作物，这个人

---

① 指英国女皇任命的印度总督五年轮换一次。

才是明智的。

　　看了耶稣的账本，可能产生看不起他的想法，但研究一下耶稣的其他方面，账本就不足挂齿了。同样，在国家事务中，就算看到了印度的贫困，但从另一个特殊角度而言，印度的贫困是可以忽略不计的。我们不从印度自身的角度看待印度，从小就贬低它，同时也贬低了自己。英国儿童了解到，他们的先辈在战场上多次获得胜利，占领许多国家，扩大了对外贸易；他们也想打胜仗，夺取财富，征服别国，获得荣耀。我们知道，我们的先辈没有征服别国和拓展商贸的经历——印度历史让我们知道这一点。但我们不清楚他们具体做了什么，也不知道我们应该做什么。因此，不得不抄袭别人的史料。为此，我们怪谁呢？从儿时开始，我们接受教育采用的方式导致的结果是：我们每天离开自己的祖国，并逐渐滋生对祖国的反叛情绪。

　　我国知识界人士也时常犯糊涂，说："喂，国家，你说，你是什么，我国的特殊形态是什么？它在哪里？过去曾经在哪里？"问题提出来了，但没有得到回答。因为，这些问题如此细微又如此宏大，仅靠一些证据是无法回答的。无论是英国人还是法国人，哪个国家的人用一句话也说不清楚本国的特质究竟是什么，国家的精髓到底在哪里。这些东西像附在肉体上的生命一样，是真实的，可以感受到的，但生命的定义和有关生命的观点，是很难理解的。从我们的孩提时期开始，它通过各种看不见的途径，以各种方式，进入到我们的意识、情爱和想象之中。它以神奇的力量隐秘地塑造了我们——它不让我们的今时与往昔之间存在隔离带——受它的恩惠，我们是博大的，我们没有分裂。

　　印度的最大成就是什么？如果有人想知道这个问题的明确回答，那么，答案肯定是有的；印度的历史支持那个答案。我们看到，印度历来努力做的一件事是：在差异中求同一；把不同的路引向同一个目标，毫不踌躇地深刻地感悟多样性中的共性——不是铲平外部出现的所有差别，而是设法寻找其深藏的联系。

　　在印度看来，寻求共性和扩大同一，是十分自然的事情。它这种天性使它从不看重国家的荣誉。因为国家荣誉的根子里酝酿着对抗的情绪。在心里不觉到他人是陌生人的那些人，从不认为赢得国家的荣誉是自己一生的最终目标！反对别人，抬高自己的努力，是政治发展的基石。建立与他人的关系，在自己内部的各种差异与矛盾中，寻求和谐的努力，则是道义和社会发展的基石。欧洲文明所依附的一致，是对抗性的一致，而印度文明依附的一致，是团聚性的一致。欧洲的政治团结中的对抗的裂缝，把它拖向反对别人的立场上，而不会在自己内部寻求和谐。因此，它总在人与人、国王与平民、富人与穷人之间制造分裂与对抗。他们不是携手合作，利用各自的权力，共同承担整个社会的责任，而是相互对立——结果是，一方的实力没有增强，另一方便拼命扩大实力。不过，大家在一起互相倾轧的地方，是不会出现力量均势的——在这些地方，随着时间的推移，人数比才干更重要，行动比品德更高贵，商人的敛财击败一户户人家的钱财——这样，社会的平衡被打破，为了将所有对立的部分捏合到一起，政府只得出台一个又一个法令。这是必然的，因为播下对抗的种子，收获只能是对抗的作物。近日一个引人注目的事件是，这对抗的作物演变成了一棵疯长的枝繁叶茂的大树。

　　印度甚至尝试着将对立也纳入和睦的关系之中。在确有分歧的地方，将分歧置于一个恰当范围内，加以控制，这样就可能实现团结。大家团结了，就不用为实现团结制定法律了。在意见不一致的人中间建立联系的方法是：让他们分享不同的权利。强行把差别塞进一致，这个混合体终有一天又会破裂。印度掌握了和谐相处的秘诀。法国的大革命通过暴力，以鲜血抹去所有差异，疯狂到了极点，但结果与愿望相反——欧洲王室的力量、庶民的力量、资本的力量和民众的力量，纷纷起来反抗。印度的目标，是让全体民众团结起来，但印度采用的方法与众不同。印度限制并分开社会所有的竞争对手，形成统一的社会肌体，使之适合各种不同行业。它不允许人们逐渐超越自己的权限，去制造对抗与冲突。它不让印度社会的各种势力在相互竞争的路上，每天去拼杀，搅攘宗教、事业和家庭。主张团结，实现和谐，在和平与稳定的环境中，去争取完美的成熟与解脱，这就是印度的理想。

　　上苍把不同的民族引入印度。印度在古代就充分利用雅利安人的力量。以团结为基础的文明是人类社会的最高文明，印度历来用各种不同的材料打造文明的基础。它不把陌生人拒之门外，不驱赶非雅利安人，也不嘲笑不适当的事物。印度承认一切，接纳一切。印度接纳得那么多，想保护自己，就必须在堆积的东西之中，建立自己的制度和秩序——不能放任自流，像斗兽场上的群兽那样互相扑咬。必须按照规则，让它们分门别类，以一种基本思想把它们紧紧联系在一起。材料不管来自何处，秩序是印度的，基本思想是印度的。欧洲对外人采取的办法是驱逐和消灭，企图以此维护社会安全。我们在美国、澳大利亚和南非看到了这种做法。由于这几个国家的社会内部没有确立秩序的愿望——它们未能给不同的教派以恰当地位，社会的许多组成部分，好像成了社会的负担——在这种情况下，这个社会在自己的什么地方能为外来人提供庇护所呢？一个秩序井然、有维护团结的法规、人人有住所和权利的社会，将外人当作自己人是容易的。可能出现两种情况：一，对外人实施杀戮、驱逐，以维护自己的社会和文明；二，将外人置于自己法规的管束下，在保持良好秩序的前提下，让他们有安身之处。欧洲采用的是第一种方式，因而与世界各国的对立越来越严重。印度采用的是第二种方式，努力将所有的人慢慢地变成自己人。如果尊重正道，确信正道是人类文明的最高理想，那就应当承认印度采用的是方式是最好的。

　　将外人变为自己人是需要大智慧的。所谓大智慧，就是与外人交融的能力，以及让外人完全变成自己人的法术。在印度，我们看到了这种大智慧。印度毫不犹豫地融入外人中间，又轻而易举地将外人的东西完全变成自己的。看到外国人所谓的偶像，印度不害怕，没有皱鼻子。印度甚至从射杀动物的人那儿接受可怕的东西，在其间融入自己的思想，通过它表达自己的精神理念。印度什么都不拒绝，它接受一切事物，并将所有的事物变成自己的。

我们看到，不仅在社会制度中，在宗教政策中，印度也扩大团结，建立秩序。我们在赞歌、知识、爱情和事业中看到的实现全面和谐的努力，是印度所独有的。欧洲的 Religion（宗教）这个单词，不可能翻译成印度语言。因为印度不让宗教中滋生精神隔阂。我们的才智、信仰和举止，我们的今世与来世，等等，这一切融为宗教。印度没有分割宗教，不让其中一部分成为特殊场合穿的衣服，另一部分成为一天二十四个小时都穿的衣服。如同手的生命、脚的生命、头的生命和腹部的生命是不分开的，信仰的宗教、行为的宗教、星期日的宗教、其他六天的宗教、教堂的宗教和家庭的宗教中，印度也不让差别发生。印度的宗教是全社会的宗教，它把根扎在泥土里，头顶着天空。印度从未看到它的根和头分开过——印度看到的宗教，是一棵长在天堂、人间，陪伴人一生的擎天大树。

印度作为将不同事物融为一体的楷模，立足于人类文明社会。这一点已为历史所证实。在世界和自己的灵魂深处感受"一体"，让它在各种不同的事物之中显现，通过知识去发现它，通过劳作去确立它，通过爱情去理解它，通过生命去宣传它——无论遇到怎样的艰难险阻，无论在顺境还是在逆境之中，印度都是这么做的。当我们漫游历史，细细品咂印度这一古老理念时，我们的现在与过去之间的鸿沟就会消失。

外国的教育将印度的往昔与今时分为二截。只有在这两部分之间搭桥的人才能拯救我们。建造这样一座桥梁，对这两部分都有好处。

我们背下了马哈姆德、穆罕默德·古里获胜的年、月、日，通过第一等级的考试，现在，我们呼吁站在黑暗中的历史学家，在世界面前展示整个印度，以他的尊严唤醒我们中间的尊严，使我们有所建树；毫不费力地斥退我们的自我嘲弄和自信的匮乏，让我们拥有丰厚的历史财富，从而不必再借他人的面具来掩盖自己的羞愧。这样，我们就会明白：在这个世界，印度享有很高的地位。我们有理由对此充满信心。我们不会只接受、只模仿，我们能做出贡献，也能创新。政治和贸易不是我们的最终解脱，我们在古老的梵行之路上，头戴着苦修的贫困而光荣的桂冠，沿着崎岖的山路，登上大彻大悟的最高峰，将获得修道的先辈的声音雄浑的指示。我们不会因为这条路上没有扛着沉重商品的行人而折回，也不会因为没有被一包书压弯腰的先生在这条路上行走而感到惭愧。不付出代价，你就不可能得到有价值的东西；去乞讨，得到一点儿施舍，肚子稍微饱一些，但脸上无光。只要我们不能为外国奉献任何东西，我们就不能从外国接受任何东西。接受了，就没有自尊，那东西也不属于我们。当我们能够体面地奉献时，我们才能体面地接受。

啊，历史学家，请告诉我们，我们奉献的财富到底封存在哪一座古老的仓库里，请打开仓库的大门，让我们看见吧！之后，我们受纳的"能力"，才不会踌躇不前，不会遇到障碍。我们的进步与美好，才是自然的，源自内心的。英国认为，到处扩展自己，两倍四倍地扩展，是世界上最大的优点。在那种疯狂而盲目的状态下，他们不会耐心地向我们传授知识。《吠陀》曰："怀着尊重别人的心态施舍吧，不尊重别人，就别施舍！"因为，不怀着尊重别人的心态施舍，就不会给予好东西，甚至给予的东西，会使接受者越发低贱。如今，英国老师们通过施舍使我们越发低贱。他们在给予时，蔑视我们，不尊重我们，同时还用嘲笑的口吻每天提醒我们说："你们没有一样东西与我们给予的东西等价，作为受惠者，你们没有能力回报。"日复一日，凌辱的毒汁渗入我们的骨髓，使我们的躯体瘫痪，失去活力。从儿时起，我们一直没有机会认识我们的特长。别人的语言、文字和语法，以及别人的观点，使我们茫然失措。我们拿不出自己优点的证据，只好低垂着头。

英国人教育自己孩子的方式不是这样的。在牛津、剑桥大学，他们的孩子从不囫囵吞枣地学习知识。他们没有被剥夺参与讨论、做游戏的机会，与教授们之间没有遥远的年龄的隔阂。四周是他们本国的社会，为了使孩子完全接受本国教育，从小就为孩子创造了有利的环境。此外，教育方式和教师们也发挥了积极作用。我们的一切自始至终对我们不利，学的知识、学习的方法和传授知识的人，都不利于我们的健康成长。尽管如此，若说我们有所收获，在工作中能运用学到的知识，那靠的是我们自己的才智。

想让祖国摆脱外国教育的束缚,自己必须挑起教育的重担。为了让我们的孩子们从小接受本国的思想和本国的教育方式,与祖国心心相通,打开让本国的空气与阳光进入房间的大门,获得良好教育,我们必须付出巨大努力。印度长期以来塑造了我们心灵的特性,如果我们自己或别人随意将其扭曲,我们在世界上就将一事无成。这样的特性一旦完全成熟,就能轻易地把外国的东西变为自己的,同时向外国奉献自己的东西。

本国教育方式的主要基石是:教育不为谋取私利和丰厚薪金,教师忠诚教育事业,教师们教学主要依靠的是本国一部完整的历史。这样的教师曾经在我国的各个村庄教书——他们不穿鞋袜,不需要马车、家具——藩王及其随从在他们附近仪仗威严地巡游,他们不屑一顾,没有丝毫卑躬屈膝之态。我国现在并不缺少这样的教师。但是教学内容变了,现在,语法、回忆录和逻辑学无助于解决我们的饥饿,也无法满足现代的求知欲。可刚刚加入教师行列的人的立身行事却悄然发生了变化。他们的理想扭曲了,不满足于较少的利益。他们不懂教学是一项神圣事业。他们把知识变成商品,贬损了教育,也贬损了自己。在刚走出学校大门的学生中间,我们社会的崇高理想被扭曲的状况,有一天会得到纠正,我并不认为这是一个渺茫的希望。在我们无数受过教育的人当中,肯定慢慢地会出现这样的三、四个人:他们憎恨将教育商业化,而把教书当作祖传职业。他们减少日常生活用品,远离奢侈生活,在全国各地建立教梵语的现代化的学校。在这些学校,听不到学监的咆哮,也没有大学里的对学生的警告,教学赢得自由,赢得尊严。孟加拉会诞生这样的一批教师,我对此坚信不疑。

1902 年

婆罗门

大家知道，最近在穆哈拉斯特罗邦，一位英国老爷脱下靴子，毒打雇佣的婆罗门；他被控告侵犯人权。官司一直打到最高法院。最后，法官轻描淡写地说这是区区小事，不予审理。

这样的奇耻大辱，本不应在这份月刊①的文章中叙述。挨打的婆罗门是应该放声大哭，含愤自尽，还是应告状上诉，许多人在报纸上发表文章，各抒己见。他们的观点，我无意重复。

但这件事引起了我对许多重要问题的思考，现在是表达我看法的时候了。

法官声称这件事微不足道。现实生活中，我们看到，它确实沦为"微不足道"了。所以，法官先生并未胡言乱语。但透过被视为微不足道的这件事，我们痛心地发觉印度社会堕落的步伐加快了。

英国人认为他们的威严非常宝贵，因为它经常扮演军人的角色。所以在被统治者面前，他们首先总摆出威严的神态。但南非战争伊始，英帝国一再遭到一些农民组织的羞辱，英国人在印度于是感到前所未有的恐慌，我们听到，连他们的皮靴整步走时也不像先前那么响亮了。

印度的婆罗门过去曾有很高的威望，他们肩负统治社会的责任。那时，没有人思考婆罗门是否有效地保护着印度社会，他们有无保护社会所需的大公无私的品德。

对于结构特殊的印度社会，那种威望是不可缺少的。正因为不可缺少，印度社会才给予婆罗门很高的荣誉。

---

① 指《孟加拉之镜》。

印度的社会体制是个庞然大物，时刻承托着整个国家，竭力遏制亿万人群滚向罪恶和堕落。否则，英国人凭借警察和军队不能维护少有的安靖。藩王统治时期，王朝出现多次危机，但社会依然安宁，民风依然淳朴。平民依然真诚地交往，作伪证遭到谴责，借贷人不会上当受骗。人人怀着朴素的信念，遵守教规。

确定社会的目标，唤醒人们的守法意识，是婆罗门的职责。婆罗门是社会的舵手和组织者，享有履行职责所需的名誉地位。

但他们放弃自己的责任，声嘶力竭地宣扬死亡的恐怖时，他们在社会上层的席位就保不住了。

赢得声誉是要付出代价的。可现代的婆罗门不愿付出代价，热衷于争名夺利。他们的威望渐渐化为泡影。不仅如此，他们对从事社会的崇高职业所表现出来的疏懒，正一天天使社会的身躯脱臼、瘫软。

如果要以东方的思想体系维护印度社会，如果借鉴欧洲的制度改变印度历史悠久的庞大社会根本不可能，或者违背民意，那么有一批纯正的婆罗门是合乎情理的。他们贫穷，知识渊博，忠于教规，是讲经的师尊和各种教派的宗旨与道院的象征。现在的婆罗门只要坚定而廉洁地保护社会的精神财富，社会就绝不允许任何人污辱他们，法官就不会说，用靴子揍高贵的婆罗门是微不足道的小事了。虽是外国人，法官也懂得婆罗门的尊严。

但是婆罗门低头哈腰在英国老爷的公司里任职，浪费时光，出卖自己的职权，或当学校里的知识商人、法院里审判的经纪人，为了钱财，臭骂自己的婆罗门身份，那他如何坚守自己的理想呢？如何保护社会呢？他这样混同于老百姓，汗流浃背地跟人争夺蝇头微利，不以正信把社会引向崇高，就只会把社会推向衰亡。

我们知道，教派成员难以严格遵守教规，不少人偏离正道。《往世书》上列举的事例表明，众多婆罗门的举止与刹帝利、吠舍如出一辙。但教派只要有鲜活的宗旨，只要准时举行祭祀，只要正道上有不计较别人超过自己或看不起别人落后的征人,只要大多数教徒能看到为实现理想的生动榜样,整个教派就能抵达胜利的彼岸。

可惜,现在的婆罗门胸无大志。他们的儿子学习英语,接受英国生活方式,对此他们并不反感。获得硕士学位的穆克帕达亚、贾塔巴他耶[①]为什么不把学生叫到家里,把学到的知识传授给他们?为什么不让自己和婆罗门阶层成为教育的债务人?

他们或许会反问:"我们如何养家糊口?"如果他们安于清贫,不贪图山珍海味,社会将主动照顾他们的饮食。没有他们,社会的车轮转动不起来,社会自会抱住他们的脚,保护他们。可如今他们伸手要薪金,社会只得出示单据,付给薪水,强迫他们夜以继日付出相应的劳动。他们受制于规章制度,机械地劳作。他们不尊重别人,别人也不尊重他们。他们背负洋人皮靴的模样,经常成为妇孺皆知的可悲事端的起因。

印度的婆罗门

---

① 印度教徒的两种姓氏。

印度社会中重新恢复婆罗门职业的可能性,我不认为非常小。我不愿随随便便放逐心中的希望。印度亘古如斯的品格,将修正它短时的畸变。

许多非婆罗门也将参与恢复婆罗门的专职。古时候,非婆罗门曾接受婆罗门的修行方式,学习典籍,传播教义。婆罗门也向他们学习,此类例子不胜枚举。

那时,婆罗门并非唯一的再生种性,刹帝利、吠舍也可以割断尘缘,剃须削发,左肩缠挂圣线,皈依婆罗门教,钻研经文。

后来印度的婆罗门残剩为唯一的再生种性。婆罗门为再生而苦修的规则迅速偏离正道。婆罗门在知识、信仰和情趣等方面,逐渐与卑下的权贵为伍。四周全是茅舍,保全自己的特性,造一间用蒲草铺屋顶的茅屋,就足够了。梦想花大笔资金,千方百计在那儿建造有七幢配楼的大厦,心中难免滋生邪念。

古代的婆罗门、刹帝利、吠舍是再生种性。换句话说,整个雅利安社会可以再生。所谓的首陀罗①,是指土著人,即绍塔尔族人、比罗族人、柯罗族人和弹格罗族人。雅利安人和他们的教育、风俗和宗教浑然交融是绝对不可能的。但那无关紧要,因为整个雅利安社会是再生的,教育只有一种模式,差别仅表现于职业。相同的教育对维护各自志趣的纯真极为有利。刹帝利和吠舍帮助婆罗门举行授戒仪式,婆罗门也帮助刹帝利和吠舍从事他们的职业。整个社会的教育目的若不崇高,那是不可思议的。

当今社会,如果需要长一个"头颅"②,这个"头颅"如果高尚,可称之为婆罗门。与此同时,它的"臂膀"和"腰部"假如和土圪塔一般高,那是无法接受的。社会不高尚,它的头颅也高尚不了,呕心沥血保持社会的高尚,是其"头颅"的义务。

---

① 印度的最低下的第四种种姓。
② 据印度神话,婆罗门、刹帝利和吠舍分别生于神的头部、臂膀和腰部。

印度现代社会的文明群体——医务人员，知识分子，商人，职员，如果不被社会视为再生种性，婆罗门就无望崛起。单腿直立，社会做不出优雅的姿势。

有的郎中左肩缠挂圣线，卡耶斯特种姓人宣扬他们是刹帝利，商人称自己为吠舍。我看不到不相信他们此言此行的任何理由。模样、智商、才干和雅利安特性方面，他们与现在的婆罗门相差无几。孟加拉任何地方举行大会，绝对无法将不挂圣线的婆罗门与商人、卡耶斯特利种姓人区分开来。但很容易将他们与非雅利安人，即土著人区分开来。

纯正的雅利安血缘和非雅利安血缘的混杂，在我们的肤色、容貌、习俗、宗教和思想弱点等方面是显而易见的。但那样的混杂局限于婆罗门、刹帝利和吠舍之间。尽管有混血现象和佛教时代的动乱，印度社会仍将婆罗门限制在一定的范围之内。

印度社会缺少婆罗门便举步维艰。受特殊结构的束缚，近代历史上，这样的事例时有发生。

某些地方，根据宗教需要，藩王培植一批婆罗门，钦赐圣线。孟加拉的婆罗门在习性、举止、才学诸方面成了名不符实的婆罗门时，藩王不得不从外地招募婆罗门，主持祭典仪式。养尊处优把他们拖向颓废、堕落，藩王无奈，命人编造世系，以触醒他们濒临死亡的声誉。

为延续教典规定的宗教礼仪，印度社会屈从于现实需要，采取给婆罗门特殊照顾的措施。但在孟加拉社会，无需将刹帝利和吠舍禁锢在古老严酷的传统之中。他们打仗也罢，做生意也罢，不受社会制约。没有必要以特殊的标志把军事、商业、农业、工业等领域的人群区分开来。

婆罗门和整个印度社会应该奔向古朴的理想，恢复自身的荣誉。单让婆罗门上路，其他人原地不动，那是不妥的。整个社会不朝一个方向前进，它的任何成员趋于完美是不现实的。

印度呼唤婆罗门远离蒙辱之地，远离城市的浮嚣和围绕利益的拼杀，在净修林里登上讲坛上的冥想之座。否则，婆罗门无异于首陀罗，印度社会就永远挣不脱微贱,古印度巍巍山峰般的伟大灵魂,就会像被遗忘的历史边缘的云雾,随风飘散;一群劳累的印度文书,就会死命抱住一排靴子,像看不清的一群小蚂蚁,把爬向泥洞当作唯一的生活方式。

1902 年

公正裁决的权力

报纸的读者近日获悉，塞达拉县巴伊镇名门出身的十三位印度教徒身陷囹圄。据说他们犯了罪，按照法律，也许要被判刑。这件事伤害了全体印度教徒的心，伤害的缘由不难理解。

巴伊镇上，印度教徒的人数大大超过穆斯林，两个教派之间从未出现对抗的征兆。一位穆斯林作证，印度教徒与穆斯林没有矛盾，矛盾发生在政府与印度教徒之间。

事情是这样的：塞达拉县县长担心发生骚乱，下令禁止在大祭节期间奏乐。印度教徒左右为难，后来既未遵守政府的禁令，也未保全大神的脸面。他们没有像往年那样敲锣打鼓，只用一件普通乐器，凑合着过了大祭节。大神对此是否满意，不得而知。穆斯林未表示不满意。但县长大人火冒三丈，下令将组织大祭节活动的十三位忠厚的印度教徒关进大牢。

审理此案的法官口气极为强硬，法律铁面无情，惩治的手段十分严厉。但这样做能否维持"太平景象"，令人生疑。结果，本无矛盾的地方，矛盾被激活了。仇恨的种子发芽，长成枝茂叶繁的大树。企图以高压手段保持社会安宁，末了却挑起大规模的动乱。

大家知道，对医学一窍不通的巫婆，装神弄鬼，尖叫着手舞足蹈，抽打病人，往往给病人家庭带来灾难。英国人如果采用这样的原始方法，医治印度教徒和穆斯林之间的宿怨之病，病情非但不会减轻，还可能断送病人的性命。巫师舞剑诵咒，想驱逐妖怪反招来妖怪，而且降服不了它们。

许多印度教徒早已看透殖民政府没有解决两大教派矛盾的诚意。政府唯恐国大党耐心调解，引导印度教徒和穆斯林慢慢走上团结之路。所以竭力煽动两大教派的宗教仇恨，并利用穆斯林煞一煞印度教的威风，抚慰穆斯林的同时压制印度教徒。

然而，伦斯坦爵士和哈里斯爵士矢口否认，并以攻为守："说这种话的人，是撒谎的异教徒。"他们煞有介事地谴责道："那些人攻击英国政府偏袒穆斯林，歧视印度教徒，是没有根据的。"

我们没有不相信他们的话。政府对国大党素无好感，很可能希望穆斯林不与印度教徒携起手来，加强国大党的力量。然而，设法使两大教派的分歧变为对立，不应是有远见的明智政府的意图。

不错，两大教派确实心怀嫌隙。但在政府不偏不倚的统治下，嫌隙可以处于一种平静状态。政府的火药库里，炸药是阴凉的，但爆炸力并未消失。印度教徒和穆斯林内在的嫌隙，在政府的武器库里，也处于冷却状态，这未必不是政府的期望。

因而，政府目前不急于看到印度教徒与穆斯林热情拥抱，但双方挥舞棍棒的混战，它见了也恼火，因为这妨碍稳固的统治。

我们司空见惯的是，每当两派发生冲突，出现社会安定遭到破坏的迹象时，县长大人不分青红皂白，各打五十大板。因为常言道：一个巴掌拍不响嘛。但对于冲突发生之后的处理办法，普通群众的坚定看法是：严惩大都落到印度教徒的头上，多数情况下，穆斯林受到袒护。这种看法，更加炽烈了两大教派之间的嫉妒之火。从未爆发冲突的地方，当局故意制造莫名其妙的紧张气氛。一旦剥夺一方的固有权利，另一方必然更加胆大妄为，从而埋下永久敌对的种子。

政府不应对印度教徒这样冷漠。政府顽固地执行一成不变的政策，垮台就不会太久。有一条古怪的自然规律：天国的风神的脑子里，没有邪念，但受气温的规律的支配，他凡世的伙伴——飓风，经常促发风暴。人们对政府的天堂的现状一无所知。可伦斯坦爵士和哈里斯爵士了如指掌。我们感觉到四周空气中潜藏着危机，从天国乐园传来"别怕，别怕"的鼓励声，但我们面前，大神的侍从怒形于色。穆斯林知道，保护神毗湿奴的使者在等候他们。我们却四肢抖索着意识到阎罗的索命鬼手持铁棍坐在我们的门口。我们只得掏腰包招待他们。

不要认为,周围环境中,我们感受到的一种倾向是无中生有。近来,一位贵族出身、受人敬重的英国文官在《国民报》上发表的文章中透露,旅印的普通英国人心中,蔓延着对印度教徒的厌恶,油然而生的是对穆斯林的关切之情。英国的乳房里如为穆斯林兄弟滋生乳汁,那是令人快乐的事,但为印度教徒只分泌胆汁,那种快乐恐怕不会持久。

怨恨酿造偏执和不公正,惶惧则会使公正之秤的指针颤抖,歪斜得更厉害。我们怀疑,英国人似乎也有些怕穆斯林。所以王权之杖擦着穆斯林的身体,重重地落在印度教徒的头上。

这可称为"揍女佣吓妻子"的政策。女佣做了错事,揍她几拳,她只得忍气吞声。但妻子是名门闺秀,理当管教的时候,碰她一个手指头,她也受不了。但是非总得说清楚。阻挠最少的地方,稍

国大党主席尼赫鲁和穆斯林联盟主席真纳

微使把劲儿,就出成果。这合乎科学道理。所以,两个教派发生冲突,只要制服缺少凝聚力、性格懦弱、能忍受合法或非法行径的印度教徒,问题就迎刃而解。我们无意说,这是政府的政策。但政府的所作所为,自然而然地不知不觉地走在这条路上。这有些像河水,在坚硬的河堤旁流过,不由自主地溶化一些软土。

因此,哪怕恳求政府一千次,我们仍没有勇气相信,政府会妥善解决两大教派的矛盾。我们加入国大党,在英国组织示威游行,在《甘露

市场报》上发表文章，无所顾忌地抨击各级官员，经常搞得他们狼狈不堪；在不抱偏见的英国人的支持下，反对殖民当局，修改了许多法律条款。为此，英国当局大为恼火。从印英君主专制的高峰，常常喷出火红的岩浆，打破政治所需的平静。

此外，比起国大党，保牛大会更加强烈地震动英国的心魂。他们知道，有史以来，印度教徒从未团结起来进行自卫，可在保牛的口号下竟然团结一致！为此，印度教徒与穆斯林发生摩擦时，英国人难免同情穆斯林。在发生冲突的地方，能够冷静而公正地判断哪一方罪行较重、双方是否多少有些罪行的英国人，寥寥无几。他们惊慌失措，最关心的是如何消除政治危机。第三期《求索》杂志上发表的《英国人的恐惧》一文中，我们援引镇压绍塔尔族人的例子后指出，心慌意乱，就不可能有公正裁决的耐心；谁是已知或未知的恐惧的根由，就会对谁恨之入骨。

所以不管名叫政府的机器是否保持中立，管理这部机器的大大小小的工匠，终日坐卧不宁。他们一再否认这一点，但他们的表情清楚地流露了并正流露着心中的不安。各种正常的原因，使旅居印度的普通英国人的情绪每波动一次，便带来一种恶果。就像卡奴特王①控制不住海浪，政府也挡不住这正常的规律。

可能有人会问，何必徒劳地开展运动？我何必写这篇文章？我一向认为，写文章的目的，不是哀求政府，也不是恼怒地指责政府。我们的文章是为国民写的。除了我们自己，无人掀得掉压在我们头上的鄙夷和歧视。

卡奴特王喝令海浪平息，海浪充耳不闻，照样顺从自然规律，冲击海岸。卡奴特的怒吼和咒语，推不动海浪。但可以筑坝，遏制海浪。

想半道上挡住躲不掉的连续冲击，我也只得筑坝。我的这条坝，是相互理解、万众一心之坝。

这不是组织团体，进行革命。我们没有那样的力量。但人们站在一

---

① 卡奴特王（995—1035）系英格兰及丹麦国王。

起，就有声势，就有威力。别人必然刮目相看。得不到别人的尊重，便难以赢得平等地位。

但是，沙坝如何修筑？一再受到伤害却从未学会团结的人中间，埋藏着千百颗分裂的含毒的种子。如何使他们拧成一股绳？英国人体会不到我们的隐痛，不用药品医治社会弊病，反而以沉重的打击成倍地加剧我们心中的痛苦。这种经验，从北到南，从东到西，悄然密切了印度教徒们的心。但这还不够。我们的民族，至今未成为全体同胞的永恒的庇护所。比起外来的风暴，我更担心的是我们沙垒的房基。较之湍急的水流，更应警惕结构松散、趋于塌倒的堤岸。

我们知道，长期的奴役碾碎了我们民族的人性和胆量。我们也知道，挺身而出，与恶势力作斗争，最令人担忧的是我们自己的民族。我们为它的利益奋斗，它却是我们最主要的危险的温床。我们扶助它，却得不到它的合作。懦夫们拒绝真理，被欺压的人遮掩自己的伤痛。法律伸出魔掌，监狱张开铁嘴，要吞噬我们。但只要我们有一些人坚持到底，守护纯洁的高尚和气节，就能坚韧民族团结的纽带，获得平等的权力。

我不知道，在印度教徒和穆斯林发生矛盾、印度人与英国人对抗的地方，我们这样的感知和判断是否切合实际，对于不公正的做法，我们的担忧是否有根据。但可以肯定，把仲裁的任务，只交给仲裁者的良心和仁德，我们不会获得公正的裁决。不管君主制多么完善，平民的处境若每况愈下，地位的提高便只是空想。

推动国家前进的是人，不是机器，不是神明。我们在英国人面前能够证明我们是真正的人时，他们才把我们当人看待。只要印度的一批志士仁人为我们树立勇敢地坚持真理和正义事业的榜样，英国人就不得不在心里承认，印度并非碌碌无为地恭迎公平待遇，而是执著地追求着，并随时准备铲除邪恶。那时，即便他们一时精神恍惚，也不至于鄙视我们，在平等对待我们这件事上，不会再显露丝毫的懈怠。

1894 年

杜尔迦大祭节

在孟加拉地区，多少年来，阿斯温月①初十杜尔迦大祭节②来临之际，家家户户流动着欢乐聚会的琼浆，但是我希望：今天拉开帷幕的盛大聚会，在印度历史上永远被人铭记；孟加拉的杜尔迦大祭节获得的新生命，比以前更加丰满。这新生命之河，在阴暗的日子，在遥远的未来，都不会清瘦。由于我们交了好运，在天帝的暗示下，这新生命之河在聚会的节日，穿透顽石压着的印度的心，今天突然喷涌而出，但愿我们的罪恶带来的诅咒，任何时候不能使它干涸。

印度的杜尔迦大祭节

---

① 印历6月，公历9月至10月。

② 杜尔迦是印度神话中的降魔女神、毁灭大神的妻子。杜尔迦大祭节是印度的民族节日，其规模与我国的春节相似。

长久以来，我们把杜尔迦大祭节限制在很小的范围内。这大祭节是我国不可分割的财产，我们却把它分割开来，送到千家万户。杜尔迦大祭节变成了局限于我们亲友之间的活动。我们忘了这是全国的节日，在这个节日，要让广大民众变成家里的亲人。在这个节日明丽的秋阳下，金光灿烂的蔚蓝天空，是我们房子的屋顶。在这个节日，露水滋润、稻秧葱绿、河流纵横的土地，是我们的庭院。在孟加拉母亲怀里出生、学会诵念一个个孟加拉单词的人，这一天全是我们的朋友、我们的亲人——以前，我们未能充分认识到这一点。所以，我们聚会的伟大日子，就这样年复一年来了又走了，而它的全部成果也没有保留下来。

　　如同孤独的朱木那河经过漫长的旅程之后，有一天骤然与宽阔的恒河汇合，变得荣耀，变得神圣，我们孟加拉的杜尔迦大祭节，在很久以后的今天，也与流遍全国的情感的大河汇合，取得了圆满成功。但愿从今天起，这两条情感之河，就像汇合的恒河和朱木那河，再不分开。从今往后，在孟加拉，家庭的聚会和国家的聚会，融于同一个节日之中。我们把每年的这一天，不仅当作亲友聚会的日子，也看作我们民族聚会的一个伟大日子。

　　我们未能深刻认识我们平时熟悉的东西，这种情况，在我们个人生活和民族生活中，常常可以看到。有些我们以为非常了解的东西——忽然某一天，天帝让我们睁开了眼——我们发现，其实我们并不了解，可在这一天，它的全部意义重新闪现了。由于天帝的仁慈，我们终于认知了杜尔迦大祭节——以前，我们没有举行恰当的庆祝活动，把本应摆在王座上的物品放在自家走廊里。我们今天才省悟，这样的大聚会给了我们恩惠，给了我们勇气，给了我们胜利。这样的大聚会不是在家庭的院子里，而是在全国举行的。这样的大聚会中不仅有甜蜜的琼浆，也有燃烧的火焰般的威力——它不仅让人愉悦，也给人力量。

　　朋友们，我们常说：母亲的故乡像天堂一样华丽。但此前何年何月，故乡无与伦比的华丽，像今天这样在我们面前显现过？以前，它在谁的演讲或训诫中出现过吗？没有！孟加拉分治作为一个事件的起因，前不久打击了全体孟加拉人的心,我们的昏睡烟消云散了。我们一瞬间睁开眼看到,千百万孟加拉人息息相通的心中,矗立着我们故乡的高大形象。

虽然我们一直居住在孟加拉,但从未见过孟加拉的完整形象。而今天祖国母亲的目光一投到我们刚刚苏醒的眼睛上,我们立刻明白,我们的苦乐、艰难、财富、尊严、羞耻,在震撼我们母亲的心。所以,在我们永恒的神庙里,今天进行的不只是个人的膜拜,而是整个国家的膜拜;印度自古流传的社会节日,不光是在家庭聚会中让我们感到快乐。在这欢乐的日子里,为了整个国家,我们家家户户大门的门闩抽掉了。从今天起,我们整个社会似乎有了全新的内涵。我们的家庭生活、我们的工作事业、我们的社会特性染上了新鲜的颜色——这颜色是我们整个国家充满新希望的心灵的颜色。印历1312年因而无比光荣。在今天孟加拉的吉祥时刻,我们有了新的生命,我们深感荣幸。

朋友们,长期以来,祖国对我们来说只是一个单词,一个形象。我希望,今天它在我们面前呈现为鲜明的真实。我们一般不能恰当地对待作为真实接受的东西,不能为它牺牲个人利益,为它忍受痛苦就更难了。关于祖国,我们听到的和所说的每句话,只造成一团团迷雾。孟加拉以它的土地、它的水、它的空气、它的天空、它的森林和它的农田,把我们一层层地环围。孟加拉大地一代又一代养育了我们的祖祖辈辈,并准备把我们未来的儿女抱在怀里。这个造福者为我们传承父辈的不朽业绩和至理名言,但愿我们像爱珍品一样由衷地爱它,而不只是享受它的美景和意趣,耗尽我们的全部情思。愿我们深爱它,使它的土地更肥沃,使它的水更纯净,使它的空气更清新,使它的森林里百花盛开,果实累累,帮助它的男男女女获得人性。

我不是孤独的一个人,我既有一个的微小身体,又有一个宏大身躯。祖国的土地、河流和天空,是我身躯的扩展。她的健康就是我的健康。全体同胞的交织着苦乐的心,是我这颗心的延伸。她的强健是我的强健。这活生生的事实,只要我们察觉不到,就只能从饥荒走进饥荒,从困境走进困境；就只会恐惧，胆怯，蒙受羞辱而感得无地自容。请你们想一想，长期受到奴役、缺吃少穿的文书，突然受到污辱，茫然失措，不再考虑前途，其原因是什么呢？原因是，他们在很大程度上感觉不到自己与全体孟加拉人是一个整体。只要他们觉得自己孤苦伶仃，就只会得出错误结论。这是幻觉。这幻觉折磨他们，羞辱他们。

一个人怕死，也是误解造成的。他觉得：我孤独一人，必定在死亡中泯灭。但他一旦认识到自己与万物浑然交融，对死亡的恐惧瞬间便消失。因为，那时他已颖悟："我和万物是一个整体，我活着所有的生命之中。"

我们把自己的生命当作钱袋，紧紧抓住，其唯一的原因，是觉得自己是孤单的个体。今天我们如果能把整个国家当成"我"，那么，我的恐惧，我的贪婪，就在国家之中化解，就能获得神性，就能做成比登天还难的事情。那时，微小变为阔大，软弱变为强大。经过多年之后的今天，我们在孟加拉发现了这一真理的迹象。因此，我们把希望也寄托在先前对其不抱希望的人的身上了。以前有些人像飞蛾扑向外国奢华的火焰，那毁灭的可怕光亮，再不能引诱他们了。

欢度杜尔迦大祭节

现在我们一心一意对天帝祈祷：但愿真理越来越明亮，不再从我们松开的拳头滑落。目前冲突造成的紧张今后缓和时，但愿人生的每一天，我们能心境平和地传承这一真理。应该记住，今天在我们面前显现的这种爱国情怀，绝不依赖国王①给不给恩惠。不管通过不通过什么法律，不管英国人听不听我们伤感的话，我们的祖国，永远是我们的祖国，是我们父辈的祖国，是我们儿女的祖国，是赐给我生命、力量和财富的祖国。我们不会被任何虚假的承诺所迷惑，我们不会听别人说几句话就出卖祖国。只要碰到一次她爱抚的手，我们再不会捧起讨饭的破碗。我们的手从此只为祖国母亲服务。

啊，朋友们，今天在这杜尔迦大祭节的日子，把我们心送往孟加拉国各地吧。从北方喜马拉雅山脚下到南方波涛汹涌的大海边，从河流纵横如网的东部边陲到西部山峦绵延的边地，送去我们的心！对刚刚结束耕种回家的农民致以节日的祝贺，对把牛群赶回牛棚的牧童致以节日的祝贺，对来到法螺吹响的寺庙里的香客致以节日的祝贺，对面对徐徐下坠的夕阳做完祷告的穆斯林致以节日的祝贺。今天傍晚，沿着恒河的许多支流，在布拉马普特拉河的沿岸，向孟加拉东部西部，送去自己的心的拥抱！今天孟加拉所有浓密树荫覆盖的村庄上方，金秋的天空，倾洒着初十一的溶溶月辉，让你们欢聚的心灵一遍遍咏唱的祖国颂歌回响在这神圣宁谧的暮空——一起低下头双手合十，对宇宙之神祈祷——

> 孟加拉的河流，孟加拉的土地，
> 孟加拉的空气，孟加拉的果实，
> 神圣吧　神圣吧
> 神圣吧　啊，天帝！
>
> 孟加拉的房屋，孟加拉的集市，
> 孟加拉的森林，孟加拉的田地，

---

① 指当时的殖民当局。

美好吧　美好吧

美好吧　啊，天帝！

孟加拉的誓言，孟加拉的希冀，

孟加拉的事业，孟加拉的话语，

真实吧　真实吧

真实吧　啊，天帝！

孟加拉人的生命，孟加拉人的心灵，

孟加拉千家万户的兄弟姐妹们，

团结吧　团结吧

团结吧　啊，天帝！

1905 年

莫卧儿时代与英国统治时代

我们从未停止比较"昔日"和"今时"。"昔日"缺席时,单方面进行裁决,想得出什么结论,就有什么结论。换言之,这取决于裁决者的气性,有时"昔日"走运,获得荣誉,有时则是"今时"获胜。这样的裁决,是不可信的。

究竟是莫卧儿时代幸福,还是英国统治的时代幸福,听了几个普通证人的证词,我们不能得出最终结论。人的苦乐,有赖于各种精细物件,可那些物件的条分缕析,往往是不可能的。尤其是已逝的年代,带着自己的许多证人、证词,远去了。

然而,"昔日"和"今时"的最大差别,在大大小小所有差别之上,高昂着头。这种差别不仅最大,对印度来说,它的结果肯定也最重要。在这篇短文中,我简单谈谈差别这个话题。

很久以前,印度的御座上坐着一个皇帝,后来,坐着一个公司①,如今坐着一个民族。以前是一个人,现在是一群人。这十分清楚,不用摆出证据,进行过细的辩论。

皇帝在位时知道,整个印度是他的。现今英国人知道,印度是他们的。

莫卧儿皇帝

---

① 指东印度公司。

不光一个王室，全体英国人沾印度的光，富裕了。

皇帝可能滥施暴政。现在没有暴政了，但有负担。坐在象背上的骑手，不时用铁棍打象，这对大象来说是不舒服的。可它不驮骑手，而驮另一头大象，这承载者不会觉得铁棍的缺失，是它唯一的好运。

祭拜一个神用的盘子里放满的鲜花，看上去一大堆，大概可以相当直观地从中看到采花人付出的劳动。但如有三亿个神，给每个神的一片花瓣，看上去非常小，可一片片全叠起来，就高得不得了了。而把一片片花瓣集中到一个地方，也是难于上青天的。所以，除了怪自己命不好，不会产生责备别人的想法。

然而，这儿用不着责怪某个人。裁定英国人比莫卧儿好还是坏，不会有大的收获。不过，应了解实际情况，只有这样，才能避免种种妄想和白费力气。这也算是一种收获。

你想，政府的高职位几乎全让英国人占了，为此我们气得要死，可解决这个问题的办法在哪儿呢？我们心里思忖，只要去英国挨家挨户地诉苦，局面当有所改观。

但有句话务必牢记，我们这是去对被我们起诉的人诉苦！

皇帝在位的时候，我们是大臣，是司令，肩负统治国家的重任。如今，那成了我们远逝的希望，原因是什么呢？撇开其他隐秘或公开的原因，一个极普通的原因，我们看得一清二楚。英国不为每个英国人提供食物，在印度却必须为全体英国人开设施饭棚。英国在这儿提供食物的责任，大部分落到我们肩上；那些食物要以各种形式分发到各种各样的盘子里。

如果爱德华七世①真是端坐在我们德里御座上的皇帝，我们就去对他说："陛下，一锅锅饭菜要是分到外国人的盘子里，你的帝国如何生存呢？"

皇帝说："是啊，在我的帝国，我征收我享受的东西，这是名正言

---

① 爱德华七世（1841—1910）是大不列颠和爱尔兰国王。

顺的。可是凭什么要让十二个鬼捧着空碗坐在我面前？"

那时，他想着"这是我的帝国"，对帝国的爱怜之情油然而生，于是立刻挡住别人伸来的贪婪的手。但眼下每个英国人都认为印度是"我的王国"。在这个王国，他们享受的份额一旦减少，就大叫大喊，齐声抗议，他们某个制定法律的同胞就不敢改变有关规定了。

走进我们这个有千万张嘴的奇大无比的国王的朝廷，提出从他牙缝中抠出他享受的一点点食物的要求，是枉费精力。稍微动点脑筋，就能明白原委。

总之，一个民族坐在国内，统治着另一个国家，这种事历史上从未有过。在这种情形下，即使国王十分贤明，挑起国王的重担，对印度来说也太艰辛了。绝大部分利益属于别国，一小部分利益属于自己，这两种利益还必须协调，印度的处境实在太悲惨了。印度的重心落在离自己很远的地方，它怎能昂首挺胸！就算盗窃现象灭绝了，就算法院里案件极仔细地审理，可头上的大包袱拿下来放在哪儿呢？

所以，国大党如有什么合理要求，就应是：管他是爱德华七世的儿子，是冠松爵士或者基吉那尔，还是《英国人》、《先锋》的编辑，或者议会选的一个或好或赖或中不溜儿的人，让他当国王，坐在德里的御座上吧。作为一个国家，印度物产丰富，一个国王是养得起的，但遍布全国的国王实在是养不起啊。

1905 年

谁怕谁

今天，我发表演讲所用的语言，虽然是孟加拉人的语言，是弱者的语言，是被打败的民族的语言，印度殖民当局却很怕它。原因之一，是他们不懂这种语言。在"无知"的黑暗弥漫的地方，游荡着"盲目恐惧"的鬼怪。

不知什么原由，我们更怕用印度的统治者不懂的语言和他心中害怕的语言对他们表示欢迎。之所以这样，是因为我们倾诉某种感情说的话，是从难忍的痛苦中流露出来的，还是从无法抑制的愤怒中迸发出来的，裁定权在他们手中，而裁定的结果往往出人意料。

我不是叛逆者，不是英雄，大概也不是愚钝者。我不想让王室高举的权杖狠狠地捅我，使我瞬间猝死。可我不清楚，王室手持权杖的人在语言的哪条边界上建了哨所，默不做声地坐在那儿。统治者似乎也不清楚，我往哪儿迈出一步，他的权杖就会把我击倒在地。因为，对统治者来说，我的语言是模糊不清的，我这个人也是影影绰绰的。因此，他的权杖必然在莫名的担忧的驱动下，胡乱地挥动，越过法规的正常界限，突然像流星那样，在错误的地方，在不适当的时候，震惊弱者的心灵。在这种地方，终日闭口不语是明智之举。在不幸的印度，许多人从工作场所到外面很远的地方，埋名隐姓，打定确保人身安全的主意，这样的现象，最近已经出现了。印度一些满腹经纶的辩士①，能模仿英国狮子的吼叫，竟然使在岛国出生的白人突然心生疑惑，于是，他们中不少人已藏在洞穴里，练习噤声。由此可见，印度的苦难岁月即将来临。在这

---

① 指在英国留过学、精通英语的某些印度知识分子。

种时候,自称是全体国民的朋友中间,敢于走到王宫门口,表达不幸国家的无语痛苦的人,只怕是寥寥无几了。印度经典中说:"能陪同前往王宫门口或焚尸场的是好朋友。"可那王宫离焚尸场实在太近了,还是原谅那些胆小的朋友吧!

当然,若说"国王"脸上露出厌恶的神情,我们也不害怕,那不是我们的真实心情。但"国王"① 为何开始流露出惧怕我们的神情?这个问题着实令我们纳闷。

英国女皇委任的印度总督明托勋爵

英国人是我们的太上皇,拥有无限权力,可他们在印度惶惶不安地过日子。经常看到这种情状,我们感到好生奇怪。怀着同情心,我们分明感觉到,他们想象着从不远处渐渐临近的俄国的脚步声,不禁惊慌失措。每次他们慌乱的心跳声,都使我们印度财富女神几乎空无一物的仓库里发生地震,被贫困折磨得骨瘦如柴的印度解饿的几个饭团,片刻之间变成坚硬炮弹——那可不是我们容易消化的食物。

这种对外部强大敌人的惧怕和警惕可能不是没有缘由的,尽管我们不知道保密的情报和有关国家的复杂想法。

但我们了解我们自己。我们坚信,从任何一个角度审视,我们都不可怕。只要我们在心里毫不动摇地坚守这种信念,对我们的恐惧感是可

---

① 指殖民当局。

以完全打消的。

然而，最近一段时间，连续发生的几起不可思议的事件，让我们突然发现，我们无端地毫不费力地在制造恐惧。我们是可怕的！真是咄咄怪事！此前，我们竟无人对此表示怀疑。

此前一天我们看到，政府极为慌乱地从它的旧兵器库里拖出未曾执行的严厉法规的坚硬铁链，擦拭上面的锈迹。平时用的法律的粗绳已经捆不住我们了——我们实在太可怕了！

有一天我听说，因为搜寻很久也未抓到某个犯罪嫌疑人，政府大为恼怒，把证人和审讯抛在一边，用王权的巨石严密地压在整座普那城的胸脯上。我们不禁暗想，普那城是座可怕的城市！城里不知发生了什么惊天动地的大事！

但至今不知道那惊天动地的大事的具体情况。

当我们坐着猜测那究竟是真事还是梦幻的时候，电台播出一条消息：从王宫隐秘的脊顶发布的一条陌生的可怕法律，像闪电似的，击中纳杜兄弟俩，便无影无踪了。眼看着，像滂沱大雨骤然而至，整个孟买地区天空乌云密布，响起了严厉管制的阵阵雷声，不一会儿又下起冰雹。见此景象，我们心想："不知里面发生了什么事儿，但可以看出，这件事不简单，马哈拉斯特拉省的人太可怕了！"

在擦拭旧法律之链上的铁锈的同时，王室的工厂里制造着新型铁链，锤子瘆人的敲击声使整个印度瑟瑟发抖。于是，谣言四起：我们这些人太可怕了！

我们历来相信，大千世界岿然不动。我们完全依赖却常常无所顾忌地骚扰这坚固的世界，可他总是毫无怨言，以强大的力量轻松地载负着一切。有一天，暴雨成灾，乌云笼罩的下午，我们自古依赖的大地，不知为何怀着莫名的恐惧，索索颤抖起来。我们看到，在它片刻的晃动中，我们数十年喜爱的旧宅轰然倒塌。

政府的顽固政策如果也突然怀着莫名的恐惧，摇晃，破裂，扑过来吞噬我们，那么，我们以前对它的力量和政策的稳定性的信任，就会立刻受到毁灭性的打击。在这种打击下,老百姓心中可能产生恐惧。与此同时,忽然特别关心自己,是完全正常的。他们心里自然而然萌生的一个问题是:"我们难道对此一无所知?"

对一个软弱民族使用暴力,似乎是多此一举;而对它表示敬意,显然是不可能的。一旦看到为压制我们采取的大量措施,我们就会把有关正确和错误,以及关于裁决是否公正的争论放在一边。我们就会想到,也许,我们中间存在一种力量,平时由于麻木不仁,我们未能认识到罢了。政府在我们四周架起大炮,可以肯定的是,我们不是蚊子,至少不是一只死蚊子。

往我们民族心中注入生命力和动力是可能的,这对我们来说是非常欣慰的一件事情,否认这一点,显然是虚伪。当然,今后硬把它作为一项方针去实施,那倒不必,而为此进行欺骗,则绝对不能得逞。

看到政府承认我们在某些地方蕴藏着力量,失望的心中不能不产生些许自豪感。然而,唉,这种自豪感对我们来说是要命的东西!它像蚌里的珍珠,对我们来说是一种心病。身怀绝技的渔民之王可以用一把锋利的刀刺进我们的肚子,把珍珠掏出来,缀在他的王冠上。

英国人以自己的标准计算,给我们与我们身份不配的"荣誉[①]"。这种荣誉对我们来说,或许既是讽刺又是死亡。政府怀疑我们有实力,对我们使用暴力,那种实力如果不存在,那么,政府极重的权杖就会毁了我们。那种实力如果确实存在,它在被权杖追杀的过程中,就会越来越坚定,越变越强大。

我们了解我们自己,可英国人不了解我们。不了解有一百零一个原因,不用一一分析。最关键的一点,是他们从不了解我们。我们是东方人,他们是西方人。我们中间能产生什么,什么地方受撞击会冒烟,他们全然不知。为此,他们惴惴不安。我们身上没有让人害怕的任何特征。我们的唯一特点,是我们不易被人认知。我们是啜奶食草的"动

[①] 指孟加拉人是可怕的。

物"。我们恬静、宽容、淡定。尽管如此,我们不易被人信任。因为,我们在东方,我们让人看不透。

如果真是这样,啊,"国王",你为什么把我们变得更加捉摸不透呢?既然误认为麻绳是一条蛇,为何又随手熄灭屋里的灯,扩散恐怖呢?我们作自我介绍,这是让你们认识我们的唯一办法,可你们拒绝采用,那还有什么好结果吗?

1857年印度士兵大起义

在士兵大起义之前,印度人用手分发的面饼①上,没有写一个字母。那无语无字母的信件②,难道不真的很可怕吗?蛇的游动是秘密的,蛇咬人是无声的,但不是很厉害吗?信件越多,传送越畅通无阻,按照正常规律,这个国家就无法再从事地下活动了。如果在伸手不见五指的无月之夜,我们软弱的印度大地疯了似的进行冒险,动身去赴"革命"的约会,大门口的狗可能不叫,"国王"的卫士可能睡意蒙眬,守

---

① 指1857年印度反抗殖民统治的士兵起义,起义前人们用特制的面饼传送信号。

② 指面饼。

卫城门的士兵可能不认识他，但他全身戴的手镯、耳垂、脚铃和臂钏，或轻或重地响起，以各种声音传递各种信号，全然不理会禁令。卫兵如果能封锁那些首饰的响声，他可以再睡一会儿，但守城是否容易一些，就不得而知了。

守卫的重任交给神志清醒的人，守卫的方法也由他自行决定吧。在这件事上，自作聪明地提建议，在我就是莫大的狂妄，可能也是不安全的。所以，我以母语采取的软弱措施中，不包括那样的轻举妄动。然而，我为何以细微、模糊的声音进行这无效却又充满危险的诉说？它只能让人想起强者的惶恐对弱者来说是多么可怕！

举下面这个小例子也许不是与此无关的。几天前，一群头脑发热的下层穆斯林在加尔各答的街道上，投掷石块，制造混乱。令人惊讶的是，混乱中他们攻击的目标竟是英国人。之后，他们受到了足够的惩罚。孟加拉有条成语：朝别人扔石块自己反被石块砸伤。可这些蠢家伙朝别人扔石块，自己被比石块更硬的东西砸伤了。他们被指控犯罪，判了刑。但事情的真相如何，至今搞不清楚。下层穆斯林群众不读报，也不为报纸写文章。一件不大不小的事情发生了，可这些默不做声的平民心里是怎么想的，不得而知。这件事儿被迷雾覆盖着，它在老百姓面前，形成一种不应有的人为的荣耀。好奇的想象，从哈里逊路的这一头出发，走到半月形圆顶的王宫前，为可能或不可能的种种猜想添枝加叶。这件事至今是个谜团，有一份心有余悸的英国报纸称，这是与国大党有瓜葛的国家革命的发轫。有人向政府进言："把穆斯林居住的贫民窟烧成灰烬！"有人抱怨说："在这个多事之秋，总督①不应全身凉爽地坐在白雾弥漫的山顶上。"

神秘是无由来的恐惧的温床，而强者无由来的恐惧，为弱者带来的是死亡。噤声的报刊笼罩着神秘的黑暗，是令我们胆战心惊的景象。长此下去，在王室成员的眼里，我们的每项活动，看上去无不是包含疑点

---

① 指总督当时在山上的疗养胜地。

的黑幕。带着无从抹去的猜疑，王家权杖必将越加锋利。平民的心充满郁闷，无语的失望在里面发酵，变成毒气。我们是英国人统治的庶民，但我们的天性不是他们的奴隶。受到打击，我们同样感到疼痛。英国人把千百只的眼睛瞪得血红，也不能流放我们的天性。他们可以发怒，加大打击力度，可我们疼痛的程度也会随之增加。因为，这是上天的法规。在刑事法典中，它也不是被禁止的。心中的火气不通过话语发泄，就会在心里储积。想象着在那种不健康不正常的状态下，"国王"和平民的关系将扭曲成什么样子，我们不寒而栗。

不过，这种说不清的猜疑状态，还不是最大的灾祸。对我们来说，还有比它更严重的灾难。

奴性沉沦的恶果，必然落到人性之上，这是我们跟英国人学习才知道的。装模作样和弄虚作假，成为被统治民族自卫的武器，必然损害其自尊和人性。膜拜独立的英国，尽量抹去他子民的低下地位上屈辱的污点，为我们上了有关人性的一课。他们并未每迈一步都提醒我们，我们是失败者，他们是胜利者；我们是弱者，他们是强者。即便如此，他们还是让我们忘了我们曾认为，表达情感的自由是我们人性的正常权利。

如今，我们突然清醒过来，发现弱者没有任何权利。我们认为凡是人应该得到的东西，不过是强者心血来潮同意给弱者的恩赐而已。今天，我站在这个会场上说几句话，没有什么能让我感到人本应有的自豪。在进行抨击和分析之前，我看到自己没有被投入监狱，这也未为我带来光荣。

从某个角度看，这就是客观现实。但无论是"国王"还是平民，时刻感受这样的现实，都是不吉利的。

不要时刻摇响统治者和被统治者之间的统治之链，用亲戚的纽带将其遮住，被统治民族的精神负担才能有所减轻。

印刷机的自由是一块遮丑布，用于掩盖我们的艰难处境。我们不准获得胜利民族的千百种权益，但自由的纽带使我们坦诚地走到他们跟前。我们忘却孱弱民族猥琐的胆怯和虚情假意，学会了心胸坦荡，高昂着头，口齿清楚地说真话。

虽然我们不能自由地参与政府的高层事务，但我们勇敢地提出建议，用清晰的语言进行批评，认为自己是印度庞大的统治机构的一部分。我们没有时间考虑它的其他成果，但这样做提高了我们的自尊心。我们知道，我们不是低能儿，在印度繁杂的行政事务中，并非无所作为。其中也有我们的责任和义务。我们的苦乐，我们美好或黯淡的前景，主要取决于行政管理。我们的评说，我们的看法，我们履行的责任，若不与之关联，我们的贫乏和卑下，就永无尽头。尤其是我们在英国人的学校里接受过教育，英国文学中描写的建功立业的英国英雄，在我们心中栩栩如生。在各种事业中为自己谋福祉方面，我们觉得我们的自由权利是莫大的光荣。现在，如果我们刹那间被剥夺表达情感的自由，我们的批评与政府事务的细小联系如果被一刀切断，那么，我们或将沉入碌碌无为造成的消极之中，或将弄虚作假，撒布谎言，把自己的人性供奉在强悍政府的要职的脚下。被奴役的一切委顿，就会和高等教育培养的志向受挫的无语痛楚相融合，我们就会陷入最凄惨的境地。那细小的联系中，有一条交流的狭窄小路，恐惧会把那条小路堵死。平民对"国王"的恐惧，绝不是一种光荣。"国王"对平民的恐惧，则是更糟糕的东西了。

印刷机的自由的遮丑布被揭掉，我们受奴役的干瘦的骨架子霎时间便袒露无遗。当代英国一位实力派作家说，不掩盖真实的东西，是件好事。可我们要问，在英国统治下，这受奴役的干瘦的骨架子难道是唯一的真实？在它的上面，曾赋予生活温情的轻纱、自由行动的各种嬉戏和迷人的绚丽，难道是虚影？难道是幻象？相识二百年之后，这难道是人际关系的最后结局？

1898 年

孟加拉分治

我从巴里沙尔某地的可靠途径获悉,孟加拉的海盐比英国盐便宜,可我们的记者认识的穆斯林,以前宁可多花钱也买英国盐吃。但这位记者说,如今那里的穆斯林考虑切身利益,不再使用英国布料,不吃英国盐了。他们向来是非常固执的。

很多地方首陀罗种姓人中发生的类似事件的消息,也不胫而走。

我们对孟加拉分治大为恼火,曾发誓绝不让孟加拉使用英国布。我们从未想过比这更重大的未来的事情。

如果你问更重大的事情是什么,我会回答说,就是尽力消除孟加拉省分裂带来的忧虑的根由。与此相比,表达愤怒是次要的。

我们对孟加拉分裂感到忧虑的主要原因是什么?我们已就此讨论了很多次;我们心里甚至产生这样的想法:当局把孟加拉分成东、西两部分,旨在嘲讽孟加拉,或者使孟加拉残缺不全。

在孟加拉的东部,穆斯林占大多数。由于宗教和社会的原因,穆斯林比印度教徒更团结,他们中间蕴藏着产生力量的重要元素。由于语言、文学和教育完全相同,这部分穆斯林和印度教徒在许多方面关系密切。如果把孟加拉分为以印度教徒为主和以穆斯林为主的两部分,就很容易使印度教和穆斯林教的各种关系渐渐变得松散。

下令实施孟加拉分治的冠松勋爵

孟加拉分治

　　孟加拉社会的印度教徒非常团结，在地图上划条线，把一部分印度教徒和另一部分印度教徒分开是很难的。而穆斯林和印度教徒之间存在差别。但双方长期朝夕相处，已经浑然交融，因而也难以察觉这种差别究竟有多大。

　　如果"国王"全力扩大这种差别，使双方分开，那么，毫无疑问，随着时间的推移，印度教徒和穆斯林的距离就会拉大，彼此间的忌恨将更加强烈。

　　实际上，在我们不幸的国家制造差别是毫不困难的，促使双方和睦相处才是件难事。比哈尔人是孟加拉人的邻居，孟加拉人一向和比哈尔人做生意，但比哈尔人和孟加拉人不亲近，这一点，只有孟加拉人和比哈尔人心知肚明。文化水平较高的一些奥里萨人认为自己和孟加拉人完全不同，总想独树一帜。阿萨姆人也是如此。长期以来，我们把奥里萨、阿萨姆、比哈尔和孟加拉扯在一起，称这一地区为大孟加拉，可这里并非所有人承认自己是孟加拉人。孟加拉人也从不设法亲近比哈尔人、奥里萨人和阿萨姆人，甚至认为他们比自己低下，以鄙夷伤害他们。

　　因此，在孟加拉地区，认为自己是孟加拉人的这部分人，总数并不很多。这儿土地①肥沃，盛产水果、粮食，相当富裕；当地人身体健壮，意志坚定，疟疾和饥荒未能吸尽他们生命力，这部分人主要是穆斯林。这里的穆斯林人数在逐年增长，印度教徒的人数较少。

　　在这种情形下，孟加拉人的孟加拉语如果也一分为二，分为穆斯林的孟加拉语和印度教徒的孟加拉语，那么，像孟加拉这样被分割的地区，在印度恐怕就是独一无二的了。

　　在这种形势下，不管我们因孟加拉分治对英国王室多么愤怒；为表达气愤，抵制英国货对我们来说多么必要，和它相比，更要紧的是，应知道以前我们拥有什么。

---

① 这儿指的是东孟加拉，也就是现在的孟加拉国。

不！不管王室采取什么分治措施，我们也要全力以赴，想方设法，防止我们中间发生分裂。

不关注这一点，认定抵制英国货是唯一任务，无论如何要使抵制运动取得胜利，我们就会变得极其固执。我们担心孟加拉分治的结局，觉得分治十分恐怖，可我们实际上正加快这种结局来临的步伐。

我们失去耐心，不考虑民众愿不愿意，他们生活方便不方便，就从市场清除英国布、英国盐，不愿意想一想这样做是对是错。渐渐地，我们无法容忍民众稍晚一点对此表示赞同，急于对英国人展示我们取得的成果。

就在这时，我们踩踏了国内下层民众的意愿和便利，承认这一点我们心里不好受，但我们不能说这是假的。

结果是，我们以极端思想亲手把国内的一群人推到同我们的对立的位置上。我们不知道，我们多大程度上能让他们穿得像我们想象的那样，可我们确实伤了他们的心。我们说不清楚，与英国人对抗，我们取得了多大成果，但毫无疑问，我们唤醒了国内的敌对情绪。我们确实不仅在各地为穆斯林和下层印度教徒带来了生活上的诸多不便，激发了矛盾，甚至那些在抵制运动中得到许多好处的人，也反对我们，这样的证据，也已经有了。原因是，在鼓励他们参与抵制之前和他们参与抵制期间，我们没有赢得他们的心，没有采取赢得他们的心的正确方法，没有打消他们对我们的不信任和距离感。我们按照自己的想法要求他们，让他们做事，但没有把他们拉到自己身边。因此，突然有一天，走到他们仍在酣睡的房间门口，把他们叫醒，引起了他们的怀疑和反感。我们没把他们当做亲人，却要求他们把我们当做亲人。我们以亲人勉强能忍受的打搅催促他们离开我们，两者之间的距离比以前增加了两倍。

多年之后，我们的演说家最近离开英国人的会场的高大演讲台，走来站在国内老百姓的门前。老百姓心里不禁产生疑问："这是怎么回事，这些先生为何突然为我们操这么多心？"

实际上，我们以前没有为他们操心，此时此刻，操的心也不多。

"穿土布做的衣服,对你们有好处。为了这件事,我们白天吃不下饭,晚上睡不着觉。"我们心里没有带着这样的想法走到他们身边。我们去时心里想说的是:"我们要教训英国人,可你们不站在我们一边,抵制运动就不能完全成功。因此,哪怕蒙受损失,你们也得穿土布做的衣服。"

我们从未为他们的利益着想,从未为他们的利益出力,从未把他们当做自己人拉到自己身边,我们一向看不起他们,要他们蒙受损失时才称他们为兄弟,他们心里当然不可能响应。

我们得不到响应就生气。心想:"以前不理睬他们,如今关怀备至也拢不住他们,反倒助长了他们的傲气。"

有些上层人自以为是人中俊杰,心里充满对下层人的厌恶。他们居高临下,根本不懂人性。英国人也因为同样的原因,在实现他们某个心愿的过程中,遭到我们反对,也不分析前因后果,就暴跳如雷。我们身居下层时,上层人的意愿,即使因十分正常的原因受到我们抵制,也被认为是十足的狂妄。

在穆门辛赫等地,我们的演说家未赢得穆斯林农民兄弟的心,大为恼火。他们心里从未想过,我们至今未拿出实证,表明我们的确在为穆斯林或国内群众谋利益。因此,即使对我们为他们谋利益持怀疑态度,也不应该责怪他们。不错,兄弟愿为兄弟吃亏。但一个人自称是兄弟,在身边一站,谁会马上把一部分家产送给他?这种事是不会发生的。印度的老百姓不知道我们是老百姓的兄弟。从我们的言谈举止,至今找不到证据能说明我们心里苏醒着对他们的兄弟情义。

以前我说过,的确,我们是生了英国人的气才跑到同胞身边的,我们朝他们跑去不是出于对他们的爱。在这样的情况下,"兄弟"这个词,不是以纯净甜美的声音从我们口中说出来的。它从低音阶飙升到最高音阶,耳朵里听了,仿佛在怨恨别人似的。

我们这些文人对祖国大喊一声"母亲"。一说这个词,我们心里无比激动,竟没有想起我们还未在国内树立祖国母亲的真切形象。我们认为,"祖国母亲"的形象,透过歌曲和狂热,可在国内清晰呈现。因此,印度普通民众在国内没有感受到祖国母亲,我们就不耐烦地认为,不是他们故意装傻,就是我们的敌人鼓动他们背叛祖国。但我们决不同意承担没在国内树立祖国母亲形象的罪过。这种情形,就像老师不为学生讲课,也没有讲解的能力,可当学生不会复述课文内容时,老师就发火揍他一样。是我们把印度民众推到远处,可需要他们的时候,却因为他们坐在远处而生气。

毫无疑问,我们顽固地开展抵制,采用这些不高明的办法,从根本上打击了理性。前几天,我收到郊区寄来的一封信中说,那里一个大集市的人得到通知,他们如不放弃英国货,改购国货,超过

甘地倡导用国货

规定期限,就在这个集市放火。与此同时,还威胁要杀死当地和附近的地主的管家。

通知发布后,有的地方真的放火了。在这期间,强迫商人停止进货,强行阻拦顾客购买英国货。渐渐地,这样的狂热,演变为民宅里的杀人放火。

令人痛心的是,我国许多绅士至今不认为这样的恣意妄为是可恶的。他们坚信,在谋求国家的福祉之际,可以这样为所欲为。

恳求他们坚持正道是徒劳的。他们说,为祖国的福祉所做的一切,不可能是拙劣的。但是,拙劣行径永远不可能为国造福,这句话,必须一次次对他们"不快的心志"说。

我要问一句,在市场放火,打破不听话的人的头,我们如果强迫一群人脱下英国衣服,穿上本国衣服,他们表面上穿了本国衣服,难道不会一辈子对同胞耿耿于怀吗?这样做,难道不会使他们对印度宣传爱国

精神的某个团体的某些人的怨恨代代延续吗?

　　这样的事情难道没有发生吗?!"不管是遇到困难,还是痛苦或欢乐的时候,有些人从不关心我们,以往的社会活动中,他们憎恨我们超过对牲畜的憎恨,现在,改穿衣服,或开展别的什么运动,他们却要把他们的意志强加给我们,这是我们无法忍受的"——印度底层的穆斯林和首陀罗种姓人中间,已经响起这种对抗的声音。他们经济上蒙受损失也不屈服,照样在用英国货。

　　所以我认为,使用英国货不是印度最大的灾祸,像"家庭破裂①"这种灾祸,才是最大的灾祸。印度的一个教派强大起来,单靠权势,把自己的观点之链像捆绑奴隶一样捆绑另一个弱小教派,这种对善德的伤害,是极为严重的!这样做的话,大声颂赞祖国母亲,就不是真正的颂赞。同样,嘴上称印度另一教派的人为"兄弟",行动中却在做背叛兄弟的事情;用力掐住人家的脖子,把人拖到一起,这不能称为团圆。威胁人家,甚至在报纸上用脏话破口大骂,以此消除意见分歧的做法,也不能叫做寻求民族团结。

　　所有这些方法,是奴役的方法。宣称这种胡作非为是一种爱国方式的那些人,其实披露了本民族令人羞愧的劣根性。他们这样胡作非为,也让被他们践踏的人明白了这种劣根性。

　　有一天我在报纸上读到这样一条消息:有人告诉姆尔里,东方人不懂在办公室获得的工作权利的价值,他们只相信拳头。当时他说,可能吧,但我们不是东方人,我们是西方人。

　　听他这么说,我心里感到相当懊丧。懊丧的原因是什么呢?我们以自己的行动支持了他对东方人的大肆污蔑。"用拳头制服别人,用拳头对别人发号施令",这种极其卑劣的念头,我们死活不肯放弃。在我们嘴上说争取独立的地方,我们不肯舍弃以自己的权威纠集非法暴力去对付别人的想法。

---

①　这儿指穆斯林和印度教徒的分裂。

如果我们尊重别人，就绝不会有到别人家里放火、打人、干坏事的念头。我们就会以极大的耐心，真心诚意，把人们的思想、心灵、志向引向公益和道义。需要别人的时候，我们就不会把别人穿什么衣服吃什么盐当做天大的事情。需要别人，自己应彬彬有礼，先为别人服务，消除彼此间的隔阂。需要别人，我们自己应首先修身养性，不应按照自己的想法去笼络别人，不应为把他们拉进自己的派别而大打出手，而应甘愿为他们牺牲个人利益。当他们发觉，我不强迫他们服从我，我能为他们的利益赴汤蹈火时，他们就会明白，我是以做人的应有态度对待别人的；他们也就会明白，印度上上下下所有的人，都是我们大声颂赞的祖国母亲的儿女。那时，穆斯林也罢，首陀罗种姓人也罢，比哈尔人、奥里萨人或受过英语教育的其他种族的人也罢，我们都不会一脸权贵的傲气，以举止、言辞或意念侮辱他们。那时，因服务和尊重所有平民而成为平民首领的人的喜悦，才能被我们引向这个不幸的国家。否则，我生气了，就想让国内所有人也跟着生气；或者，我有个意愿，光凭三寸不烂之舌，就想让国内所有人的意愿全服从我的意愿，这只能是个人妄想。我们点燃的热情之火，可以存在一会儿，但缺少真正的燃料，这种热情不会持久。人世间的尤物是人，是人的心智，是人的人性，不是本国工厂生产的布匹或海盐。每天侮辱人，膜拜工厂的布匹，我们不会得到神的恩惠，只会有相反的结果。

任何时候我们不能忘记，执行靠不合法的手段和胡作非为达到目的的方针，我们可能取得一点儿成果，但这势必损害全国分辨是非的能力。那时，谁还会要求谁在一定的界限内约束自己呢？以为国谋利的名义，让谎言穿上神圣的外衣，让不公正坐上公正的位子上，我们还能规劝谁呢？幼儿如果成为善恶的评判者，疯子如果挑起争取国家进步的重担，混乱就会变成传染病，像瘟疫一样传播开来，再也无法遏制了。那时，从"爱国者"可怕的手中解救印度，对我们来说，将是最令人痛苦的事情。邪念是不受制约的，它不能广泛地与大家交融，参与宏大事业。如同噩梦眼看着带着莫名的纷乱情绪，从一个恐怖场景跳进另一个恐怖场景，在美好的初衷坠入无政府主义深渊的日子，一件微不足道的小事，就成了策划对昌登市市长的暗杀的导火线。哪儿也没有先兆，突然朝库什提亚县无辜的牧师后背开枪。之后为何又对加尔各答的一辆电车发动恐怖袭击，实在让人想不明白。恐怖由鸡毛蒜皮的小事引领，向四处扩散。不分青红皂白的疯狂，伤透了祖国的心[①]。这种不仁不义的行为方式没有连贯性。无人分析当做之事的轻重缓急。在目标和方法之间，缺乏应有的一致性。一种迷茫的冒险鼓动人们胡思乱想。现在，应一次次提醒国家：克制体现力量，而暴躁是软弱的表现。在宽广的道义之路上行进，是对自己力量的尊重。寻找制造混乱的窄路，是懦夫行为，是对人的真正的力量的不尊重，是对人性的不信任。"急躁"十分骄傲，声称自己极为强悍。它强悍什么？不过在盗窃我们内心力量的宝藏之时才显得强悍罢了。如果为达到某种目的纵容一次这种变态，就得向恶魔出卖自己的头颅。

只有在爱情、创造、培养新生事物等方面，我们的全部力量才能充分显示出来。我们依靠自己的力量，朝某个方向开辟一条造福之路，这条路的分支就会迅速扩展。制成一样东西，有了做成一件事的喜悦，我们的力量就会出人意料地以新的创造帮助自己登上一个个成功的台阶。这是聚集力量之路。创造之路是正道之路。但这条路是曲折的。在这条路上，我们应有大无畏的英雄气概；为筹措盘缠，我们应捐弃一切私利。它的奖赏不在骄傲自满中，而在克服骄傲之时。它获得成功，不是靠击败别人，而是靠充实自己。

1908 年

[①] 这篇文章是在火车上对卡克那拉厂的英国人进行炸弹袭击之前写成的。这令人羞愧的可悲的事件说明，罪恶经过小缝隙一旦进入心里，渐渐地，它会导致人怎样的变态。——原注

阻止孟加拉分裂

今天你们请我坐在大会主席的座位上，不消说，你们给予我的荣誉，我是没有资格接受的。事实上，接受这样的荣誉很容易，但承负它却很累。让没有资格的人坐在高位上，是为难他的一个好办法。

换成其他时候，我会谢绝接受如此艰巨的任务。可当我们面临自我分裂的危机，身处前面岸上有老虎后面河中有鳄鱼的危险境地时，当警察以阎王的面貌出现时，当亲如一家的印度社会中少数人不能保持克制时，当我知道这主席的座位不是舒适的座位，也许也不是荣耀的座位，四周聚集着蒙垢受辱的可能性时，我不能表示谦虚，婉拒你们的邀请，像懦夫一样转身离去。

此前，我不曾做好在国民大会上获得一席之地的思想准备，这表明我能力的欠缺和性格上的缺点。

受这种缺点的制约，我待在所有政党外面。你们认定我是最安分的人，为确保这主席位子的安全，便让我坐在这里。你们倘若如愿以偿，我将感到荣幸。然而，就像罗摩遵从父命，去了原始森林，婆罗多①承担治国重任，我也愿意把长兄的一双鞋供放在心座上，把自己当做摄政王，坐在这里。

我与国民大会的任何政党关系都不密切，因此，我才有机会从远处

---

① 罗摩是印度史诗《罗摩衍那》的主人公，十车王的长子。十车王要立他为太子时，王妃吉伽伊挟制十车王答应立她生的婆罗多为王，并放逐罗摩十四年。婆罗多痛斥生母，去森林恳请罗摩回京即位，罗摩坚决不答应。婆罗多只好把罗摩的一双鞋带回供在宝座上，代罗摩摄政。

阻止孟加拉分裂

反孟加拉分治时期的泰戈尔

观察国大党内部发生的一场变革。在国大党内，有些人自然而然把这件事看得非常严重，担心后患无穷。他们心中的焦虑至今尚未消除。

但忧心忡忡地试图留住这一事件中已成为过去的东西，不是坚强性格的体现。一位诗人说过，真正的爱河不会一成不变地流淌。真正的人生之河也是如此，真正的事业之河也是这种状态。印度的血脉中活力加速奔涌，做某些事如果不时受到阻力，那不必为此失望。应该记住，生命力的过度活跃，使国大党内受到一次冲击，也会把那种冲击抛在后面，为内部带来新的健康。死了的东西总忘不了自己的损失。干木头终归要裂开。但活树长出新枝新叶，时时弥补亏损，长成大树。

如同健康的身体能很快弥合自己的创伤，我们也将迅速治愈国大党的伤口，并谨慎地从这一事件吸取教训。

应吸取的教训是：当强大的打击消除了人心的冷漠，人心在兴奋的状态中幡然苏醒时，带着这样的人心重新开展工作，应豁达地容纳多元观点和意见分歧。国家之心委靡、冷漠之时的工作方式，不会仍是相反状态时的工作方式。

这时候，用力砸烂你不喜欢的一切，打击反对你的一切，拒之于千里之外，是绝对不行的。甚至在这种时候，应该先认输再争取胜利。发誓夺取胜利，想通过胜利得到的东西，常常是又会被我们丢失的。

对我们来说，最重要的共识，是应将所有的差异和矛盾置于一个庞大的体系之中。这种共识如果是不完整的，我们就不可能实现自治。在名副其实的自治中，不同的观点不会被踩躏，各种意见可以表达，意见分歧只会使彼此的认知保持完全清醒。

一把分裂的巨剑如今悬垂在印度的头上。数百年以来，我们的印度教徒和穆斯林坐在一个祖国母亲的两个膝盖上，分享同一份慈爱，可当下我们的团圆之路堵塞了。

只要存在软弱的根由，印度的任何宏愿就不能完全实现，履行我们的国家责任就会步步受阻。

外部如果有人企图把印度教徒和穆斯林的差异变为矛盾，我们倒不害怕。只要能涤荡我们自己内部死抱差别观念不放的罪恶，我们就一定能够克服别人造成的紧张局面。这样的紧张一天天必将消失。因为，政府没有时刻往火中加炭的本事。谁要是煽风，大火很快蔓延开来，就必须叫消防车了。平民家里着了火，有一天就会从一个方向蔓延到王官的墙外。如果为了压制印度教徒，确实有人在鼓动穆斯林反目，穆斯林看到这种动向，心里如果也坚定地这样认为，那么，这煞星，这《往世书》上描写的黑暗时代，这扩大差异的政策，将不会宽恕"国王"。因为，以挑拨手段吹大的一些人的妄想，是很难实现的。正常的饥饿，早晚可以消除。配提要求的人的正常要求，向来是有限度的。但挑拨的欲望永无止境，它像往破裂的陶罐里灌水。在我们的《往世书》中有洗涮污点的详细描写，以它为榜样，政府为抒发对"情人①"的爱也罢，或者因对"情人"的对手生气也罢，都不可能把不配提要求的人的破陶罐装满水。挑拨是让"不满足"永远饥渴的一种手段。政府的这种政策无异于拉一把有尖齿的钢锯，往前推不仅锯平民，往回拉也伤及"国王"。

我们应该仔细想一想，看到这件事的好的一面。由于我们当年曾在英国人办的学校里刻苦学习，印度教徒在政府部门就业的机会和获得的声誉，比穆斯林兄弟多一些，这是毋庸置疑的。我们双方之间产生了差异。不设法消除差异，我们就不能心心相印，双方之间就会有一堵嫉妒

---

① 这儿"情人"指穆斯林，"情人"的对手指印度教徒。

的隔离墙。穆斯林如果获得足够的职位和名誉，不平衡状态造成的亲戚之间的隔阂就可铲除，从而实现双方的平衡。让印度教徒以前一直享有的王家的恩惠，也让穆斯林大量拥有吧。我们满心喜悦地为他们祈祷这样的美好前景。但当他们抵达恩惠的边界，发现外来的小恩小惠，不足以充实心中贫乏的大窟窿；当他们明白，不增长力量，就没有收获；没有团结，也不可能有成就；当他们知道，我们生在印度，印度的团结遭到破坏，"正道"就会受损，"正道受损"，任何时候就不能维护自己的权益时，我们的兄弟俩才会齐心协力，手拉手站在团圆之地。

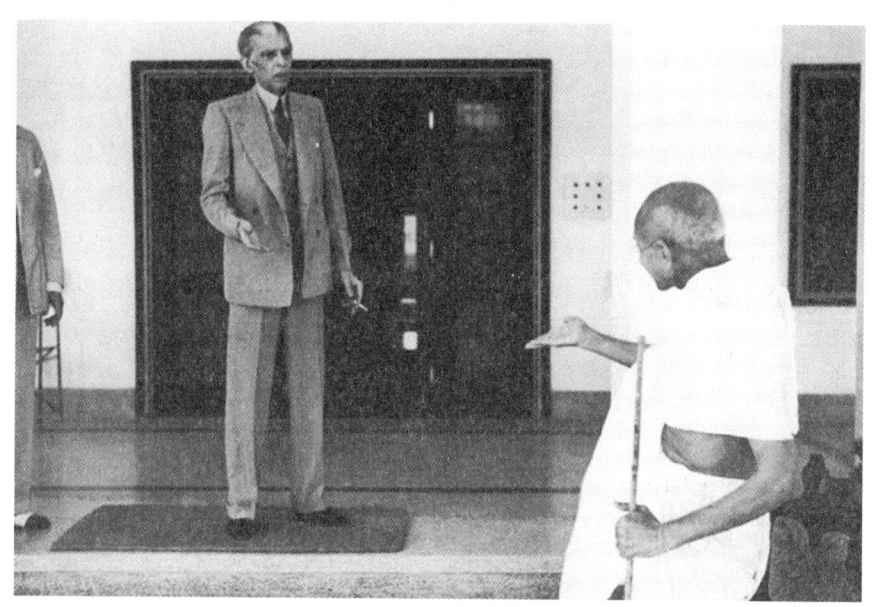

国大党领导人甘地和穆斯林联盟领导人真纳

无论如何，为了让印度教徒和穆斯林——印度这两大群体在全民聚集之地拧成一股绳，我们应有谨慎、克制、宽容的态度，做出必要的让步。当我们的世事之债的高台矗立起来时，以理智的名义，以正道的名义，但愿按照生命的规律每一个崛起的新党，不会以一个个仇人的面貌出现，不会分裂我们的国家。但愿它们像一棵树干上生机勃勃的新枝，促使印度的国家之心趋于成熟。

老党中间诞生新党①的时候，开初往往错误地认为它是不值得欢迎的。由于陌生造成的厌烦，我们不能立刻明白在一系列因果关系的发展过程中必然有它的位置。新党在萌芽状态中不得不努力证明自己有生存权，往往没有正常的平和心态。在它的第一阶段，它明明是亲戚，却觉得它是对手。

　　然而，千真万确，国内的新党，像顶破种子的新芽，穿透阻力，按照正常规律出现了。它与旧事物和周围的环境有着内在的联系。它是我们的新党，是我们的亲人。我们有时会同它吵架，但片刻之后，苦乐和事业又促使我们把它拉到身边，肩并肩地站在社会活动中。

　　但是，兄弟们，最近听到谣言：国内冒出了一个极端主义政党。这个党在哪儿？我想提一个问题："谁是国内第一个最大的极端主义者？"极端主义的特点是，相关的一方登上顶端，在其吸引下，另一方也自行朝顶端飙升。因为分治，整个孟加拉感到悲伤，并表达了心中感受到的巨大痛苦，这在印度也许是史无前例的。但是，警察对平民真正的痛苦不仅极为冷淡，甚至手持大刀，凶狠地瞧着他们。之后，听到当前印度统治的命运的主宰腾飞的消息，印度的心灵之鸟曾伸长饥渴的喙，飞到天上，那主宰从遥远的天堂送来消息：凡是存在的，都是极终的，没有什么可以取代它。

　　如此昏聩地把孟加拉心中的悲痛推至极限，这难道不是王家统治的极端手段吗？难道它能不受到反击？那种反击难道会是软绵绵的吗？

　　当局为平息正常反击采取的方针并不温和。他走向了极端。为压制他的打击引起的怒涛，他气喘吁吁地抛出一份份判决。他们可以以此证明自己强大。但这不是强悍的"国王"的子民的天性。我们是弱者，我们无能，可上苍创造的我们的心脏，不是一个泥团。我们冷不防挨了一拳，也会痛得跳起来。这是正常反应。王室如果认为这是不谦恭的表现，那他得考虑一下打人意味着什么。有能耐的人可以毫不

---

①　这儿的新党，似指1906年12月30日在达卡成立的全印穆斯林联盟。

费力地在二后面再加上二①，看到结果等于四，他发疯的话，那是对上苍的反叛。

所以，一方是冠松勋爵、莫尔里、伊贝特逊、派到出事地点的古尔廓士兵、警察、警官、监狱、鞭笞、蹂躏、镇压和得意忘形的法律，另一方是平民，他们的愤怒有增无减。不久前，只在嘴边流露的他们的气愤，渐渐扩展、渗透，进入他们的骨髓。他们在恐怖面前未被吓倒，不再逆来顺受。必须承认，这样一来，我们会有一些麻烦，为此也感到担心，可与此同时，我们心里不能不想到这样的希望：长久委顿之后，我们中间仍有称之为本性的一样东西——我们忍受剧痛的能力尚未丧失——按照生活中正常反应的规律，它仍在我们中间发挥作用。

兄弟们，在世界所有广阔的工作领域，人类经历了苦难和牺牲，袒露了自己神圣的真相。今天我们要把我们的心留在在那坦荡的辽阔大地上。一个个伟人通过长期艰苦探索，让自己的民族在成功之路上阔步前进。今天我们让他们坐在我们的心灵之眼前面，对他们行叩首大礼。若能这样，在今天的大会上——整个孟加拉的"理想"为变成现实而注望着国人——这次会议的议程就能圆满完成。否则，吵了几句，好几天又会自暴自弃。个人的怨恨弄不好会成为成功之路上的荆棘，让一个党的倨傲获得的胜利，会被误认为是孟加拉的胜利。

我们一个个时代的人，随着时代的终结，不知道泯灭在哪儿。哪儿还会有我们的卑微、名望、争论和矛盾！但在上苍的隐形控制下，我们的人生事业，必将慢慢地在一个个阶段结出硕果，使印度的形象越来越高大。愿你们在这儿透过当下贫乏的荒漠，能看到乌云消散的光明未来的显现，那时，我们的儿孙们可以骄傲地说："这一切是我们的，这一切是我们创造的。我们肥沃了田野，我们纯净了河流，我们净化了空气，我们普及了科学知识，我们勇敢了心灵。"也可以骄傲地说："这

---

① 在孟加拉语中，二加二等于四是一个成语，比喻客观规律。

是我们最美的国家！这是我们河流纵横、空气凉爽、稻谷飘香的祖国！这是知识、事业、道义等方面成就卓著、英雄辈出的孟加拉社会！这是我们的丰功伟业！举目四望，处处有我们的思想、奋斗和活力，回响着欢乐的歌曲，大地在新的希望之路上旅人不倦的脚步下喜颤。"

1907 年

印度人的生命与英国人的生命

某个学院的一位英国教授,受邀出席孟加拉政府一位高官家的宴会。当时,围绕陪审制法案,一场运动正席卷全国。

宴会结束,女士们起身去了旁边一间屋子。谈话间,有人提起陪审制这个话题。这位英国教授说,印度人的文明和教育只有世界平均水平的一半,他们的道德理想的标准也不高,陪审权交给他们,必将产生恶果。

听了他的话,我心想,英国人实在是太文明了,以至于觉得和我们文明相处,纯属多余。我们的道德标准提高了还是下降了,我不清楚。但我知道,口出狂言,侮辱款待我的东道主的民族,是远离我们礼貌待人的行为准则的。

殖民当局镇压示威群众

这位教授先生接着说的一句话，不仅不甜蜜、不文雅，而且从英国人口中吐出来，听了觉得极不妥当。他说，对神圣的生命，对生命的极端肮脏的亵渎，与英国人相比，印度人的认识，实在是太肤浅了。所以，印度陪审员的心里，对杀人犯不会产生应有的憎恨。

食肉民族的一些人，进行大规模屠杀，在世界发现的两个新大陆，清扫了适合自己居住的地方。最近，又用利剑一点一点刺破第三个大陆遮盖的胸脯，尽情享用那儿的食物。他们如果在应邀出席的宴会上，傲慢而舒坦地坐在道德标准很高的横梁上，就有关生命的神圣和不负责任的杀生，对主张非暴力的印度说教，那首先应想一想印度典籍中阐述过的"非暴力是至高正道"这句话，采取克制态度。

这是两年前发生的一件事。大家知道，这两年中，英国人杀害了许多无辜的印度人。在英国人的法院里审理那些杀人案件，没有一个英国人被判有罪。报纸上经常读到相关消息，同时就想起那个满面胡须、鼻子似剑的英国教授所说的对印度人充满强烈仇恨的话，以及在杀生方面他们崇高的道德标准和傲慢神情。每每想到这些事情，心中从未得到一丝安慰。

印度人和英国人的生命，在坚固的绞刑架上称出同样的分量，英国人心里或许认为这是政治阴谋。

英国人也可能在心里说，我们几个外来者统治着两亿五千万"外国人"① 靠什么力量？不光靠武器的力量，也靠名字的威力。所以，时刻要让"外国人"心里有个印象——我们比你们优秀两亿五千万倍。如果让他们心里产生"我们站在平等的舞台上"这种想法，我们的力量就会削弱。双方之间保持很远的距离，被奴役民族的心中，莫名的敬畏和无端的恐惧就能起到千军万马的作用。不管印度人哪天观察，都看不到英国人会做出牺牲，让自己活着的可能性，于是心中的敬畏越发牢固；觉得我的生命和英国人的生命有很大差别。在受到难忍的侮辱和亟

---

① 指印度人。

须自卫的地方，也不敢动英国人一根毫毛。

这种政策是一清二楚的，可在英国人心里是否模糊，就很难说了。但大致可以猜到的是，他们心里极为强烈地意识到自己同胞生命的神圣。一个英国人杀了印度人，他们无疑会难过，也可能认为这是个"大错误"，是"极大的耻辱"。然而，严加惩处，处死欧洲人，他们认为万万不可。法律中如规定必须从轻处罚，那么犯了杀死印度人的罪，英国人得到处罚的可能性会大得多。认定某个民族比自己低劣得多，法律中涉及那个民族即使有不偏不倚的条款，在法官心中，做到不偏不倚也是困难的。在这种情形下，证据略为欠缺，实证稍不充分，法律语言的一个小漏洞，必然自行放大，英国犯人就可轻而易举地从中溜走，逍遥法外。

印度人观察的眼光不太锐利，对事件的记忆不太清晰。不得不承认的是，我们脾性中，有思想懈怠和胡思乱想等毛病。即使身处事件现场，它的前后经过，也不能深深地印在我们的脑子里。因此，我们的叙述中，有不连贯和含糊不清的成分。由于心里害怕，或者面对激烈辩论，熟悉的真实事件的脉络便瞬间消失。所以，仔细甄别我们同胞的证据的真伪，对外国法官来说，经常是困难的。此外，涉嫌者是本国同胞，困难就会增加千百倍。尤其是，在英国人面前，穿得少、吃得少、力气小、地位低的印度人的"生命的神圣"，与他的英国同胞相比，如最小的尘粒。这时，对印度来说，收集确凿证据，就难上加难了。所以，我们的证词软弱无力，甚至我们的脾脏等身体器官竟也被发现有许多"缺陷"，于是，我们很容易丢掉性命，靠我们自己无望获得公正裁决。

我们不得不羞惭而痛楚地承认这些弱点，但与此同时，我们应公开披露的实情是，经历了一连串事件，印度人的心被激怒了。普通民众不能运用法律进行以事实为基础的审判。任何一个英国人杀死印度人，不会被处死。在很短时间内，一次次频繁地看到这样的例子，他们心中对英国人不偏不倚的公正产生了极大的怀疑。

我何必责怪普通人的愚昧！政府在同一个地方干什么？如果政府高官们看到，一个副县长在释放大部分被告，他们不会认为那个副县长或许比其他副县长更公正一些；也不会认为他极不认真甄别证据的真伪，判被告的罪会犹豫不决。所以，鉴于他有"清醒的道德观念"，谨慎地主持"公道"，应该尽快提拔他。如果看到，哪个警官分管的地区，与犯罪数量相比，只有少数罪犯落网，或者在押被告大多数获得释放，他们也不会议论说，可能这个警官比其他警官更真诚一些——他不会把老实人当作小偷送进监牢，不会制造伪证，不会堵塞指控的漏洞。所以，作为奖励，提高他的等级是当务之急。我们举这两个假设的例子，是为表达对可能的公正和道义的向往。但无人不晓的是，在政府手下的那种可怜的正派人，未得到荣誉和升迁。

民众也没有比政府更聪明的头脑，也只是粗细条地进行评议。他们说："我们不懂那么多法律和证据，但杀死印度人的一个英国人也没有受到应有的惩处，岂有此理！"

一次次打击如果对群众的心灵造成极大伤害，掩饰这种伤害会被认为是对王室的不忠。于是，一些被称为"绅士"的自己人，觉得有责任公开揭露真相。他们说："我们不过是驾驭印度王国的蒸气机的锅炉里的热气而已——我们自己没有力量，没有转动大大小小的铁轮的能力，不过，按照神秘的科学原理，在温度机里，我们活跃的水银所显示的热度①有时骤然上升，可工程师先生不要为此生气嘛。他猛击一掌，这易碎的小玩意儿立即破碎，所有的水银散落一地。测定锅炉中热气的总量，是驾驶机车的重要工作。"

英国人不理会有多少热气，经常恶狠狠地说："你们这些以群众的名义现身的人究竟是谁？你们不过是我们学校里几个精通语言的英国人的徒弟！"

主人，我们身份卑微。但从你们的讽刺、愤懑和怒火，我们感觉

---

① 指印度人的愤怒。

到,你们不认为我们微不足道,当然,认为我们微不足道是不应该的。虽然我们人数很少,可在这社会分裂了的印度,只有这些书生中间,才有文化知识和心灵的团结。这些书生能够清楚地表达印度人心中的痛苦,并以各种方法传递这种痛苦。认真研究这些书生心中何时受到怎样的打击,应是政府的政治制度的主要组成部分。有些现象足以表明,政府对此并非完全熟视无睹。

上述事件中,我们受到打击有两个原因。一,听到发生暴行,我们期望有恰当的惩治措施,心情急切地等待着。不管别人怎样解释,罪人得到宽恕,我们心里必定愤慨。二,在这些事件中,我们强烈地感受到对我们民族的不尊,极为伤心。

警察殴打示威群众

罪人得到宽恕本身就是罪行。但在法院的审判面前,相信命运的印度不期望发生什么奇迹。由于法律如此复杂,证词如此圆滑,对印度人品格的认可,在冷酷无情、目中无人的外国人那儿,是如此罕见,于是结果无从预测的案件审理,就让人觉得和赌博差不多。所以,如同赌博充斥幻想的激情,许多印度人中间,也出现了打官司的狂热。因此,当民众对案件审理结果的不确定性产生担忧,当我们性格的缺陷相当程度上导致了这样的不确定性时，经常就可看到，无辜者获罪和罪人获释，是令人愤慨的必然结果。

欧洲罪犯一次次获释和当局对此熟视无睹，显示了英国人内心对印度人的鄙视。这种诅咒般的侮辱像刀一样长久扎在印度人心上。

假如发生完全相反的事件，很短时间内，许多欧洲人被印度人杀死，每个被告审讯后获释，不久就会发明千百种方法，来杜绝这类可能发生的事件。但是东方的印度人无缘无故被打死，被枪杀时，西方掌权者的脸上不会露出悲伤表情。然而，至今未听到谁发问，采取什么措施可以防止这种暴行？

当权者这样蔑视我们，主要要怪我们自己。我们千万不能忘记，靠法律得不到尊严，尊严就在我们手中。我们嘟嘟囔囔，怨天尤人，只会极大地伤害我们的自尊心。

我想谈一下库尔那县县长打文书这个例子。首先应该说的是，县长贝尔先生是一个非常善良、高尚的人。他对印度人不冷漠、不仇视。我们相信，他打文书，只是显露了英国人好冒险的强悍性格，这并非对孟加拉人憎恨的外露。因为鸡毛蒜皮的小事，肚子里的火点燃，就会变为怒火，孟加拉人如此，英国人也如此。所以，关于这件事，不应该说这是对异族的仇恨。

然而，原告的孟加拉律师先生在审理此案时一再说，英国人不能做打文书这种事。因为，贝尔先生知道，或者应该知道，文书是不会还手的。

这话如有道理，应感到惭愧的，是那个文书和他的同胞。因为，勃然大怒，动手打人，是男人的弱点，而挨打不还手，呜呜哭泣，则是懦夫的弱点。我们敢说，文书如果还手，贝尔先生会像真正的英国人那样，在心里尊重他。

"一个文书蒙受奇耻大辱，却不对英国人还手"，脸不改色地承认这是永恒真理，事后又指责英国人，在我们看来，是多此一举，是丢脸的行为。

印度人的生命与英国人的生命

文书挨了打，他要求赔偿的权利，按照法律不容剥夺，这是我们应该关注的。听说文书挨打受辱，非常痛苦，全国民众就一起大呼小叫，只臭骂外国人，我看没有必要这么做。贝尔先生的举动是不值得称道的，但文书和他周围的人的行为是欠妥的，而库尔那孟加拉副县长的举动，充斥卑劣和荒谬，是最可恶的。

前不久，类似的事情在帕波那又发生了。市政委员会管辖的码头上，一位婆罗门工作人员，向为警官扇风的仆人收应交的费，警官把他拖到家里，痛打一顿。孟加拉县长对有罪的英国人不作任何处罚，只警告他几句，就把他放了。而扇风的仆人告那个婆罗门胡作非为时，婆罗门不交罚款，县长就不放他走。

孟加拉副县长只警告强势的英国罪人，却逼弱势的孟加拉被告交罚款，这样做的原委，深藏在我们民族的心底。我们不能给自己的民族以尊严。我们盼望，甚至乞求英国人有选择地主动把尊严送给我们。

当一个孟加拉人挨打一声不响，其他孟加拉人好奇地围观时，当孟加拉人无耻地遮遮掩掩地承认，不能期望被欺侮的孟加拉人出手正当还击时，就应当明了，被英国人打伤打死的根本原因，隐藏在我们自己的性格中。政府不可能用法律和审判来消除这个原因。

我们经常听到英国人欺侮印度人的事例，感慨地说，英国人是不会这样欺侮英国人的。的确不会。但比起生英国人的气，生自己的气，会有更好的效果。受制于某些因素，一个英国人不敢贸然对另一个英国人动手。我们中间如有同样的因素，我们也会这样行事，不会哼哼唧唧，也不会放声大哭了。

应该从根子上观察一个孟加拉人对另一个孟加拉人采取怎样的态度。因为，在它上面形成了我们的各种教育方式。我们难道不动手打我们的佣人？我们对手下人从不横眉怒目？对下层人从不表示轻蔑？我们的社会有上层下层。身居稍高的上层的人，总希望下层人对他低头哈腰。下层人显露一点儿个性，上层人就受不了了。在绅士眼里，"种地的家伙"简直就不是人。强者面前，弱者如不低眉垂首，就非打断他的腿不可。就像我们看到门卫上面有警察，警察上面有警官，他们不光为政府干活儿，不光获得高位的荣誉就满足，还要别人当他们的奴才。在门卫面前，警察是说一不二的国王，在警察面前，警官也是如此。印度社会中，上层人对下层人的要求无穷无尽。一层层的霸权压下来，奴性和恐惧渗透我们的骨髓。我们一生每天的习惯和榜样，把我们塑造成彻底的盲从者。于是，我们欺压下层人，嫉妒地位相同的人，学当上层人的奴才。我们每时每刻接受的教育中，隐藏着我们每个人和民族的屈辱的根由。除了崇敬师尊，服侍主人，对权贵表示应有的尊敬之外，人人应有人的自尊心，这是应该得到保护的。我们的师尊，我们的主人，我们的国王，我们的权贵，如果攫夺这种自尊心，就是对人性的粗暴干涉。由于上述原因，我们失去了人性。因此，英国人不像对待他的同胞那样对待我们。

在家庭和社会教育中，当我们获得人性时，英国人必然尊重我们，不敢欺侮我们。我们可以期望从英国政府获得许多东西，但正常规则的破坏，他们也控制不了。对卑贱的打击和欺凌，是世界上司空见惯的现象。

1894 年

印度的季节①

季节的差异不独是色彩的差异，也是职能的差异。不同色彩羼杂的现象时有发生。杰斯塔月②的棕褐乱发，飘入斯拉万月③的云层，飘着飘着变成了黛青色。帕尔衮月④的葱绿中，年迈的布萨月⑤企图延长枯黄。然而在自然的法则王国里，这些反常现象难以持久。

夏季可称为"婆罗门⑥"。他遏制绿色快乐的扩展，踢飞枯叶，点燃祭火进行寻求抑欲之路的苦修。当他诵毕吠陀经文，凝神屏息时，天气异常闷热，枝叶不动；但徐徐呼气时，大地瑟瑟抖颤。水果是他的主要食品。

称雨季为"刹帝利"不算为过。他的开路先锋咚咚地敲击鼓鼙，他头缠阴云的头巾，威武地莅临。他不满足于蝇头微利，征服乾坤是他的壮志。他奋勇厮杀，占领茫茫天宇，成为八方天地的首领。一行行棕榈树下淡蓝的雾岚里，听得见他的战车嘎嘎行驶。他的弯刀不时拨出刀鞘，刺入"方向"的胸膛。他的箭壶里装着取之不竭的神箭。他的脚凳铺着草绿绸缎，头上葱郁密叶的华盖垂着一绺绺金色花的璎珞，身旁立着被擒获的东方女神，含着眼泪，用喷洒过花汁的纨扇为他扇风，手镯上嵌的闪电灼灼闪光。

---

① 印度一年分为六季，即：夏季、雨季、秋季、雾季、冬季、春季。
② 印历2月，公历5月至6月。
③ 印历4月，公历7月至8月。
④ 印历11月，公历2月至3月。
⑤ 印历9月国12月至1月。
⑥ 印度的四大种姓是：婆罗门、刹帝利、吠舍和首陀罗。

冬季是吠舍种姓。稻谷熟了。他起早贪黑，收割、打场，忙得不可开交。原野的花篮里盛着绿豆、豌豆、荞麦丰收的喜讯。一群黄牛爬卧在牧场上反刍。场院里竹箩装满粮食。码头上满载的货船即将起航。木轮车在土路上缓慢地行进。家家户户响起舂米的声音，准备欢庆米糕节。

以上谈了三种主要种姓。至于首陀罗种姓，不言而喻是秋季和春季了。前者为冬天后者为夏天提兜拎包。这体现了自然与人类的区别。自然界里，侍奉意味着美，谦恭是光荣的同义词。自然的殿堂里，首陀罗种姓绝不低贱；承担责任者拥有全部饰物。秋天的蔚蓝披巾缀有叶状的金饰。春天芳香的鹅黄纱巾印着姹紫嫣红的繁花。他们穿着多彩的绣鞋在阡陌上漫步，臂钏、耳环、戒指镶嵌着数不胜数的宝石。

至此介绍了五个季节。人们常说一年六季，那纯粹是为了弄双配对罢了。他们不知道单数中酿成自然的千姿百态。用二去除三百六十五天——头两个数字三十六，除得尽。最后的小数字五，可不好摆弄。成双成对的太多了，不免令人厌倦。所以不知从哪儿跑出一个三来，撼动一大串二，奏响乐调繁复的歌曲。宇宙的圣殿里，单数这魔鬼不让偶数的天国昏睡，并破坏仙伎优哩婆湿①足铃的节奏。天宫音乐会上调整紊乱的节奏时，韵律的乐趣之泉喷涌而出

一年分六季当然也是有道理的。吠舍种姓人被踢到三种主要种姓的底层，但他们人数众多，构成庞大的社会基层。从这个角度而言，一年最主要的是秋季和冬季。这两季拥有完满的丰熟。农作物成熟的秘密过程，贯穿所有的季节，表现出来则是在秋冬两季。因而人们视野开阔地观察它们，看到年份的少年、青年、老年的三个形象和成就。它在秋季身着新装，炫人眼目；在雾季遍野显示成熟的刚健之美。冬季它的果实装满家家户户的箩筐。

人们本可以将秋季、雾季、冬季合并为一个季节，没有这样做是因

---

① 印度古代著名剧作家迦梨陀娑的神话名剧《优哩婆湿》中的女主人公。

为他们喜欢层次分明地观赏自己的收获。期望的东西是一个，把它反复抚弄是一种享受。一张票面大的纸币携带方便，换成同样价值的厚厚的一沓，可以得到心理上的满足。故而人们分解了收获的季节。秋季、雾季、冬季里有庄稼的宝库，家庭主妇的寓所由三部分①组成。林木的家庭主妇只有内宅、外宅两部分——春季和夏季。法尔衮月芒果树开花，杰斯塔月芒果成熟。春天闻到香气，夏天品尝果实。

一年当中，只有雨季孤单无伴。他与夏季毫无共同之处；夏季贫困，而他富有。秋季的境遇也与他迥然不同。秋季拍卖了全部财物，河流、田野、码头等等全已写在他人名下。债务人大多忘恩负义。

人们从不剖析雨季，是因为无论从哪个角度说，雨季与人的家庭关系并不密切。诚然，全年的水果、作物依仗他的恩泽，但他并无足够的资财去宣扬自己的奉献。他不像秋季那样在旷野、河埠、果园大肆宣传自己如何慷慨大方。既然不存在直接的施纳关系，人们对雨季便不抱收获的希望了。

雨季是没有需求的季节。实际上，他的一切需求被音乐、嬉闹、幽暗、光亮、活跃和肃穆掩盖了。在印度，雨天意味着憩息，是赋闲的时光。

印度每个季节都有一两个节日。想看到哪个季节奇妙地占有她的心，就应在音乐里作一番调查，因为音乐泄漏内心的隐秘。

严格地说，只有春季和雨季拥有乐曲。在音乐典籍里，可以为每个季节提供乐曲，那是理论上的认识。至于广为流传的，我们知道，春季有帕桑特调和巴哈尔调，雨季有梅格调、穆拉尔调、德斯调等等。在歌曲的村庄举行选举，雨季必定大获全胜。

诗魁迦梨陀娑迎接雨季，为雨季戴上他的曼达格朗特韵律的永不枯

---

① 孟加拉地区的住宅分内外两部分，这里的三部分是指秋季、雾季、冬季。

萎的花环①。一些平日忙碌的人揶揄那是无稽之谈。在他们看来，云纱飘拂、雨铃叮当的月份，脱离了一切事情的束缚。它凉荫遮盖的时辰的篮子里，装的尽是鲜活的物品。他们的想法并不荒唐。假如人们冲出杂事的圈子，在臆想的天国赢得席位，畅饮闲聊的美酒，而雨季这仙童在棕色发髻上挂着素馨花串，负责往他们的玉盅里斟酒，那么，让我们欢迎乌黑的雨云，对它致以崇高的敬意！那么，来吧，所有的闲人，所有富于幽默感和想象力的人！雷雨的长鼓已经敲响，来吧，所有热血沸腾的人，远处传来了狂舞的号召！饱含人世千古离愁的泪泉已开始奔流，冲决重重阻碍，来吧，忠贞的情女，家务事的小屋已经上锁，通往集市的路上杳无人影，在道道闪电的陪伴下上路吧！从花香浮荡的林地，湿风带来了消息：绿荫斑驳的藤架下，坐着世代苏醒的期待。

1914 年

---

① 指迦梨陀娑的名诗《云使》。

春季和雨季

一位满腹离愁的女子来信询问：对于离愁，春季重要还是雨季重要？关于这件事，其实她比我们理解得更为深刻。

不过，我们以充足的证据讨论了这两个季节的情状之后，得出了结论。大诗人迦梨陀娑是在雨季，将谪居他乡的药叉抛进了离愁。他这样做，似乎并非是为了让乌云充当使者的角色。在春季，并不缺少使者。他也可以让春风充当使者。很可能，是另有特殊原因吧。

春季放浪形骸，离家漫游。雨季眷恋世俗，留守家中。春季将我们的神思向四周扩展，雨季则把神思集中在一个地方。

在春季，我们的神思从内宅走到外面，驾着清风飘游，陶醉于花香，在月光中酣睡；我们的神思，像春风，像花香，像月光，飘飘然朝四周扩散。在春季，外部世界开启门扉，向我们的神思发出邀请，陪伴神思游玩。雨季在我们神思的四周蒙上雨水之幔，在我们的头上铺上乌云之篷。神思从周遭返回，聚集在雨幔和云篷底下。

在春季，我们的神思骑着鸟啼高翔。但雨季的霹雳之歌，逼迫我们的

孟加拉的春季

神思在心灵中发愣。霹雳之歌也像鸟啼一样轻灵、跌宕，但不富丽；它只使神思沉默，而不使神思活跃。由此可见，在雨季，我们的"我"，逐渐凝聚，在春季才扩散开来。

现在来剖析一下，春季和雨季的离情有何区别。

春天，我们欣赏外部世界；那儿汇集供欣赏的全部景物，只有一样①，我们无从得到；于是我们看到，欣赏是极不完整的。为此，我们心情烦躁。这期间，我的"幸福"一直在沉睡，我最亲的人不在身边；没有酿造我幸福的材料。但是，月光，和风，花香，一起施展计谋，唤醒我的"幸福"；它醒来发现，它要什么没有什么，不禁潸然落泪，它的哭泣，就是春天的离情。

在雨季，孤女所有的"自我"，聚在一起，所有的"自我"幡然苏醒；看见分散的"自我"、孤独的"自我"是不完整的，不禁泪水涟涟。它不找别人来帮它弥补自己的不完整。四周雨水淅沥，昏暗了景物；它找不到人，看不见一物；它呆呆地坐着，注视着蜗居在心田的黑暗中一个不完整的、孤独的"自我"，不禁热泪盈眶。这就是雨季的离情。

孟加拉的雨季

---

① 似指团圆。

在春季，孤女的世界，是不完整的；在雨季，孤女的"自我"，是不完整的。在雨季，我企求灵魂。在春季，我向往幸福。所以，雨季的离情更为高洁。这样的离情中，没有青春，没有爱神，它不是物质的。爱神的箭矢，不是用雨季的雨水而是用春季的鲜花制作的。

在春季，我们试图把整个世界置于自身之上，在雨季，则想把自己完全置于整个世界之内。

秋

英国文学中称秋天为中年,他青春的魅力尚未完全衰退,前方死神却对他举起了召唤的手;他未失落他的一切,不过已开始凋谢了。

英国一位现代诗人这样描写秋天:"你畏惧冬天寒冷的树木,此时望去像魑魅;唉,你举行聚会的花园冷冷清清,说明潮湿的树叶正断绝尘缘!逝去的和将至的,他们凄凉的婚床由你张罗。你倾吐垂死者的心声,你是为死灭伤感的神明。"

这不是孟加拉的秋天。孟加拉秋天黛色的眼睑从未让落拓的青春的泪水濡湿。他以稚童的面貌出现在我们身边。他是新生儿,从雨季之腹出生后,躺在大地这位乳母的怀里,露出甜甜的笑意。

他的肌肤细嫩,早晨素馨花的清香似他身上溢散的气味。我们看到的天空、阳光和树木的色彩,是他生命的色彩,非常新鲜。他生命的色彩,不是从彩虹窃得的红橙黄绿蓝靛紫中的某一种。那是温柔之色。我们在草叶和人体上看到这样的色彩。生命的色彩透射不出动物粗硬的表皮,自然以各种亮泽的浓毛掩饰其羞惭。但自然喜爱轻吻脱去衣衫的赤裸的人体。

凡是生长的,都不太坚硬,因而生命是柔软的。生命是不完美之中的完美的蕴藉,一旦这样的蕴藉枯竭,换句话说,当只有外在的形状,没有任何吉兆,死亡便使一切变得粗糙,虽然仍有红黄绿等颜色,生命的色彩却没有了。

秋天的色彩是生命的色彩,极其鲜丽,极其柔和。秋阳是熔化的金子,秋天的绿色清新,蓝色莹润。因此秋天摇撼我们的生命,如同雨天摇撼我们的心灵,春天摇撼我们的青春。

秋

我曾经说过，秋天有孩童的天性——想笑就笑，想哭就哭。啼笑中没有深秘的因果关系，它轻盈地走来，轻盈地离去，不留下浅浅的足印，如同水波上兄妹般的光影戏闹，不留痕迹。

孩子的啼笑发自生命而不是发自心灵。生命像快艇，不载杂货。生命飞驰，啼笑的分量极轻。心灵是货船，承载货物——它的啼笑不在航行的过程中散落，如同清溪因流动而闪光，其间没有光影的憩息和居室，但当溪水坠入山谷的深潭，光束就想潜入水底，暗影与水相拥。那儿有"幽寂"冥想的蒲团。

然而，任何地方没有生命的坐椅，生命一刻不停地运动着，秋天的啼笑只在我们的生命之流上熠熠闪烁，那儿我们的长叹之巢不会沉没，卡在水底的石头之间。因而仰望秋阳，心神驰骋，那不是雨季赴情人的约会时怯怯的迈步，而是豪迈的前行。

雨天仰望暗空的眼睛，在秋天注视大地。天堂花园里聚会的彩棚拆除，帷幕已经卷捆，聚会转移到了原野上。原野的这一端到另一端，绵延着的葱绿，迷醉着远眺的目光。

孟加拉的秋节

秋天这幼儿偎依着大地母亲的胸脯，眷恋地望着母亲的脸。大地母亲的怀里今日充满新生命的光彩。秋天不是一行行大树的季节，而是农田的季节。农田是大地怀里的碧玉，沉浸于洋溢的慈爱之中；当兄长的树木，矗立着静静地观看。

这水稻，这甘蔗，相对而言是纤小的，存活的时间不长，它们的艳丽和欢乐必须在数日内浓烈起来。阳光仿佛是路边供桌上的一坛甘露，它们急急忙忙掬饮几口，便踏上旅程。它们不像树木能从水中从空气中从土壤得到定额的养分；它们在世上受到款待，但得不到永久的居留权。秋天是这些纤小的寿命不长的植物欢度短暂节日的季节。它们来时怀里装满礼品，离去时空旷的田野在长空下哀鸣。它们是地球的绿云，突然间凝聚在一起，倾洒沛然甘霖，不一会儿就离去，不留下索取回报的书信。

我们不禁喟叹：哦，秋天，露珠——你的眼泪，扑簌簌滚落，是你为逝者和来者安置重逢之榻。你吻了在门口等候抬"今时"的"往昔"的轿夫，看见你面带微笑，泪水溢出他们的眼眶。

那天演奏了欢迎大地的女儿的乐曲。云彩的"南迪①"和"波林吉②"吹响法螺，让柯丽在大地母亲的怀里居住数日。送别她的乐曲不久也要奏响；在焚尸场居住的疯子③却说，无法将她送回；欢笑的一勾弯月仍是他额上的饰物，但他的发髻中倾泻泪水的恒河。

最终我们看到，在同一个地点，西方和东方的秋天在那初十夜里送别杜尔迦女神的乐曲中隐逝。西方的诗人望着秋天吟道："春天枉然地身着节日的盛装，在你无声的示意下，树叶飒飒飘落，今日，金色的岁月融入泥土！"他接着唱道："早春渴望相会的激情已经平息，五六月间，滚烫的呼吸搅烦的脉动也已停止。发疯的风暴搅乱的森林的歌会上，你的一阵阵飓风，为鬼怪的愤怒之琴系上弦儿，以便为你的死亡奏一曲哀乐。你毁灭的壮丽，你美的痛楚，慢慢地炽烈起来，啊，消隐着

---

① 湿婆的侍从。
② 湿婆的侍从。
③ 指湿婆。

的丰饶的形象！"

尽管如此，西方的秋天年年戴着雾的面纱走来，而孟加拉的秋天撩开云的面纱，笑脸面对世界。两者的形象和情感大不相同。在我们的秋季，光临之曲反复吟唱，一遍遍唱的送神曲也有节日的乐调。我们秋天的离愁的寓意是：一次次离去是一次次归返的前奏。所以大地的花苑里欢迎的歌曲永远唱不完。带走的歌曲总又送回来。所有节日之中，最大的节日是失而复得的节日。

但有西方的秋曲中，我们只品味到得而复失的惆怅。西方的诗人悲叹道："你的显现是你的绝迹，作别和启程是你的复唱词，你的生命是死亡的庆典，在你繁荣的完满之中，你仍是幻影，仍是迷梦。"

1915 年

印度社会

河流纵横、水果飘香的孟加拉大地干渴得受不了了，它像印度杜鹃那样，仰望着天空。殖民当局如不想办法降水，只怕它要渴死。

天空响起隆隆雷声——政府已作出反应——看样子是有解渴的办法了——所以我暂时对这件事不表示心中的不安。

我们感到忧虑的是，依靠先前的制度，印度社会非常容易消除自己的匮乏，如今，那种制度难道绝迹了？

外国人早已并正在制造的匮乏，让他们去消除吧。寇松①先生却又想方设法勾起饥饿的印度饮茶的欲望，好的，就让安德略尔教派斟满我们的茶杯吧。对比茶更热的甜汗的渴望——像世界末日夕阳的余晖，以奇妙的光亮，诱惑着我们——它是西方的饮料，让西方的女士承担斟倒的责任并非不合适。然而，对水的渴望，历来是地地道道的国货！英国政府来印度之前，我们也有干渴，早就有解渴的良策，为此，统治者的权杖从未萌生干预的念头。

在印度，战争、保卫国家和审判，由国王负责。但从传授知识到供水，一切由社会毫不费力地完成。一个个世纪，一个个国王的政权，像洪水一样在印度的大地上流淌过去，但都未能毁灭我们的宗教，都未能使我们沦为牲畜一样低贱的人，都未能破坏我们社会，使我们流离失所，孤苦无助。国王们之间战事不断，但在我们的簌簌作响的竹林里，在我们的芒果园、榴莲园里，在树荫下，一直在建造寺庙，建造驿馆，挖掘池塘。老师们教算术，在梵语学校从未停止古圣梵典的讲解。在难

---

① 英国政府委派的总督。

近母①庙里，诵念史诗《罗摩衍那》。在村庄的院落里，回响着歌颂黑天的赞歌。社会从不期望外界的援助，从未因外界的动乱而黯然失色。

印度的公益事业、福利事业和欢乐的节日，年年岁岁，为所有的穷人和富人增光添彩。为了那些事，难道需要热情的人胳肢窝里夹着募捐本，走街串巷，叩门求助吗？不，从不需要！朝廷官员也不必颁布文告，长篇大论地讲明原委。如同我们呼吸不必求助别人，如同为了血液循环不必去市政厅开会，印度社会一切必要的善事，按照极为自然的规则，自行完成。

现在孟加拉缺水，我们为此万分焦急。其实，这是区区小事。最让人痛心的是它产生的缘由。如今社会之心不在社会中间。我们的注意力全集中在外部。

河水从村旁流来，某一天河水离开村庄，改道流往别处，从此这座村庄缺水，不再生产水果，农产品的生意停止，村里的人身体不再强壮，花园里荆棘丛生。先前"繁荣"的废墟，怂恿榕树和菩提树在残垣断壁间生长，整座村庄变成猫头鹰和蝙蝠的游乐场。

印度教寺庙

人心之河的重要性，绝不亚于大地的河流。心河的流水，向来赋予孟加拉绿荫婆娑的村庄以健康和欢愉。如今孟加拉人的心河，离开乡村

---

① 难近母是印度神话中毁灭大神湿婆妻子的名称之一。

的暖怀，流向别处了。所以，庙宇破败，无人修缮。池塘污染，淤泥无人清除。殷实人家的楼房被遗弃了，节日期间再也听不见欢歌笑语。所以，如今，政府是赐水者，政府是健康的布施者。传授知识，也要登政府的门，求政府恩赏资金。这就像原本自行开花的树，朝天空伸出枯枝败叶，企盼着花雨。即使它的期望能够满足，枯枝上落满天上飘落的花朵，又有何用！

英语中的 The state，在我们现代语言中叫做"政府"。这"政府"在印度古代类似于王朝。不过英国政府和我们的王朝有所不同。在英国，国家福利事业的一切责任，交给政府。在印度只有部分责任，由王朝承担。

在印度，培养和奖励身居高位的人和义务办学传授各种学问及宗教知识的人，并非不是国王的责任，不过实际上他只承担部分责任。这种责任主要由所有的家长承担。国王一旦停止资助，国家突然陷于无政府主义状态，社会中传授各种学问和宗教知识，不会完全中断。国王也不是不派人为老百姓挖掘池塘，不过，他与富绅的所作所为相差无几。国王若漠不关心，国家的水缸也不至于底朝天。

每个英国人在寻求享乐和私利方面是自由的。他们不受制于责任。国家的全部责任统统交给王室。而印度的王室相对而言是自由的。平民受到社会义务的约束。国王处理朝政，率兵征战，狩猎，寻欢作乐；从道义的角度评判，他也是承担了责任的。但是，老百姓谋求自己的福利，并不依赖他。社会的工作，依靠社会每个人，神奇地进行分配。

就这样，我们所谓的道义，分布于社会的每个角落。我们每个人节制私利，作出自我牺牲。

显而易见的是，不同文明的生命力，在不同的地方出现。为民造福的责任的集中之地，是国家的中心。那儿受到打击，全国就会严重受伤。英国的王室假如崩溃，全国势必走向毁灭。所以，欧洲的政治是头等大事。而在印度，社会一旦伤残，国家的危机必然来临。

如今，我们主动地把全部社会义务交给了政府。甚至把我们的社会习俗原封不动地也让英国的法律之绳捆绑起来，不说一句反对的话。在印度教内部，新派别在自己的圈子里确定特殊的行为方式和价值标准，印度教社会却不斥责他们。现在，一切都被英国法律束缚住了，稍有变化，就不得不宣称自己不是印度教徒。由此可见，我们历来在自己的心田精心保护的那个中心，已经完全裸露，正受着变态的侵袭。实际上，这样的危险，比缺水严重得多。

我这番话可能引起误解。我不是说，每个人应该死死抓住自己村庄的土地，不必外出获取知识和财富。我们应心怀感激之情，对把孟加拉人推向外部世界的力量承认：这种举动唤醒了孟加拉人的一切潜能，扩大了孟加拉人的工作领域，开阔了他们的胸襟。

然而，同时应当提醒孟加拉人：不可彻底改变家庭与外界的天然关系。外出获取想要的东西，是为了储存在家中。外出谋生，心要留在家里。在外面受教育，获得的知识要用在家乡。但是我们把：

外面的变成家里的，
家里的变成外面的。
他人变成亲人，
亲人变成他人。

正如诗人描写的那样：我们像水草在河里漂浮。

然而，从各个方面得到可靠消息：孟加拉人漂泊的心，正返回自己的家乡。不仅印度的经典又赢得了我们的尊敬，印度文学的发展丰富了印度的语言宝库，印度的艺术品也得到了我们喜爱，印度的历史更是激发了我们的研究兴趣。我们为登王室之门而积攒的路资，正用于帮助我们一步步走向自己的家园。

在这种形势下，应该说，印度的事业确实迈出了第一步。现在应当纠正映入我们眼帘的一些不正常的古怪现象。省级会议，是其中一个可悲例子。这次会议的初衷是为国家献计献策，会议使用的语言却是外国语言。我们把受过英语教育的人视为知己。我们根本没有意识到，不与广大群众心心相印，我们就将一事无成。我们与群众之间，挖掘了一条难以逾越的鸿沟。我们一向把他们排斥在我们的各种研讨之外。我们想方设法购置尽可能多的摆设，以博取英国的心，可我们没有意识到，印度的心更加宝贵，应不遗余力与之亲近。

政治求索的最终目的，是使全国人民万众一心。但舍弃本国的语言，舍弃本国的传统习俗，仅把吸引外国人的心的种种活动，视为有益的政治教育，这样的不幸，在我国随处可见。

如果我们承认赢得祖国的心，是我们的最高利益，那么，我们就应把普通活动中习以为常、误认为不可缺少的全部陈规抛到一边，把通往祖国的一条条畅通的大道，展现在人们的眼前。想一想吧，如果我们确实想让全省大会起到为国家献计献策的作用，我们该做些什么呢？我们应该组织具有民族特色的规模巨大的庙会，而不应用英国的模子浇铸一个英国式的会议。让各地群众云集庙会，欣赏地方戏曲、歌舞，参加各种娱乐活动。庙会期间，举办国货和农产品展览会。奖励优秀的说唱演员、演唱黑天赞歌的歌手和地方曲艺团。借助幻灯等艺术手段，在普通群众中有效地普及卫生知识。绅士、平民聚集在一起，用通俗的孟加拉语，讨论该讨论的话题，探讨有关减轻痛苦、增加欢乐的措施。

印度是一个农业大国。农村一向急切地想在自己的血管里感受宏大的外部世界的脉搏。庙会可谓最重要的媒介。庙会呼吁外部世界进入印度每个家庭。在这盛大的节日，农村忘记自己的一切狭隘。庙会是它敞开心扉，赠纳礼品的最主要的场所。如同雨季来临，沼泽、河流、湖泊盛满雨水，庙会是农村的心充满世界情感的美好时机。庙会是印度喜闻乐见的一项社会活动。举行一次会议，请国人与会，他们难免心怀疑虑，许久方能开启心扉。但是逛庙会聚集在一起的人，彼此能毫无顾忌地讲心里话。所以，庙会为人们提供了触摸民族之心的真正机会。

在孟加拉地区，没有一个县一年中不在许多地方多次举办庙会。收集庙会的举办时间和内容，是我们的首要任务。之后，应以庙会为纽带,充分利用与民众熟悉的机会。

每个县温文尔雅的文人,如能以新的观念升华县里的庙会,以新的生命力使之朝气蓬勃,全国的知识分子如能把他们的心思转移到庙会上,以庙会为契机,培养印度教徒和穆斯林之间的友好感情;不让无益的政治侵入庙会;就学校、道路、池塘、草场等方面悬而未决的问题,提出切实可行的解决办法,那么,在很短时间内,就能振奋整个国家。

孟加拉庙会

我相信,一批有识之士如决心参与举办孟加拉各地的庙会,只要创作新的曲目、新的赞歌、新的说唱词,带着放映机、幻灯、魔术节目到农村去,那他们全然不必为费用犯愁。他们如能让每个县的地主为庙会提供赞助,让店主捐出销售利润的一部分,那么,只要精打细算,举办庙会必定有收益。扣除开支和工钱,剩余部分用于公益事业,庙会举办者与国家的心就贴得更近了。通过这个途径,他们逐步了解自己的国家,之后能作成多少事情,是难以预测的。

在印度,过去经常举办节日庆典,为人们提供文学趣味和宗教教育。最近几年,由于种种原因,大部分地主迁居城市。他们为儿女举行婚礼,同时也安排一些娱乐活动,大都是请城里富裕的亲戚朋友观看戏剧和歌舞表演。农村不少地主为家人举行葬礼,毫不犹豫地向村民索要捐款。往往是"贱民"出钱让地主买甜食,"贱民"却吃不到一口甜食。甜食只许地主的亲朋好友享用。久而久之,孟加拉乡村越来越缺少乐趣。曾使男女老少的心充满趣味和高尚情操的文学,已远离普通群众。我们倡导的庙会，如果让文学之河和欢乐之河重又流到村庄的门口，那么，苍翠的孟加拉大地的心田，就不会变成一片干燥的荒漠。

我们应当记住，一个个大池塘，过去提供饮用水和健康，一旦污染，不单导致我们饮水困难，还在我们中间传播疾病和死亡。同样，印度各地以宗教名义举行的庙会，大部分已经被污染了。它非但无助于民众的教育，而且已成为滋生歪风邪气的温床。这种现状，有如被忽视的农田不生长农作物，只长野草和荆棘。所以，我们如不拯救以娱乐活动传播丑恶的庙会，我们将成为国家和宗教的罪人。

听了我这番话，但愿我们中间一些人不会过分激动。但愿他们不会说，"政府对庙会非常冷淡，为此，我们要开会，写文章，伸手猛烈摇晃政府的基石。催促警长手持法律文件，率领警察，镇守庙会，把污秽清扫干净"。我请他们耐心点儿，做任何事情有个过程，甚至免不了遇到困难，这一点要有思想准备。事实上，这全是我们自己的事。为我们打扫房间的，历来是家庭主妇，而不是市政府的清洁工。当然，可以用市政府的扫帚打扫，但我们不能忘记，用家庭主妇的扫帚清扫，房间才能圣洁。

以上我举了个例子，说明在什么场合可以让我国同胞以民族方式欢聚一堂，在这样的场合执行必要的法规，它就将成为为国民造福的一件好事。

有些人不认为在王宫门口行乞是为国谋利，可另外一些人称他们是悲观主义者。换句话说，对国王不抱希望，我们越是失去信心，他们越是觉得，悲观是毫无根据的。

在这儿我想把话说得更明白一点儿。我们中有些人说："国王经常用棍子把我们从宫门口赶走，为此，我们认为'无奈的自力更生'是最好的选择。"任何时候，我不赞同这种有些像蹲在树下想吃树上的葡萄，却始终吃不到的可怜的狼的自我安慰。我要说的是，乞求别人的恩惠，就是货真价实的悲观主义的表现。任何时候我都不会说，脖子上不围围巾外出乞讨，我们就没有出路。我相信自己的国家，我尊重自己的力量。我敢肯定，不管从什么角度，我们都急切地希望在自己中间看到本国本民族的团结，从而获得更大的成就。它的基础倘若建立在别人变幻不定的欢乐之上，倘若它没有印度特色，那么它必然屡遭失败。所以，印度真正的出路在哪儿呢？我们应该四处寻找。

印度教为每个人指明了道路，要他们突破家庭及村庄的狭小圈子，与世界接轨。印度教提醒社会的每个成员，每天，他们通过五项祭祀，同神明、仙人、祖先、人类和动物保持互利的关系。他们如能身体力行，对于个人和世界，将都是有益的。

有了这种高尚情怀，在印度社会中，难道还不能建立个人与国家的永久关系？每天把祖国装在心中，难道还不能捐一分钱，甚至更少，比如一把米或半把米吗？印度教难道不能以虔诚的纽带，每日把我们每个人与神祇的天国乐园、古代仙人的道院、先人的国度——印度，紧紧联系在一起？与祖国的吉祥纽带，难道不属于我们每个人？我们难道要把解决国家的水荒问题，为国家奉献知识等为国造福的行动，一股脑地塞给外国人，完全放逐我们的奋斗精神、思想和灵魂吗？政府为解决水荒问题同意拨款五万卢比。设想一下，在我们开展的运动的强大压力下，政府拨款五百万卢比，缺水问题解决了，结果又如何呢？结果是，由互助互惠的纽带维系的国家的灵魂，过去一直在社会中发挥作用并得到满足，如今却不得不拱手交给外国人。在以不正当的手段获得好处的地方，国家必然牺牲它的灵魂。我们抱怨印度的资财以各种方式通过各种途径流向国外。可是，国家如果丧失灵魂，为国家造福的一切渠道，一一被外国政府霸占，我们一无所有，两手空空，这比资财之河流向国外，难道不更让人痛心吗？难道我们集会，请愿，内内外外把祖国交到外国人手中的行为，可美其名为"爱国主义"吗？不，绝对不能！这在印度永远得不到支持！因为，这不是印度的天性！我们印度人从来不疏远一贫如洗的远亲，让他们沦为乞丐。我们给予他们儿女般的平等地位。我们把付出辛劳获得的食物，让远亲分享，从来不把这件事想象成什么非凡之举。对待亲戚尚且如此，难道我们还会说，我们承担不了祖国母亲的责任吗？让外国人施舍食物、饮用水、知识，我们的责任难道只是：因施舍的东西不像我们想象的那么多，就声嘶力竭地骂街吗？不，绝对不是！我们每个人每天必须履行对祖国的责任，这是我们的骄傲，是我们的本分！印度社会成为一个具有民族特色的宏大社会的时候来到了！每个印度人认识到我不是孤独的人的时候来到了。我或许人微位低，但谁也不会抛弃我，我也不会抛弃最低贱的人。

我们希望通过某个人来认识自己的国家，希望他是整个社会的形象。通过他，对本国社会表示我们的忠诚，并为社会服务。与他的关系，就是与社会每个成员的关系。

以前，当国家与社会没有分离的时候，国王就是这样的人物。如今，国王离社会而去，社会成了无首之躯。所以，村社各干各的，建立不起一个强大的印度社会。我们尽责了，所以说我们还有人性。但是，我们的责任太微小了，狭隘性浸入了我们的性格。总处于狭隘的个体中，是不健康的。所以，我们不应为被打破的一切而伤心，而要把全部精力用于创造。

目前，我们需要一位社会领袖，以及辅助他的智囊团。他是直接对社会负责的首领。

我们每个人将在他身上看到社会团结的标志。今天，如果对哪个人说，为社会效力吧。那他会苦思冥想，我如何出力呀，在哪儿做事呀，同哪个人一起做哪件事呀，弄得头昏脑涨。大部分人不明确自己的职责，却心安理得。这时候，需要一个核心人物来把个人的思考引上正确轨道。我们社会中的任何党派替代不了核心人物。我看到许多党派开初以热情催开花朵，可最后却不结果。这可能有许多原因。但主要原因，是党派的每个成员，在自己身上，不能真切地感受到党派的团结，因而也就不会去维护团结。松散的责任从每个成员的肩上滑落，消失得无影无踪。

这个核心人物有时正派，有时可能变坏。但只要社会是清醒的，任何人不能长久地损害社会。当然，目前，我只能关注孟加拉。如果在这儿推选出一位社会领袖,让社会自由永发光芒,印度其他地区必将仿效我们。

许多人也许原则上同意我的观点。但他们可能觉得这种设想难以变成现实。他们也许会问,怎样举行选举?眼下所有的人怎么会接受选出来的人呢?首先应当完善体制,之后方能确定社会领袖的地位。等等,等等。

我的看法是,我们就此进行无休止的争论,瞻前顾后,游移不定,第一步就迈不出去了。事实上,提出一个不被全国任何人任何党派反对的候选人,极为困难。征求全国每个人的意见,举行选举,根本不可能。

国大党主席尼赫鲁

当务之急,是采取一切可行的办法,确定一位社会领袖,承认他的领导地位。逐步地慢慢地,在他周围建立完备的体制。如果委任社会领袖的建议是适时的,如果由于国王已别离社会,造成了社会领袖的空缺,如果与异族的对抗中,我们已失去全部权力,社会愿意重振旗鼓,昂首挺立,那么推举合适的人选,在他的领导下,一个党派脚踏实地地行动起来,一个王国般的社会,眼看着就将崛起。

在众多中感受一致,在繁杂中建立统一,这是印度的内在特性。印度不认为差异是对立,不把外人想象为敌人。为此,它不摈弃、伤害任何人,而想在一个庞大的体系中让每个人有立足之地。为此,它接受一切可行的道路,它在自己的位置上望见别人的高洁灵魂。

这些是印度的优点。为此,想到某个社会群体反对我们,我们不会感到害怕。我们期望在每一次新的冲突之后,获得新的进步。印度教徒、佛教徒、穆斯林、基督教徒,不会战死在印度这片土地上。他们在这儿找得到和谐,这样的和谐有典型的印度教特质,而不是非印度教的。它的躯体由国内外的成分组成,可它的生命、它的灵魂,是印度的。

探寻万物归一之路,是印度天才人物的主要工作。印度不主张排斥、疏远任何人。印度承认、接纳所有的人。它将在争论不休、充斥差异的世界面前,指明在宏大的一统之中,看清每个成员的主要建树的道路。

在这伟大的日子来临之前,请对祖国叫一声母亲吧!只有祖国母亲终日忙忙碌碌,把每个国民拉到自己身边,设法消除分歧,保护民众。她把世世代代在自己的宝库中储存的知识、道义,以各种方式,在不同的时机,源源不断地输入我们每个人的心中,使我们的心不被数百年奴役的黑夜吞噬。不可大叫大嚷,为她在傲慢的富翁的施舍棚前寻找一席之地,而应在祖国的中心儿女们簇拥着的祭坛前,直接瞻仰她的慈颜。难道我们不能修缮她破蔽的寓所吗?只为自己付不起洋老爷的房租而发愁,只考虑自己的陈设、家具还不够豪华,之后,我们难道就在别人的厨房门口,为曾经养育万民的祖国母亲,讨一些残羹剩饭吗?过去印度漠视钱财,深知贫困是高洁的。难道今天我们要拜倒在金钱的脚下,污辱我们古朴的本性吗?我们难道不能接受那陈设极少、高尚、简朴的生活方式,为我们苦修的母亲服务吗?在印度,过去用芭蕉叶盛饭吃,是不丢人的。只顾个人温饱,才是可耻的。难道我们又要蒙受耻辱吗?难道我们不能舍弃个人的舒适、享乐,为国人的衣食住行出力吗?这本来是一桩极其简单的事,今天难道变得高不可攀了吗?绝不能这样!即使在十分痛苦的时候,印度也以无声的强大影响,缓缓地,不动声色地,战胜自我。我坚信,上几天学,我们在学校里生吞活剥的知识,不能黯淡那古朴的影响。我也坚信,印度的庄严号召,时刻在我们的胸中回响,我们正不自觉地一步一步朝那个印度走去。今天,在道路伸向点亮了吉祥明灯的房屋的地方,在我们朝那房屋行进之时,大家叫一声母亲吧!承诺吧,我们做好准备,侍奉母亲!承诺吧,我们每天为祖国供奉祭品!宣誓吧,我们绝不把祖国的利益出卖给别人,绝不坦然地像早熟的南瓜,让人一脚从堕落的梯子上踢下来,骨碌碌滚进耻辱的泥坑。

1904 年

社会隔阂

我们启程前往英国,这不仅是从一个国家前往另一个国家,对我们来说,也是进入一个新世界。生活方式的表面差异无关紧要。外国人的服装、饮食和我们不一样,这是必然的,用不着大惊小怪。然而,不只是生活方式,在生活理论的某些方面,也深藏着很大差别,片刻工夫把它展示出来,对我们来说是困难的。

一上船我就有这样的感受。我明白,从现在开始,我们要遵从另一个世界的法则。人们通常不喜欢骤然发生的变化,因此,我们从不想方设法去审视它,只是勉强地接受,心里气恼地说,外国人的举止太虚伪了。

确实,他们和我们的社会之间存在着巨大差别。我们的社会局限于家庭和村庄。在这个范围内,有关人际关系,有几条刻板的原则。目光囿于这个范围,我们认定应该做什么,不应该做什么。这些原则既有不少虚假的成分,也有许多淳朴的成分。

然而,这些原则是针对社会制定的,这种社会范围不大,是家族性社会。所以,我们的习俗带有浓厚的封建色彩。例如,父亲面前不准吸烟;见了师长要行触脚礼,要呈上礼品;媳妇在大伯子面前,必须戴面纱,不得接近舅舅或公公。家族和村庄外面通行的法则,则是以种姓为基础。

实事求是地说,种姓制度已把家庭和村社像珠串一样联结在一起。我们已走到终端。印度似乎完全解决了它的社会问题,并觉得每天巩固这样的制度,就可高枕无忧了。因此,现代印度从各个方面采用一切可能的办法,加固着以种姓制度联结家庭和社会的传统。

应当承认,印度曾尽力解决它面临的每个问题。它在一定程度上消除了民族之间的对立,冷却了不同阶级之间的敌意;以不同的职业缓和竞争的矛盾,以种姓差别的壁垒遏制了因财富和才华的差异引起的怨恨的冲击。一方面,印度用各种方法造成了社会首领婆罗门与其他种姓人之间的天壤之别,另一方面,又采取大大小小的各种措施,尽量给平民各种优惠和受教育的权利。于是,在不少场合,平民也略微体味到得富人的享受。达官贵人周济平民,满足他们的一些要求,从而赢得了好名声。在印度,穷人和富人之间,没有理由爆发激烈冲突,也没有必要以法律救助弱者。

西方社会不是家庭型社会,而是大众型社会,其范围大于我们的社会。它在家庭中的领域远不如在外面的领域。我国所谓的家庭,不适合欧洲,欧洲人处于松散的状态。

欧洲的松散社会的特性是:一方面,它的约束是松弛的,另一方面却形式繁多,构架严谨。这犹如散文诗,它被置于较小的诗韵之中,约束是轻微的,但散文笔调潇洒自如。所以,它一方面是自由的,可另一方面,它的步伐又受到理性和思维的特殊规则的严格控制。

访问英国时的泰戈尔

英国社会范围宽广,它所有的活动在外部扩展,所以它随时准备受各种社会规则的制约。它很少穿普通的衣服,它必须打扮,因为它不在亲戚型的社会之中。亲戚可以原谅、容忍它的便装,但它不能指望外人的赞许。自己的每件事,都得及时完成,否则会成为他人的负担。铁路假如是我一个人的，或者是我们几位兄弟姐妹的，列车想开就开，想停就停，想停在哪儿就停在哪儿。但是，在公众的铁路上，来往的列车很多，五分钟的误差，足以造成混乱，是绝对不允许的。我们的社会非常保守，保守的习惯渗入骨髓，因而时空对我们彼此的关系和举止的约束，是相当轻微的。我们随意占据地盘，浪费时间，指责严肃的举止缺乏亲情。恰恰由于这一点，我们一进入英国社会，觉得处处无所适从。那里，谁也无权在外面恣意妄为，仍期望得到别人的宽恕。他们接受各种约束，是为了让大家有同等的便利。在会晤、邀请、服饰、礼仪方面，他们有一套固定的模式。那里不是亲属型社会，执行亲属型社会的松弛法则，一切势必混乱不堪，日常生活难以维持。

欧洲宏大的社会尚未完善。就外部的举止行为而言，它力图在固定的程式中保持克制，显得温文尔雅。但社会内部的各种力量，尚未团结起来，尚未采取措施完全避免彼此间的冲突。欧洲在试验、演变和革命中前进。那里的男人与女人，宗教社会与劳工社会，君主与平民，雇主与雇工之间不断发生矛盾。它不像星空那么幽美，但人们觉得那儿一切应有尽有。它像一座即将喷发的火山。

但是，我们岂能说，我们解决了所有问题，永久地稳固了社会制度，可以像僵尸似的无忧无虑了。随着时间的推移，制度可以维持一段时间，可时势是不容锁定的。我们面对着整个世界，我们不能拖着保守的社会前进。世人中间不单有父兄、叔叔伯伯，还有国内外的人。像他们那样立身行事，必须十分谨慎，多动脑筋；心不在焉，松松垮垮，总有一天寸步难行。

我们为古老的传统自豪。但说印度社会不是历史的产物，绝对不符合事实。毫无疑问，在不同的历史阶段，印度在一场场新的革命中朝前迈进。历史上找得到这样的痕迹。"它的脚步停止了，从当下至悠远的未来，它一成不变地呆坐下去。"这种奇谈怪论，绝不会从我们嘴里吐出来。经过一场场革命，社会已相当疲惫，它关上门，熄了灯，准备睡觉。佛教革命之后，印度插上严厉的法规的插销，关死所有的门扉和窗户，一动不动地卧躺着，沉入酣睡。如果称之为永久的酣睡，为此感到骄傲，那是非常可笑而可悲的。夜未尽之时，睡眠有益于身体健康，外面没有聚集的人群，大商店、大市场全关闭着。但早晨四周人声喧哗，你依然默不做声地躺着，可别人不会一语不发。死死地关着古旧之门，不过是自欺欺人。

黑夜的法规简单明了；它的事情很少，需求也很少。因此，稍微动动手，一切安排停当，尽可无忧无虑地闭上眼睛，沉入梦乡。夜里，东西放在哪里就老在哪里，没人去动。白天就不那么简单了。天一亮，做完一件事，甭想安安心心地抽一天烟。总有新的任务压到肩上，不能不卖力气。个人的生活不和外面的生活潮流合拍，吃饭、做事一切均不顺当。

有一段时期，印度墨守成规，安然消度夜晚。这种情况可以说是很惬意的，但不能持久。拳头落在酣睡的身体上，是最厉害最令人难受的。"白天"面对着挥来的拳头，所以白天醒着最舒服。

不管我们愿意与否，也不管身体是否疲劳，现在是该我们清醒的时候了。我们受到社会里里外外的打击，全身疼痛。我们在贫穷与饥馑中备受煎熬。社会制度已经解体，几代人住在一起的大家庭已经瓦解，婆罗门的地位逐渐削弱。在"婆罗门社会"等组织的帮助下，婆罗门自吹自擂，暴露了自身的弱点。村社的长老会制度，脖子挂着政府的照牌，已悬梁自尽，幽魂在村子里游荡。乡村学校依靠本地的食品供应，饔飧不继，只得靠政府救济。乡村的富翁吹熄故园的灯光，在加尔各答乘车兜风。一些大乡绅带着细软和女儿，投奔获得学士学位的女婿，在女婿面前低声下气。因为这些不体面的事情，咒骂黑暗的伽里时代、外国国王或洋奴，无济于事。事实上，我们时代的主宰派来了使者，他不能不把我们从传统的陋室中拉出来。我们不能使劲闭上眼睛，提前制造夜晚。世界已走到我们门口，我们应恭请它走进大厅。不请它，它也会破门而入。大门能不被推倒？

所以，我们必须重新考虑如何解决现实问题。照搬欧洲模式是行不通的。但必须向欧洲学习。学习和照搬，不是一码事。学习方法得当，可以克服模仿的毛病。不能正确认识别人，也就不能正确认识自己。

但我要重复一遍，带着保守、松垮的习惯，我们走不进欧洲社会。我们尚未准备就绪，总觉得别人在推我，谁也不等我。我们是受宠的生灵，在亲属型社会外面，处处遇到危险。我在这里发现，印度的孩子没有串门的习惯。大部分学子来这儿死背书，不与当地的社会接触。这儿的社会庞大，社会责任也很多，不承认这儿的责任，就不能与当地人相处。若不和睦相处，我们就得不到最好的教育。因为这里最大的真实是社会。这里最伟大的英雄气概和最崇高的品德体现于社会，而不是在战场上。大社会所需的牺牲精神和自尊心，处处表现出来。他们已成为真正的人，准备为他人殚精竭虑，在各个领域奉献自己的一切。现代印度受过教育的文明人，在国内把小学教育视为国家的教育，全然不知何谓大规模的社会教育。如果他们来到这里，进入小学的"工厂"，成为机器生产的商品走出去，不直接进入社会中人性的诞生之地，那就是白出了一趟国。

盲目崇拜

到处举行祭祀，

到处见到祭司，

他们走到门口，

信徒空手行礼，

他们极不满意，

脸上假笑，心中恼怒。

信徒赶快递上钱三块，

祭司才抬脚触他的脑袋，

眉开眼笑，为他祝福。

上述几行诗，是我从以"三块钱"为题材的一首儿歌中摘录的。对这首儿歌的韵律和诗意，我无意作任何评论。

不过，有一点需要指出的是，这首诗中反映的真实情况，在印度老百姓中，司空见惯，妇孺皆知。

说明金钱的惊人威力的事例很多，这位名不见经传的诗人，又在其中添加了上面这个生动例子。不过，这个例子中，较之金钱的威力，更多地展示了作者的超常机智。依凭这种机智，同时对一个祭司既表示了尊重，又表示了鄙夷。

一般来说，师傅、祭司不是圣人。他和凡夫俗子一样，非常贪图金钱，我们对此并非一无所知。然而，我们把他足上的尘土抹在头上，感到万分荣幸，因为师尊就是大神。其实，我们以这样的虔诚作践自己，我们不认为尊敬值得尊敬的人，才是自我尊重。

盲目的虔诚，如同瞎子沿着习惯之路，坦然前行。许多人长期崇拜某个人，从来不觉得有必要分析一下，这个人是否确实有值得人们对他表示虔诚的品德和才华。即使有不尊重他的明显理由，他的脚前，供品依然滚滚而来。

在我们的头脑中，生来就有很大的惰性。为此，我们的心灵，由幻想牵引，顺着习惯的下坡路，像石头一样骨碌碌滚下去。半道上，理性上前阻止，被压得粉身碎骨。

对权势低下的头颅，无不受到侮辱。拜倒在金钱、封号、暴力和陋习的脚下，崇拜就毫无意义。换句话说，它非但不豁达人的胸襟，反而使之狭隘。把人的心灵和敬慕从它严厉的管制中解放出来，是维护人性的一项主要任务。

印度祭司

崇拜带来的谦恭，并非在所有领域都很雅观。谦恭，只应表现在接受他人的东西，向他人学习，和让自己的性格拜倒在圣哲的影响之前等方面。而那种虚伪的谦恭，和不恰当之地的谦恭，必将带来堕落。崇拜庸人，只会使自己变得低能。在酒囊饭袋面前低眉垂首，只会把自己推向庸俗。

崇拜，很自然地把我们的目光引向那些值得崇拜的人的志趣。在生机勃勃的文明社会，因而实施一些严厉的评判标准。某个地方，某个人才华出众，引来大众关注的眼光和尊重，社会就期望他在各个方面都完美无缺，白璧无瑕。在政界受到尊重的人，在品行方面若有不轨之举，他受到的谴责，远远多于一般的道德败坏者。

盲目崇拜，说明我们对别人一无所知。不适当的崇拜，诱骗我们在与能力相同的人，或比自己能力差的人面前，躬身低头，由此造成的该受谴责的卑贱，绝不亚于骄傲的狭隘。

有自尊心的人，从不不分场合地低头。他想让崇拜的愿望得到真正满足，就不会到处对人磕头。他总是先进行周密调查，获得充分证据，找出值得崇拜的人。

然而，我们是喜欢崇拜的民族。我们把崇拜视为本能举动。我们觉得分析确定值得崇拜的人，是多此一举。

匆匆忙忙寻求崇拜的满足，不会带来崇拜的成功。对满足的过度期望，甚至会把自己带入歧途。在这种情况下，谁马马虎虎，草率从事，招来的可能是虚假的神祇和自轻自贱。高扬神圣，是崇拜的目的，不管它多么艰难；自我满足，不是崇拜的目的，不管它多么容易，多么快活。

崇拜之路上，理性的评判和自尊心，是必须迈过的门槛。正是由于这两道门槛，崇拜才能贴近应该受到崇拜的人，臻于成功。自尊心从不轻易低头。他投降的时候，对值得受崇拜的人的考查已经结束。《罗摩衍那》中的罗摩拉断巨弓时，才证明他确实力大无穷。没有那样的考验，崇拜就变得懒惰、糊涂，像发条控制的玩偶，不住地对人点头哈腰，还以为自己达到了目的。这样的崇拜失去精神力量，演变为自我幻觉。

在印度，令人惊讶的是，我们有些人明明知道某个人的缺点，照样崇拜他。知道某个人心地卑劣，依然心情急切，把他足上的尘土谦恭地抹在头上。真无法想象还有比这更荒谬的自轻自贱。

在印度，似乎不需要幻想之外的崇高，祭司不必心地纯洁，神的品德不必高尚。因为，我们早已做好了崇拜的准备。本应锒铛入狱的主持的脚触过的水，被认为是圣水，我们啜饮几口，不觉得受了侮辱。某个祭司心地不纯洁，根本不懂在祭祀仪式上诵念的经文的意思，我们却毫不犹豫地称他为赐福的法师。在印度还看到这样的现象：《往世书》中描写的一些神的行为，在民众的交谈中和流传甚广的诗歌和歌曲中，经常挨骂，受到嘲笑，我们却满怀虔诚，对他们顶礼膜拜。

因此，在这种情况下，脑子里很容易产生疑问：我们为什么祭神？

第一个回答是：受习惯和僵化的观念的驱使。第二个回答是：想象有一种力量，并从中获取功果，而不是为了培养受人敬重的优秀品质。

我在篇首摘录的诗句中说：到处举行祭祀，到处见到祭司。从中可以看出，我们想象法师和祭司拥有隐秘的神力。不管他们的学问、品行如何，我们家庭的幸福，掌握在他们的手中。崇拜他们，广进钱财，不崇拜他们，倾家荡产。这种信仰，诱导我们匍匐在他们的脚下。某些教派中间，这种信仰已到了是非不分的地步，教徒们荒唐地鼓动他们去做淫乱之事，显然违反了家庭道德准则。

对待婆罗门的态度也一样。婆罗门即使心地龌龊，道德败坏，仅仅因为他是婆罗门，照样受到叩拜。婆罗门具有某些深不可测的法力。他们的喜怒哀乐，决定着我们的祸福。这样的崇拜中，崇拜者和被崇拜者之间，不存在精神纽带，而只有索取和给予的关系。在这种关系的阴影下，被崇拜者的形象不高大，崇拜者则显得猥陋。

与神祇的索取和给予的关系，在我们的头脑中根深蒂固。举行祭祀，我们仿佛为天帝做了一件天大的好事，必有回报。忘不了这一点，有关敬神，我们的言论本质上无异于交易。既然供品送到神手中，是一种生意，既然正确无误地送到他的仙宅，我必有许些好处，那么，尽量少出力，少花钱，把事办成，这种宗教贸易中，我就是大赢家了。所以，有什么必要看清天帝的本相，有什么必要呕心沥血寻求真理?！面前是一堆木头、石头，权当它们是天帝，烧香祭拜，他必然当即收下供品。

在我们的神话故事和脍炙人口的诗歌中，某些描写让人觉得，天神们在抢夺供品，就像兀鹰争抢撕啄腐尸。于是，我们知识分子心中不知不觉产生联想：天神也贪图我们的崇拜。

在不适当之处，崇拜的可爱罪过是，将值得崇拜的人与不值得崇拜的人置于同样的席位上。这等于抹杀天神和妖怪之间的差别。

在印度，蛮不讲理的混淆，随处可见。不文明的行为和罪恶，被押到相同的被告席上。于是，接触低层种姓人是罪恶，杀死低层种姓人也是罪恶。杀人可得到社会的大赦，杀死一条牛，却是十恶不赦。蛮横地砸非印度教徒的饭碗，可以得到原谅，但吃他碗里的饭，却成了罪人。

刑法也是如此。蒂拉克①被指控犯有叛国罪，关进大牢。按照严厉的法规，他只能吃馊饭。社会要求剃光他的胡须、头发，给予严惩。其实，没人相信蒂拉克真的犯了叛国罪，真要是犯了叛国罪②，倒未必给予惩罚。

某些罪过，不是反社会行为。例如，说谎、小偷小摸、冷酷等等。这些品质的瑕疵，只需下恒河洗个澡，或朝拜圣地，就可以涤清。

我们把不文明行为，即行为上的过失，与违反宗教戒律搅和在一起，不自觉地滑向严重的物化主义和神秘的无神论。

蒂拉克

在崇拜的领域，我们也不分青红皂白，损害了崇拜的精神内涵。例如，我们不崇拜文雅的首陀罗种姓人，但崇拜不文雅的婆罗门。我们视而不见朝阳照耀的喜马拉雅山，却不轻视红色褪尽的顽石。

我们把真实和典籍也搅成一团乱麻。确定是否应该扬帆远航，我们本应考虑前往新的国家，了解新的风土人情，能否增长知识，是否有助于消除我们思想的狭隘，谁也没有权力将渴求知识、追求进步的人强行幽禁在弹丸之地。但我们不那么做，我们翻阅典籍，看看仙人帕拉沙尔是否说过这一天可以启程；仙人奥特利是否说过支持出海的话。

---

① 蒂拉克（1856—1920）印度著名的学者、教育家、印度国大党"极端派"领袖。

② 指投靠殖民当局。

让出嫁的少女守寡,对少女本人是否残忍,是否危害社会,似乎无需我们认真思考,但古代社会的教育、习俗和状态发生变化之时,哪位法典制定者有何评述,却反复进行核对,研究它的含义。

这种轻重颠倒的事为什么发生呢?其主要原因,是自由带来的所有求知欲的绝大部分光荣,被禁锢了。

不是出于习惯,不是遵从他人的旨意,而是依靠自由的感悟力,真诚地对"崇伟"投降,才是成功的崇拜。

然而,令人担心的是,你假如缺少感悟力,怎么办呢?于是,规定应运而生,你必须以某种方式崇拜某个教派,不然,灾祸降临家庭,一代代人下地狱。如此这般,自由之心的崇拜,被塞进僵死的典籍。崇拜真正的得失,本来在我们的心中,在我们的灵魂里,可它被写进家庭日记,记在想象中的阎王手下的判官的账本上了。

这种情形,就像地上种一棵树苗,怕被牛啃吃,怕被行人践踏,干脆把它锁在铁箱里。在里面确实安全,可不结果,翠绿的树苗,成了枯死的一截木棍。

只要不给一个人的智慧以自由,他就一事无成。如果他犯错误,你把他捆起来,心想,我非常聪明,安装了一架石磨,用龟壳蒙上他的眼睛,让他天天围着石磨转吧!他用不着为健康操心,我替他算好了,哪天吃萝卜,他下地狱,哪天吃米糕,他有不朽的功果。但事实上,找不到一条证据能说明他不吃你的萝卜,吃米糕,究竟有什么好处。可坏处在历史上堆积如山了。

综上所述,道德、虔诚、智力,在自由中才有力量,在自由中才有生命力,在自由中它们的本真才能得到维护和发展。有人说要让它们摆脱正常危险,实际上却处心积虑地把它们推向蜕变和死亡。结果,我们的思维本体僵化到了如此严重的程度,以至于我们明知不值得崇拜的人,却在传统习惯的驱策下,毫不迟疑地崇拜他。

1898 年

西服与印式制服

最近,我国出现一种奇异的现象:身着英国服装的孟加拉男人,带着身裹鲜艳纱丽的妻子出门游逛,脸上毫无羞怯之色。夫妻俩端坐在马车的一张座位上,右边是礼帽、西服,左边是孟买纱丽,哪位画家若为深受孟加拉新理想鼓舞的这对"湿婆夫妇"画像,这幅画即便算不上庄重,距"庄重"恐怕也不太远了吧。

在动物王国,造化自古为雌性、雄性动物配备迥然不同的服饰,判断一对动物夫妻属一类动物,需有丰富的经验。由于未长鬃毛,很难认出雌狮是雄狮的妻室;由于没有彩屏,雄孔雀与雌孔雀的夫妻关系也颇难确定。

在孟加拉地区,造化假如也制定一条法则,允许丈夫神气地张开自己的"彩屏",与娇妻比个高低,那不会引起非议。但当家的男人假如把别人的羽翎插在自己的臀部,在居室里造成不和谐的气氛,这不独对家庭是件憾事,在别人眼里也是滑稽可笑的。

不管这种事多么不合情理,既然发生了,或许有一定的道理。

英国服装给人带来麻烦,原因是它款式的源头在英国。那儿服装缘何发生何种变化,我们一无所知,没有亲眼目睹的机会,只好多方打听,小心翼翼地模仿。最近归来的旅英印人,看到老一辈人穿的英国老式裤子和领子,心里暗暗发笑。而老一辈人看不惯年轻人的新式服装,也不客气地讥笑他们是"赶时髦"。

英国服装本不适合孟加拉人的身材,如再不文雅地穿戴整齐,难免招来嘲笑和冷眼。更有人脱口说道:"你不会穿,长得又不魁伟,穿西服外出游逛不是出丑么?"

英国的衣服看上去单薄，远不如印度的衣服那么结实。原因是英国人穿戴不像印度人那么简单，一件又一件，极其繁琐。西服若太瘦穿得不合身，是对风度的羞辱。从头到脚，穿得服服帖帖，是高雅的要求。所以英国人一年四季总想方设法把衣服像水果皮似的包在身上。裤子稍短一点儿，上装稍肥一点儿，马上觉得自己低人一等，尊严受到损害。谁糊里糊涂地觉得很自在，很舒服，别人会为他感到害臊。

如今印度人穿上西服，得到吉祥女神的"青睐"，便不会再走到普通人聚会的天棚下面。然而，不能指望他们的儿孙个个能昂然出入富丽堂皇的建筑。如果儿孙继承父辈的服装的同时也继承劣根性，没有勇气放下老爷的架子，他们面前除了一条死胡同，别的大概什么也看不见了。

去过英国的人，对英国服装多少有些了解。没去过英国的人，免不了闹出点笑话。他们身穿睡衣，大模大样地走在旅游胜地大吉岭的马路上；或者带着小女儿出席聚会，那女孩穿着脏兮兮的缀花袜子，上面是一条英国布裙，反戴着一顶帽子。

关于此事，有必要展开讨论。首先，如果说务必穿符合时尚的流行服装，甚至脑袋也得打扮得引人注目，这当然听起来像大人物或有独立意识的人的高论。他们要谴责社会的奴役和传统的奴役等一切卑劣的陋习。但是，对从小爱穿西服，习惯模仿，浑身上下写满卖身契的人来说，自由的呐喊不会给他脸上增添光彩。自己养的山羊，可以随时宰杀。身着民族服装，与正规穿法有些出入，仍可显示品格的高洁。走别人的路，又踩脏别人的路，这绝不是豪迈的气概。

从英国归来的印度人穿的西服，如同婆罗门手臂上绕的圣线，把它当作教派的标志区分开来是一种责任。时过境迁，如今不用再尽那种责任。他们不漂洋过海，照样弄到那样的标志。在我国肥沃的土地上，如同疟疾、霍乱等疾病无阻地流行，西服流行的日子也来到了，谁也没有本事不让它进入僻远的地区。

穷困的印度哪天身着英国丢弃的破衣烂衫，它的苦难将是一副多么丑陋的面孔！如今它只有悲苦，而那时它的模样可笑得让人感到辛酸。如今它全身是缺少衣衫的朴素和谦和，而那时破制服的缝隙里，衣不蔽体的窘态可悲地裸露出来。狭小的死胡同无限扩大，最终吞噬印度的那天，一步迈到海边，一头栽倒在保护神毗湿奴的沧海之榻上，连同脏裤子的破烂贴边和头戴的破帽子，全身泡在海水里。

我们担心，他们许多人会提出这样一个尖刻的问题：你们倡导的适合印度男子穿的民族服装在哪儿？拿来让我们穿呀！他们责问的口气仿佛是捶你一拳再啐你一口唾沫。该穿的时候他们照样得意地穿西服，该狡辩的时候阴阳怪气地说："你们做不出民族服装，我们只好穿洋装啰。我们确实穿的是洋装，可你们没有像样的服装，更可怜，更悲惨！"

孟加拉绅士甚至以讽刺的口吻冷冷地说："你们的所谓民族服装，不过是尖头拖鞋、长袍和披肩。我们怎能穿这种土里土气的衣服！"让你听了半晌说不出一句话。

人活着不必依赖服装，服装离开人则毫无用处。从这个角度而言，长袍、披肩不是耻辱的根由。在孟加拉文豪毗达萨戈尔和肩搭披肩的众多婆罗门学者面前，身着燕尾服神气活现地自英国归来的印度人，不过是衣架饭囊。婆罗门学者曾将印度推向文明的顶峰，他们简朴的衣着也闻名于世。然而，我们不想就此展开激烈的争论。因为时代在变化，逆历史潮流而行，终归是站不住脚的。

应该承认，孟加拉地区人们穿惯的长袍和披肩不太适合法院、政府机关部门现在的工作。但印式制服不应受到刁难。

西装革履的绅士们却说道，那也是外来服装。他们是在固执地狡辩。他们未吐出口的话是：既然是外来服装，他无意放弃，但打扮成绅士的特殊诱惑，却又使他们弃之不穿。

假如印式制服、西服对他们来说都是新式服装，假如走进办公室或登上火车的时候，只许选择一种，那极可能促发一场争论。实际情况是，他们穿过印式制服，那是从父辈那儿继承的遗产。他们把它丢掉，在西服领子中间的脖子上结了领带，既开心又自豪的时刻，绝不会与人争论：他们的父辈究竟是从哪儿弄来的印式制服？

围绕印式制服展开争论对他们来说不是件易事。因为他们不知道印式制服的来历，笔者也不清楚。在服饰、文学、艺术等方面，穆斯林和印度教徒互相渗透，如今难以划出一条界线，弄清楚谁拥有多少。印式制服是印度教徒和穆斯林共同的服装，经过多次改进，形成今天的式样，凝聚着印度教徒和穆斯林的功绩。现在印度西部地区的许多王国，流行多种款式的制服，款式繁多中不仅融合穆斯林的统治权，也融合印度教徒的人身自由。

印式制服

同样，印度音乐也是穆斯林和印度教徒的共同财富，是两大教派的音乐大师智慧的结晶。历史上穆斯林的统治允许印度教徒和穆斯林享有有利于团结的充分自由。

团结和自由，缺一不可。穆斯林是印度大家庭的成员，他们的艺术和道德理想并未远离印度，保持着原始的特色。如同穆斯林凭藉武力征服过印度，印度也受本性的不可抗拒的法则驱使，以博大的胸怀，以汹涌的生命力，同化了穆斯林。在穆斯林统治时期，绘画、建筑、纺织、刺绣、铸造金属器皿、象牙雕刻、舞蹈、音乐和行政事务，没有一样是穆斯林或印度教徒单独承担的，而是双方合作完成的。印度教徒和穆斯林是印度的左、右手，牵拽经线、纬线，织成一幅壮丽的山河织锦。

穆斯林和印度教徒在宗教上不能合二为一，但两大教派的人可以和睦相处。我们的教育、研究、崇高的利益都服从于这个目标。所以我们的民族服装应是穆斯林和印度教徒共同的服装。

但最恼人的事情是,当"印式制服很难看"这种言论引起争论时,最好闭口不语。因为有关审美趣味的争论,往往由拳头宣布结束。

1898 年

陋习的折磨

保持各方面的均衡，对人类来说，委实是件难事。为此，人类在某些事情上只能妥协。

如果专门从事理论研究，你尽可坐在屋里，耐心地核算一分、一厘、一毫、十分之一毫、百分之一毫，甚至更小的数字单位，解决数学中的各种问题。但一接触实际工作，那些细小的部分只得舍弃，否则，算来算去，哪里还有时间做实事！

因为，实际生活中，总得在某个地方划一条界线。你是个计算精细的人，一厘一毫也要算得清清楚楚，可比你算得更细的人，可能说："为什么算到一毫就停止了呢？既然天帝的目光穿透无限，我们的生活之账就应无限精细，否则，他不会十分满意，不会原谅我们。"

没有人站出来大放厥词，反对纯理论探讨。不过，把目光投向现实，我们不得不双手合十，虔诚地祈祷："天帝啊，你知道，我们没有无穷无尽的能力，我们必须做事，又得向你汇报。我们的人生短暂，家庭之路坎坷。你赐给我们身躯，赐给我们思想，赐给我们灵魂，赐给我们饥饿，赐给我们智慧，赐给我们爱情。你让我们扛着这一切负担，把我们投入凡世芸芸众生的万千事务的漩涡之中。而学者们还威胁说：'你是印度教徒的极其严厉的大神，你从不舍弃百分之一毫，甚至比百分之一毫更细的计算。'果真如此，实实在在做家务事，参加人类规模宏大的仪式的任何机会，就决不会给印度教徒了。那么，我们只得弄虚作假，应付你的宏伟事业，只好锱铢必较，算账毫厘不差。你把我们送到苍天下海洋围绕、美丽多姿的神奇世界，可我们至今未能周游世界。你让我们出生在高贵的人类家族，全面了解人类，消除世人的痛苦，为

陋习的折磨

人类进步从事各种各样的工作，我们却心有余而力不足。我们蜗居在小村庄小家庭中，坐在屋子的角落里，对奔腾的人类洪流和大千世界视而不见，从早到晚计算着自己渺小的日常生活的一分一厘。我们不能接触某人，不能踩某人的身影，不能吃某人烧的饭菜，不能娶某个种姓人的女儿，站有一定的站法，坐有一定的坐姿，走路要保持规定的姿势，掐算了吉祥的月份、日子，时辰，才敢活动活动手脚，就这样，我们小题大做，把这种无所事事的渺小生活割得支离破碎，堆成一堆废物。这难道是我们的人生目标？印度教的大神啊，这难道是你的法规？我们只是抱残守旧的印度教徒，不能成为真正的人？"

英语中有条成语：拣了便士，丢了英镑。翻译成孟加拉语就是：拣了格拉，丢了卡罕①。意思就是不关心国家大事，过多地关注鸡毛蒜皮的琐事。结果，人被捆得越紧，关节越是脱臼。

印度的现状也是如此，过分注意刻板的习俗，却忽视了人性中最高贵最自由的一部分东西。

从社会习俗开始，到道义的恒久统制，全部严加保护的结果是：在印度，社会陋俗渐渐根深蒂固，可道义却松弛了。一个人挥鞭打牛，他就得忍受社会的处罚，要作忏悔，但杀了人，不作忏悔，在社会中照样有一席之地，这样的例子，屡见不鲜。当父亲的，唯恐日后让印度教之神审查的账本中

印度的童婚

---

① 印度旧货币单位：一卡罕相当于一元，十六个格拉是一卡罕

153

出现差错，赶快把不到八岁的女儿嫁出去，女儿过了八岁出嫁，是丢脸的事。社会若用锐利的目光盯着大神结账，那位父亲干出千百桩伤风败俗的事，在社会中为何仍能保持自己的声誉？这难道可称之为算细账吗？我碰触了不可接触的下等种姓人，社会立即警告说要同我算账。但我如果横行霸道，捣毁下等种姓人的房屋，社会难道会同我算总账吗？每日，暴怒、仇恨、贪婪、欺骗、幻想，腐蚀着道义的基石，然而，有些人照样下河洗圣浴，照样按部就班地修行，似乎无懈可击，这种现象难道少见吗？

我并不是说，印度教经典中"正道"谴责的罪恶不是罪恶。但把违背人为的一些社会戒律也纳入罪恶之列，人们对真正的罪恶的仇恨，自然而然就减少了。在茫茫人海中，也就难于划分不同阶层的界线。在印度高喊保护神毗湿奴的一片喧声中，碰触不可接触者、渡海、杀人，统统成了罪恶。

消除罪恶有千百种简单方法。我们罪恶的负担眼看着越来越多了，但我们也可以随时随地卸却负担。下恒河洗个澡，身上的尘土和大大小小所有的罪恶，就全洗干净了。如同全国发生瘟疫，不可能为每个死者修墓，从王公贵族到游方僧，全扔进一个大墓穴中，简单地举行一个葬礼就行了，印度人吃饭，睡觉，站立，坐下，每天犯下那么多罪恶，实在没有足够的时间逐一清洗，于是常常把大大小小的罪恶归拢到一处，随随便便抛进一座墓穴里了事。真可谓，条条框框越多，人越是疲沓。

人们逐渐忘了善恶是人的本性。他们心里相信，诵念经文，身子沉入水中泡一泡，或吃少许神牛的粪便，罪恶就能涤净。

一个人不用人的标准看

印度神牛

待他人，而以机器来衡量他人，那么，就会错误地把自己当作机器。如果除了做生意的盈利亏损，不许他在其他方面独立思考，甚至连他的交际、饮食、起坐和举手投足，也严格规定，人的自由本性，必然渐渐被遗忘。认为善恶是机器的特性，也就不是不可能的了，而他的忏悔则成了机器的行为。

然而，无可辩驳的证据表明，只要稍稍依靠自由的思维，有时就用不着锱铢必较。因为，现实中人们吃一堑，长一智。但谁磕了一下，这就成了罪恶，不让总结教训，剩下的合乎情理的办法，就是用绳子拴住他的鼻子，拽着他走路了。教幼儿走路，要允许他摔跤。若不允许，最好的办法，是一直到晚年把他抱在怀里走路。那样做，他倒是不跌倒了，可走路的方法永远学不会。身上沾了一点灰尘，就得向印度教的大神禀报，那么人的生活只好装在油瓶里，作为展品，陈列在习俗的博物馆里，才是上策。

这就叫小题大做。其实，我们保存什么，损失什么，别人根本不管。一位诗人的作品中这样描写商品交易：

> 用珍珠换芥子，
> 用骏马换山羊。

我们的学者经过争论，准备用珍珠换芥子。没有人性的自由，善恶就没有任何意义，可我们牺牲那种自由，把名义上的善行储存在账本里。

通过善恶的兴衰，我们的人性越来越显现出来了。我们自由地获得的东西，是我们的真正所得。不公正地从他人那儿得到的东西，我们其实没有真正地得到。在泥泞的道路上行进，经受了冲突、打击，经历了挫折失败，在前进的过程中积蓄的力量，伴随我们终生。不愿在地上走一步，躺在乳白色的善行之榻上，可以准备一本没有污点的账本，今后呈送印度教的大神。但那是怎样的账本呢？一本洁白的空账本，上面没有污渍，也没有数字。细细算起来，只怕是一笔糊涂账。他的账本上肯本没有记录收入和支出嘛。

　　无瑕的圆满不属于凡人。因为，圆满意味着终结。凡人并未在今世的生活中终结。不接受来世的人也承认，人的地位提高的可能性，并未在今生消失。

1892 年

印度人的人生四阶段

在欧洲，可以看到人生分为两个阶段。第一阶段是学习阶段，第二阶段是为社会工作的阶段。人生到此为止。

印度划分的人的一生中，事业在中间，解脱在后面。

如同一天分为正常的四部分，即：早晨、中午、下午和黄昏，人生也被划分为四个阶段。这种分法依据人的天性。就像白天阳光和热量渐增渐减，人的感觉能力也渐渐提高，渐渐降低。根据这种正常演变，印度从人生起点到人生终点，让它承负一种完整的意义。首先是教育，其次是家庭，接着让束缚松弛，最后，解脱，进入死神的怀抱。这四个阶段分别称为：梵行期、家居期、林栖期和出家期。

在我们人生的第一阶段，要修梵行，让欲望养成在合理范围内坦然徜徉的习惯。这样做，可以使人性和世界本性有一样的乐曲。之后，按照你的能力和愿望，用这种曲子，不管演奏什么旋律的歌，都不会伤害真理之歌、福祉之歌和欢乐之歌。

结束了在这段时期的教育，就应进入世俗生活。不过世俗生活，智慧就不可能完善。不以智慧获得的克制，不是百分之百的克制。它是麻木的习惯，或者是对无知的掩饰。它不是本质的东西，而是表面的东西。

印度人进入世俗生活

只有学会并能镇定地驾驭欲望，做事，特别是做善事，才是容易的、快乐的。在那种状态下，家居期就成为世界之福的聚宝盆。在那种状态下，家居期就不是人在解脱之路上前进的障碍，而是助力。当所有的家务事等同于善事，等同于道德行为时，家务之链就绝对不会束缚人了。家务之链到时候就会自行脱落，家务家的正常成果就会自行来到。

人生的第二个阶段在世俗生活中结束。当体力下降时，应当想到，并应当记住，这个领域的事情已做完的消息已经传来了。听到结束的消息，不要像被解雇的不幸者那样，觉得自己十分可怜，心说"我的一切全完了"。为此懊丧，是不足取的。这时，需要进入更大的一个领域。为此，要满怀信心，斗志昂扬，面对新的领域。那体力大有作为的领域，那充分利用感觉能力的领域，那实现一切愿望的领域，相继落在身后。在那儿播种的作物，已经收割，运到打谷场，碾压脱粒，粮食送进仓库。结束这种劳动，我又朝前走了。这时，黄昏降临，离开办公室，该走上大路了。不回到家里，就没有持久的安宁。我在那儿卖力干活儿，吃苦受累，是为什么呢？难道不是为了回家吗？那个家就是大地。那个家就是快乐。我们来自那种快乐，又将回到那种快乐之中。

家居期一结束，就是把家庭责任交到儿子手中，走上更宽广的大路的时候了。应当在空旷的原野上，尽情地呼吸新鲜空气，把目光投向辽阔天空，投向明媚阳光，全身洋溢喜悦之情。一个方向的旅程结束了。产房里脐带剪断了。此时，应该获得在其他领域自由行动的权力了。

婴儿虽已离开母腹，呱呱坠地，但在完全自由之前，还需在母亲身边待一段时间。这种情状犹如藕断丝连，是为完全分离作准备。林栖期这是这种状态。尽管已离开尘世之腹，人生第三阶段的林栖者在外部仍与尘世保持着联系。他从外部仍为尘世提供他一生积累的成果，同时获得尘世的帮助。这样的施纳不像俗人那样非做不可，而是可做可不做的。

最后，在人生第四个阶段的出家期，如同忠于丈夫的妻子，每日与凡世各种人保持各种关系，做完了各种事情，再为丈夫做事，在内心品味伉俪关系;黄昏时分,她归置一样样物件,脱下干活儿穿的衣服,洗了澡,抹去在劳动场所身上留下的痕迹,身穿相见的干净衣服,为接受唯独与丈夫肌肤相侵的权利,走进幽静的卧室,做完凡世杂事的男人,也抛下繁忙人生的一个个片段,做好与"无限"相会的准备。最后,在完美的极终中,把完整的成功赋予整个人生。如此这般,人生自始至终是真实的。生命突破死亡的努力不会受挫,死亡不会像仇敌似的,攻击生命,一举打败生命。

印度认可童年、青年、中年和老年的正常区分,通过人生四个阶段,把人生一步步地引向唯一的终极,这样,人生就顺利地与浩渺的宇宙之歌相会。

把死亡当作解脱

在人生的第一阶段,要以敬意、以克制、以梵行做好必要准备。在人生第二阶段的家居期,要以善行充实自己的灵魂。在人生第三阶段,在更广阔的领域,所有的桎梏——松解。最后,愉快地把死亡当作解脱的别名来接受。如果这样驾驭人生,就能洞彻它自始至终的全部意义。这就像我们看到的从大海生成的云彩,又化作神秘山洞里流出的河水,经过长途跋涉,在大海重又完美地汇合,并为此无比欣喜一样。

1906 年

印度妇女

人类创造中，妇女的作用极为悠久。人类社会中，妇女的力量是原初的一支力量，是承负生命、培育生命的力量。

为了让地球适合生物的居住，洪荒时代造物主就开始铸造大地，在这个过程中，一个个时代流逝了。这项工程进行了一半，大自然开始创造生物。痛苦随之布满大地。大自然把求索生命的最初的痛苦，注入女人的血液和心中，并把养育生命的一切欲望之网一层层缠裹女人的身心。这种欲望在心灵中获得的地盘，当然比在心田获得的地盘更为广大。这种欲望以爱情，以慈爱，以温和的耐心，在女人中间编织了约束自己和别人的柔网。这是建造人类家庭的最初的工程。这样的家庭是一切社会一切文明的基石。若无创造家庭的这项工程，人就像四处弥漫的无形气体，无从凝结起来，在一个地方建立团圆的中心。束缚社会的第一项任务，是女人完成的。

印度农村妇女

自然的各种创造过程，深邃而神秘。它自发的启动，是毫不犹豫地在瞬间完成的。那原始生命的简单的肇始，在女人本性之中。所以人们说，女人的性格，神秘莫测。女人生活中经常看到的汹涌的情感之潮，超越争辩。它不像按照需要根据规划挖的池塘，而像一泓泉水，流淌的缘由，隐藏在说不清道不明的奥秘之中。

爱情的奥秘，慈爱的奥秘，极其古老，无从剖示。它不让人就它的利益展开争论。它希望在哪儿出现的问题，就在哪儿迅速得到解决。所以淑女一进入内宅，转眼间就变成了家庭主妇。婴儿到了怀里，母亲早为他准备了甜美的乳汁。

在生物王国，很晚才有成熟的智慧。它寻找，它拼搏，终于有了自己的席位。它消除迟疑，花了很长时间。它在与"迟疑"的艰苦对抗中，渐渐壮大，最终获得成功。这种"迟疑"的波涛，时起时伏，其间流逝了一个个世纪，严重的谬误纠集在一起，一次次搅乱人类的历史。

男人的创造，在毁灭中消失，之后必须在新的领域重新建功立业。男人的工作，是考察旧的一切，是推翻旧的一切，是改变旧的模式。只要经验更新，推动他迈步行进，他就能朝气蓬勃。一旦没有修正错误的机会，他生命的载体出现越来越大的裂缝，便会将他拉向灭绝。从元古开始，创造和破坏，贯穿男人的文明创造的全过程。而在这期间，女人中的情女，女人中的母亲，执行自然的使命，稳稳当当地做着分内的事情。她们在汹涌激情的冲击下，常常在自己家庭范围内，引发火灾。那毁灭般的激情，犹如宇宙毁灭的游戏，也像风暴和燎原大火，遽然发生，带有自杀的性质。

男人在自己的天地中，一再充当新来客的角色。迄今为止，他无数次制定自己的法规。天帝没有为他开辟道路，在一个个国家，一个个时代，他只得自己开辟前进的道路。一个时代的正道，在下一个时代变成邪路。历史颠倒了，他随之销声匿迹。

跟随崭新文明的变更，女人生活的主流，在宽阔的河道里流淌。女人没有常新的耐心，用时刻好奇的智慧之手，反复掂量"自然"给予她的精神财富。女人脱不了久远的古拙。

男人走街串巷，在一座座办公大楼里求职。大部分男人为养家糊口被迫从事的行当，不合自己的心意，常常因大材小用而发牢骚。他不得不学习新工作，吃苦受累。四分之三的男人体会不到应有的成功的滋味。可是，作为家庭主妇，作为母亲，女人所做的分内之事，与女人的脾性极为合拍。

男人必须克服各种困难，以男子汉大丈夫的气概，冲出逆境，才能获得较高地位。不过，取得非凡成就的男人，寥寥无几。但是，可以看到许多家庭的女性以心灵的甘露滋润的家庭的田野，稻谷飘香。她们从自然那儿得到的，是无从传授的成熟。她们轻易地获得甜情蜜意的珍宝。哪个不幸女人的脾性中缺少天生的柔情，任何教育，任何人为的方法，都不能帮她建立完美家庭。

长期以来，男人把女人的柔情蜜意和擅长侍奉置于个人的权力之中，严加看管。他们之所以很容易做到这一点，是因为女人生来有接受约束的天性。

女人的智慧，女人的习性，女人的举止，长期以来受窄小范围的制约。她们受到的教育和她们确立的信仰，并未在博大的经验之中获得真理的充分机会。为此，她们无由来地惧怕一切凶神恶煞，逐个对他们献上不必要的虔诚的祭品。放眼全国，可以看到，这样的愚昧，带来了多么可怕的损失。扛着这愚昧的沉重负担，在崎岖的进步之路上前行是非常困难的。在印度，浑浑噩噩、头脑简单的男人，为数不少。他们的性格从小是由女人塑造的，而正是他们对女人的态度最为蛮横。眼看着，四周崛起一个个蒙昧的神魂的中心，其主要基座，就是女人的糊涂观念。心灵的监狱，遍布全国，监狱的墙基日益坚固。

同一时期，绝大部分国家的妇女，跨出了个人家庭的樊篱。我们发现，现代亚洲也出现了这样的迹象。原因是，打破樊笼的时代，已降临世界各国。有些国家曾以地理和民族的壁垒，闭关自守，可那样的壁垒如今再不能使它们与世隔绝了。它们彼此袒露了胸襟。它们各自的经验增多了，视野越过了习常的地平线。外来的冲击，改变了现状。新的需求，必然使习俗和审美标准发生变化。

记得在我们的童年时代，女人外出必须乘轿子。缙绅大户的轿子盖得严严实实。我的大姐，是首批进入贝特恩女子学校读书的女学生中的佼佼者。她坐的轿子不挂布帘，这给当时名门望族奉行的道德标准以不小的打击。在那衣着简单的年代，女人穿紧身上衣被认为是寡廉鲜耻的表现。举止优雅地乘火车旅行，不是一件容易事。

乘坐轿子的年代远去了，不是缓步离去，而是快速离去了。这样的变化，是随着外界的变化发生的。不用召集人举行会议，做出任何促变的决定。女孩的婚龄眼看着也增大了，这是顺理成章的事。天降大雨，河水上涨，河岸的界线自行后退。同样，从各个方面来说，女人的生活之河已经扩大，河岸的界线退得很远了。这条小河变成了宽阔的大江。

外界社会活动的变化不会只停留在外界，它必然在内心世界也起催化作用。适合于封闭家庭的女人的性情，在开放的家庭里，不可能一成不变。站在宽大的生活背景之前，她的灵魂，开始广阔地思考，审时度势。对陈旧习俗的审视，也自行启动了。在这种情况下，她可能犯这样那样的错误，但她在排除障碍的过程中，一定能纠正错误。以前在狭小的生活圈子里，她的内心所习惯的评判方式，如果死死抓住

身穿紧身上衣和纱丽的印度女人

不放，每走一步，必然导致与周围环境的不协调。改变习惯是痛苦的，甚至有危险，但顾虑重重，也不能逼迫时代的大潮回流。

　　印度女人的生活局限于家务的小圈子的时候，怀着女性的天然心态，她们很容易完成她们的分内之事。她们似乎不需要接受什么教育，因此，以前提倡妇女教育，受到强烈反对和挖苦嘲讽。男人们把他们鄙视的陋习、不相信的观点、不身体力行的种种社会行为规范，巧妙地塞给妇女。从根本上说，他们的心思，与鼓吹一神论的统治者的心思，如出一辙。统治者知道，充满无知和迷信的环境，能为推行专制统治创造诸多机会。这样的蒙昧状态中，让女人牺牲人性的权利，也感到心满意足。这是印度许多男人心中隐秘的想法。不过，在与岁月的搏斗中，他们必将一败涂地。

　　在时代的影响下，印度妇女的生活领域逐渐扩大。妇女进入了自由的家庭世界。为了维护自己的权利和自尊心，她们特别需要学习文化知识，开发智力。于是，不知不觉，她们面前的阻挠被粉碎了。对于上流社会的女性来说，目不识丁成了最大的耻辱。这比以前女人只知道撑伞、穿鞋的耻辱，有过之而无不及。与此相比，不擅长剁肉切菜、磨碎佐料，得不到夸赞，实在算不了什么。换句话说，家务市场的价格，就是女人身价的标准，这已不完全适用于当前的婚姻市场。公认的知识的价值，将日常生活的迫切要求远远地抛在了后面。如今，男人找对象，首先要了解女方有没有文化，以确定她的身价。

　　这种新的价值观，引导印度当代妇女的心走出家庭社会，一天天走向世界社会。

　　元古时期，地球被自己喷射的炽热烟雾所笼罩，在浩渺天体的星系中，地球感觉不到自己的地位。后来，阳光找到了进入地球的通道。地球获得的自由，为自己揭开了光荣的时代。同样，"温柔"的湿润浓雾，把印度女人的心环围在近在咫尺的家庭中。如今，自由的天空的阳光，大千世界的阳光，射穿了那浓雾。世代裹缠她们芳心的陈规陋习的罗网，虽说至今未撕成碎片，但已是千疮百孔。像我们这些上了年岁的人,对此看得比较清楚。

世界各国的妇女如今跨出内宅的门槛,站在世界敞亮的庭院里。她们应该承担这广阔世界的责任,不然的话,属于她们的只有羞耻和苦痛。

以我之见,新时代已经来到人世间。长期以来,由男人肩负创造人类文明的重任。男人们建立了与文明相配的政治、经济和社会体制。妇女在他们的身后,默默无闻,从不露面,在深宅大院里只做家务。这样的文明是片面的,造成了心灵财富的严重短绌。而大量的心灵财富,作为吝啬鬼的抵押品,封存在女人心宫的宝库里。今天,那宝库的门开启了。

恰似过去围绕外部文明财富发生的令人惊讶的事件,印度妇女心灵财富的一座富矿,对外展示了丰富的储藏。大门不出、二门不迈的贞女,每日以世界女性的面貌出现了。此时,富于创造力的人心,与新奇的芳心,息息相关。文明中增添了新的活力,直接或间接地起着作用。男人单枪匹马创造的文明中,缺少和谐,常常显现毁灭发生的前兆。可如今有望实现和谐。

社会的强烈地震,一次次震撼印度古老文明的基础。古老文明中累积许多隐患,谁也不能阻止它的崩裂。唯一让人感到欣慰的是,妇女现在充当了摧枯拉朽的角色。她们准备就绪,正参与创造崭新的文明。不光她们戴的面纱脱落了,迫使她们待在大部分世界后面的精神面纱,也已飘飞了。她们眼前,清晰地显现了她们诞生其中的人类社会的各个领域、各个部门。迷信的工厂里制造玩偶的游戏,再也轮不到她们去做了。她们与生俱来的养儿育女的才智,不单用在家人身上,也细心地用于保护所有人的事情上。

自古以来,男人不断地以人祭的血肉垒砌文明的城堡。为了推行一项政策,他们残酷地杀死一部分人。富人榨取劳动者的血汗,凝成他们的财富。权贵以无数弱者的鲜血,点燃权势的烈火。国家利益奔驰的战车上,绑着一群平民。这样的文明,由权力驱动,其中"温情"的地盘小得可怜。这样的文明射杀无数无辜、无助的生灵，以满足猎手的享乐。这样的文明，把人变得狰狞可怕，去对付生物界的动物，或对付人自己。老虎彼此是不畏惧的，但世界上这样的文明使人类彼此怕得觳觫。在这种不正常的情形下，文明生下了自己的一个个掘墓人。今天，它又有阵痛了。与此同时，惊恐的人们致力于制造生产和平的机器，但心中没有创造和平的方法，从机器里出来的和平，是毫无用处的。可以断言，戕害人的文明，是长久不了的。

让我们期盼创造文明的新时代来临！毫无疑问，我们的心愿实现之日，妇女将在创造中充分发挥作用。新时代的呼唤如已传到妇女心中，但愿昔日她们保守的灵魂不再把历代存积的不健康的垃圾怜惜地搂在怀里。但愿她们解放思想，焕发才智，执着地寻求知识。但愿她们记住，不做分析的盲目守旧，是创造力的绊脚石。创新的时代正朝她们走来。她们想获得这个时代的权利，就必须让心灵摆脱幻想，使之在各方面受人尊重。她们应时刻保持积极向上的精神风貌，不让自己被无知的顽石和各种臆想或恐惧推向堕落。收获果实是以后的事，也可能没有累累硕果，可眼下，她们的首要任务是增长才干。

1936 年

印度男人与印度女人

昨天下午著名学者罗玛芭旖女士发表演讲,我特意去听了听。

罗玛芭旖女士肤色白皙,身材消瘦,不戴首饰,衣着素雅。听众中许多马哈拉斯特罗邦的贵妇人,目不转睛地望着这位神采飞扬的演说家。

罗玛芭旖女士说,除了喝酒,印度妇女在各个方面可与男人平分秋色。对此,你有何感想?

印度妇女如果在各方面与男人平起平坐,恐怕就得说,天帝对男人实在是太不公道了。因为,毫无疑问,在某些方面,女人确实比男人出色,例如容貌和丰富的情感。除此之外,如果她们同样也拥有男人的一切才华,那么,我们男人在人类社会还有什么突出建树?自然界各个领域,存在着互补法则,英文中称作"Law of Compensation"。我们男人身体上有优势,而女人的优势表现于姿色。就内心世界而言,我们男人长于智慧,而女人则长于性灵。所以,男人和女人,相得益彰,互相依赖。女人的智力相对而言比男人少些,但谁也不会说,应该停止向女人传授知识。同样,温存、慈爱等情感,男人的略少于女人,但也没有人说,男人培养感情,是不守本分。因此,在阐明必须加强妇女教育的时候,不必施出浑身解数,宣扬女人的智慧与男人不相上下。

我从来不认为,一个人想成为诗人,一定得读一大堆书。到目前为止,女人接受的教育,已经足够了。伯恩斯①并未受过高等教育,许多大诗人,出身于文化知识较少的下层家庭。妇女界至今没有一流诗人脱

---

① 伯恩斯(1759~1796)是苏格兰诗人。

颖而出。你想想看，年复一年，学习音乐的女人，人数大大超过男人，欧洲不少女人，从早到晚，叮叮咚咚弹钢琴，多、雷、咪、发……拼命练习嗓音。可她们中间出了几个莫扎特？出了几个贝多芬？而莫扎特从小就具有音乐家的天分。

印度知识女性

生活中常见的一种现象是：女儿继承父亲的特性，儿子继承母亲的特性。但为什么任何女孩不具有莫扎特那样的天才呢？说到底，天才是一种能力。其中含有大量活力，忍受着体力的消耗。女人有接受能力和想象力，但缺少创造力。大脑中只有智慧是不够的，同时应有活力。女人才思敏捷，但没有男人那种强健的智力。对此我坚信不疑。你也许会说，到目前为止，情况大致如此，可谁能料到今后会怎么样！就此，我想再说几句。

事实上，教育确是才智的催化剂。但光读书不行，还必须参加实践。进入外部的自然环境，参与生存斗争，克服重重困难，智能与智能、智能与事物发生冲突，我们的全部智慧才会激活。那时，需要调动、锤炼我们的全部心力。在不间断的冲击下，爱怜、仁慈等温和的情感，自然而然变得坚强。女人博览群书，也不可能完全像男人一样，参与社会实践。其原因之一,是女人体弱力寡。另一个原因,是处境不同。只要有人类社会,或者说只要人类社会可能存在下去,女人就得担起养儿育女的责任。履行这项责任,女人很长时间不得不把自己关在屋里,几乎不可能再去从事耗费大量体力的工作。

不管你看得惯看不惯,本性总是说:妇女不宜做外面的工作。假如本性没有这种愿望,女人生来就强壮了。如果说是男人的欺负,造成了女人的柔弱,那恐怕是强词夺理,不值一驳。因为,如果女人生来就和男人一样强壮,男人又怎敢对女人动手?

"进入外部世界,与之搏斗的过程中,我们的智商可以得到充分的开发。"这句话如果正确的话,那么,可以肯定地说,女人在智力上永远(除了书面考试)不能与男人并驾齐驱。

欧洲和印度文明的差别何在?去寻找答案,就会发现,印度人没有进入国外的环境,为此,他们的智力是不坚实的。印度人的心力没有得到充分发掘,依然处于半文明状态。欧洲之所以能发挥巨大影响,其主要原因是它在工作中增长了才智。在与自然长久搏斗的战场上,它的全部才智变得坚强了。而我们印度人向来习惯于坐在家里,冥思苦想。

生物学家人认为,在生命王国,大拇指的诞生,奠定了人类文明的基础。有了大拇指,就可以点触、握住、击破、把玩所有的东西,感受它的重量,这是检测物体的最好方法。好奇引导人动手检测,在检测的时候,人的思维能力和智慧,处于亢奋状态。检测过程中,男人最充分地使用大拇指,而女人是不会这么做的。

尽管有人假设,某一天,女人和男人一样能够保护自己,能够挣钱。女人不再受家务牵制,每天大部分时间不再待在家里;女人走出家门,直接面对、接触、熟悉广大而丰富多彩的世界。对此,我在前面已经说过,这一切可能发生,妻子可以离开丈夫,可以回绝父兄的庇护,但绝不可能离弃自己的儿女。当孩子在母腹中,出生后五六年孤苦无助,有权占有母亲温暖怀抱的时候,女人怎么可能平等地与男人竞争呢?所以,为了儿女,女人在家里服侍人,是女人的本分,是自然的法则,不是男人压迫的恶果。女人相对来说身体较弱,人生的某些阶段又是不可变更的,因此女人待在家里的时候,为了生存不得不在许多事情上依靠男人。应当看到,首先,怀孕是女人与男人的最大区别。之后女人缺少体力,缺少坚定的敏慧,心中产生的是炽热情愫。而这样的原由,是与生俱来的,无法摆脱。

养儿育女的印度妇女

所以,我认为,目前不绝于耳的反对女人依靠男人的喧哗,是无益的,不足取的。以前,女人觉得依赖男人是天经地义,在那种情况下,女人的品德之树上不会结出恶果,也就是说,她不会产生自卑感。恰恰相反,对男人的依顺,能使她保持贞洁。

仆人如果认为忠于主人是正道,他心目中人性就不会受到伤害。这种观点也适用于对国家的忠诚。人们应该容忍某些必要的依顺。假如我们渐渐感到依顺就是卑贱,那事实上我们已经是卑贱的了,家庭中必然滋生不幸福的因素。而把依顺当作正道,在约束中我们照样可以获得自由。我跟随某人,如果认为这是当牛做马,那么我事实上就是"牛马"。要是觉得跟随某人是正道,那我就是自由人。哪个丈夫野兽似的虐待贤惠的妻子,他的暴行,非但黯淡不了她的形象,反而使其更加高洁。但一个英国人拳打脚踢扇风的苦力,这位苦力的形象是不会辉煌的。

如今有一些女人嘴里不住地嘟囔:我们在男人庇护下生活,是男人的女婢,我们的处境太悲惨了。在她们的嘟囔声中,夫妻关系变得庸俗了,而夫妻关系照说是不容削弱的。不情愿地接受管束的女人,认为自己是女婢,她们不可能心情愉快地、善始善终地履行自己的职责。夫妻一天到晚拌嘴,鸡毛蒜皮的小事往往成为双方唇枪舌剑的导火线。这种不正常的状态越来越厉害的话,夫妻之间必定产生很大隔阂。这种不和谐,非但不能改善女人的处境,还将使她们走上绝路。

也许有人争辩说,不可能人人相信,接受男人的庇护是女人的贞德,因为这是一种陋习。

对此,我的看法是:自由地接受并遵循本性那种不可缺少的有益的规律,就是正道。幼儿不可能违抗父母,违抗不合他的天性,对他来说,顺从父母,就是正道。所以,承认依赖是正道,对他来说是有益的。种种事实表明,为保持家庭的和睦,女人任何时候都不应抛弃男人的庇护。本性不仅将女人的依顺置于她对正道的认识之中,也以各种方法把它与女人从头到脚捆在一起,令她难以轻易摆脱。不过,世界上有许多女人无须依靠男人,但妇女并不因她们而受到什么损失。许多男人假如也像这些女人不依靠别人,那实在是太好了。然而,她们的要求,不能推翻绝大多数男人尽责的常规。总之,忠于丈夫,实际是女人的德行。如今,那种无效的狂妄和肤浅的、误人子弟的教育,正破坏家庭的和美,造成夫妻双方心中的芥蒂。责任感驱使女人依靠男人,这不是对丈夫低三下四,而是对责任的顺从。

这就是我对男女差别所持的看法。这与妇女教育和妇女自由并不相悖。为了人性的升华,妇女应该增长才智,男人应该豁达胸襟;男人应放弃恣意妄为,女人应作别狭小胸襟。当然,不管接受多高的教育,男人不可能变成女人,女人也不可能变成男人。正因为不能,双方才过得舒坦。

罗玛芭旃女士说，女人有条件的话，可以做男人的事情。闻听此言，男人忍不住脱口说道，男人经过练习也可以做女人的事情。果若如此，男人就得放弃眼下所做的许多事情。同样，如果不让女人变成男人，她仍可以做男人的许多事情。然而，消灭这个"如果"，不是罗玛芭旃女士或其他叛逆女性的本职。所以，大谈特谈此事，未免太狂妄了。

我写在纸上的这篇演讲，比罗玛芭旃女士的演讲长多了。罗玛芭旃女士的演讲本可以更长些，但当地军警的捣乱，使她无法讲得更多。她一开口，军警就起哄骚扰。最后，她只好中断演讲，无奈地坐下。

听说贵妇人发表演讲，宣扬女人的威力，英雄般的男人，再也坐不坐住了。他们起身大肆宣扬男人的威武。他们以吼叫战胜平时不许说话的女人们的微弱声音，神气活现地打道回府了。我在心中暗自祈祷：我们的孟加拉大地近日也涌现了一批"英雄男儿"，但愿他们还没有学得太蛮横，不会粗暴地对待贵妇人。不过，恐怕不能说没有例外，如今到处有低级趣味的人。缺少教养的这些卑下的懦夫拥有的"神圣权利"是：他们坐在泥潭里，可以毫不顾忌地朝沐浴的人掷泥巴。其实他们心里知道，在这样的场合，容忍，是真正的文明的唯一表现。对马哈拉斯特罗邦的听众说这番话，似乎不太合适。我不过是就这件事，谈谈我的看法而已。遗憾的是，这番话适用于某些人，可他们听不懂我的话，而他们的话，不值得文明社会的人聆听，也不值得引用。

1889 年

印度人的煞星

赫蒙达芭拉：你好

　　首先要对你说的是：由于与十万八千里之外某个煞星面面相对，今天起床，你接连打喷嚏；热牛奶竟烧煳了；右眼皮也不住地跳动。于是断定，今天叫佣人去买菜，市场上菜价肯定上涨。因为，煞星注视着菜市场。而在你的村庄，你的小叔子，忘了邀请你姨表姐的大伯的儿子来参加幼儿首次吃米饭的仪式，导致亲戚关系中断，因为"土星[①]"扣压了请柬。等等，等等。这些胡思乱想，你一定要从脑子里彻底清除。

　　你为什么让你的心变得脆弱呢？人世间，有大大小小许多不祥之物。要凭智慧和勇气同它们战斗！有时候失败，有时候胜利，这是人世的必然规律。由于特殊原因，有时心不在焉，豆汤里忘了放盐，做枸酱包忘了加热石灰，就把责任强加到名叫"天意"的东西身上，重重地捶打脑门——比这更软弱的行为，世界上还有吗？这分明是鸡毛蒜皮的小事，却认为是在天神面前犯了罪过，非折磨自己的心灵不可。如果是煞星犯了罪，让天神去教训他好了，凡人何必站在中间代它受过。你要是说，以大无畏精神一举砸碎煞星带来的恶果，那干脆从记忆中把煞星一笔勾销，大无畏精神不就能完好无损吗？满脑子都是连飞机也触及不到的"敌人"的恐怖阴影，在人生旅途中，谁还能获得胜利？身处印度，你四周全是"敌人"——疟疾、愚昧、守旧抱残、浑浑噩噩，彼此嫉妒、谴责、争吵，蠢人的妄自尊大，等等，等等。我们每日得用智慧、思考和道德力量，同它们作战。在这种情形下，为什么还渲染对皇

[①] 有些印度人认为土星是煞星。

历史中盘桓的"敌人"的恐惧？恐惧从各种路径渗透印度的骨髓，蛀蚀心灵——这些恐惧虽手无寸铁，可谁能拯救理性无从抵达的印度呢？

印度街上卜算命运

在印度，人人征求"星宿"的意见，确定结婚的良辰吉日。四周成千上万的事例证明，"良辰吉日"背叛了人的初衷。但愚昧却有增无减。就此进行辩论时有人说，新婚夫妻的命运取决于"吉辰"之果。何止夫妻，兄弟姐妹、公公婆婆、岳父岳母，以及未来的子女的命运，也与此息息相关。果若如此，也不应把邻居、国人和外国人排除在外。一个英国小伙子打猎，误认为一个孟加拉男孩是猴子，一枪把他打死，这时，光卜算死者和杀人者的命运，是不够的。必须追根溯源，整个大英帝国和孟加拉民族的宿命，以及在发明火枪的第一天，星宿们彼此摆出的威胁姿态，才导致了此事的发生。

1931 年

印度教徒的婚姻

最近在孟加拉就印度教徒的婚姻展开了讨论。引发这场讨论的一些人，受到民众的爱戴，被认为是孟加拉文学的顶尖人物。

但是，他们中没有一个人就典籍中可找到的印度教婚俗的历史渊源和以科学为基础的合理性，做深入分析。他们只罗列一些证据，只运用诗歌语言，试图证明印度教婚姻的神圣性和精神特性。在印度教文明的历史上，印度教婚俗逐渐发生了许多变化。可他们并未精确地指出，他们称之为印度教徒的婚姻，是哪个时代的婚姻。如果他们称目前孟加拉上层种姓中流行的婚姻为印度教徒的婚姻，那又何必引经据典证明它的神圣性和精神特质？古代男女关系的形式，目前是否存在，对此，他们未置一词。所以，现在引经据典，常常会使人眼花缭乱。谁要是援引《吠陀》的语句来说明印度教婚姻的神圣性，那他首先应该知道，吠陀时期的男女社会和家庭情况，和我们现在是不一样的。而谁如果从《往世书》摘录史实，光读一部《摩诃婆罗多》，就会发觉，他已沉入茫茫大海之中。《摩诃婆罗多》的许多故事中，有关婚姻的描写是极其混乱的。若不能按照历史规律做细致剖析确定年代的话，最好就别胡言乱语了。

对于推崇《摩奴法典》① 的人，我要说的是，一，当今社会与产生《摩奴法典》的社会完全不同。试图证明两者的"教育制度不一样，而社会是一样的"，只会是白费神思。另外，也很难判断《摩奴法典》中确立的婆罗门的教育方法，哪个年代在孟加拉也曾流行过。在印度，长

---

① 摩奴是印度神话中的始祖。据说《摩奴法典》是他制订的。

社科学术文库

LIBRARY OF
ACADEMIC WORKS OF
SOCIAL SCIENCES

蒋忠新 ⊙ 译

摩奴法论

中国社会科学出版社

摩奴法论中译本

期以来，婆罗门在三天之内，按照梵学装模作样地参与宗教活动，活动一结束，就可获得再生种姓。他们从未在师父家里住过，从不学习《吠陀》，从不修苦行。所以，首先可以看到，以前按照《摩奴法典》的理念培养的人，用现在的理念是培养不了的。二，摩奴规定的男子结婚的年龄，在什么地方实行过？三，关于结婚之后的男女同居，摩奴所做的规定，有几个人知道并遵守了呢？为论述方便起见，有人从《摩奴法典》节选几行诗，用于支持全国流行的婚俗，这不能让人觉得是合乎情理的。如果有人说，我们目前的各种婚俗已丧失印度教教典中描述的纯洁性，因此，我们要以摩奴为榜样，改革婚姻制度，因为古代婚姻是神圣的，是有精神特质的，那我要问的是：关于婚姻，究竟是要全盘接受摩奴所做的规定，还是根据自己的观点扬弃某些内容，让《摩奴法典》服从自己的需求和新式教育？《摩奴法典》所说的男女关系是否全是神圣的，具有精神特质？还是你从中筛选的，是神圣的，具有精神特质？

我们从典籍中选择一些东西，再掺进一些爱国热情，有些盲目地宣称自己拼凑的这种观点源自古代。在这儿，我想举一两个例子。

受人尊敬的昌德拉那特·巴苏前不久发表的《印度教徒的妻子》和《印度教徒结婚的年龄和目的》这两篇文章，受到广泛关注。他在文章中就印度教婚姻的精神特性和印度教夫妻的从一而终表达的看法，在几份报纸上引起了持续不断的反响。关于印度教婚姻和相关的童婚制，他在文章中所说的那番话，此后没有第二个人说过。德高望重的著名作家奥卡亚库马尔·萨尔卡尔谈到昌德拉那特的文章时说："关于印度教婚姻，从未有过如此清晰的论述。"为此，我主要就他那两篇受人欢迎的文章撰写了这篇文章，力所能及地阐明我的观点。

昌德拉那特先生在《印度教徒的妻子》中说：

> 在基督教诞生的很久以前，在印度，印度教就知道妇女是非常优秀的，是值得尊重的。在其他国家，基督教把妇女送到一定高度的位置上，相比之下，印度教把妇女送到更高的位置上。基督教让女人和男人平起平坐。印度教没有让女人和男人平等，而让女人成

为男人的神。在女人受到膜拜的地方，天神是满意的。

我说不清楚古代女人的境况如何，因为我不精通梵文，有关典籍的知识，是很欠缺的。我不敢妄谈昌德拉那特先生的观点是对是错，不过我敢说，昌德拉那特先生并未很好地阐明他的观点。就像他用摘录的几节诗来支持自己的论点，我也可以摘录更多的诗行，反对他的观点。然而，摘录《摩奴法典》中那些指责女人的诗行，我感到羞愧和痛心。想知道这些诗行的人，可以读一读《摩奴法典》第九章的第十四、十五和十六诗段。我在这儿只读一下第十七和第十八诗段。

> 摩奴的想象中，床榻、坐椅、首饰、嫉恨、
> 愤怒、狡猾、欲念、丑恶行径，产生于女人。
> 女人诵念经咒毫无效果，这在宗教中已确认，
> 所以不懂宗教不念经咒的女人是虚无是幻影。

这些诗句没有对女人表达丝毫敬意。昌德拉那特先生在其文章的一个地方把印度教婚姻与孔德①的婚姻观作了比较。我对孔德的婚姻观的了解，远不如对印度教典籍的了解。不过，昌德拉那特先生用一段话阐述了孔德关于妇女的观点。现摘录如下：

> 关于结婚的目的和必要性，印度教典籍作者的观点是何等成熟，许多年之后，只有孔德的弟子们对此略微有所理解。孔德坦言，在宗教虔诚和心性方面，女人比男人高尚许多倍。所以，没有女人的帮助，男人的道德和精神生活，是不可能完美的。

不消说，摩奴不曾像孔德这样坦诚地说过这样的话。在史诗《摩诃婆罗多》中，毗湿摩和坚战②也没有公开支持孔德的这种观点。在《摩诃婆罗多》的《教诫篇》的第三十八章中，关于女人的品行，毗湿摩和坚战的一次交谈，在当今社会是不应完全重复的。所以只念一下挑选

---

① 孔德（1798—1857）法国哲学家、实证主义和社会学创始人。
② 坚战和毗湿摩是《摩诃婆罗多》中的两个人物。

的几段。这几段话是从迦里·辛哈翻译的《摩诃婆罗多》中摘录的。

有些淑女出身于名门望族，容貌娇美，出嫁之后，丧失贞操，世上没有比她们更可恶的罪人了。她们是一切祸害的温床。

她们心中对宗教没有丝毫恐惧。

在一杆竖秤①的一个盘里，是阎王、旋风、死亡、地狱、海底之火、尖刀、毒药、蟒蛇和烈火，把女人放在另一个盘里，就恐怖的角度而言，女人绝不轻于前一个盘里的一切。天帝着手创造许多妖魔以及男人女人，那时候也制造了女人的祸水。

印度淑女

坚战说：

"男人号啕大哭，她们也假装流泪。男人哈哈大笑，她们也假装微笑。女人可以把假的说成真的，真的说成假的。"

等等，等等。

关于女人的品行，有这种偏见的人，绝对不会尊重妇女，尤其不可能与孔德的弟子们持相同看法。

讨论婚姻，首先要探讨一下女人和男人的遭际。昌德拉那特先生引经据典，说："在古代社会中，女人享有特殊尊严。"可我发现，在典籍中也有女人不受尊重的许多事例。因而在这方面，现在还不是斩钉截铁地说话的时候。

接着应分析的是，当时已婚女人的境遇如何。昌德拉那特摘了罗摩

---

① 印度的竖秤有些像天平。两边吊着两个小盘，一个盘里放砝码，另一个盘里放物品。

说的一句话，进行仔细分析，试图说明：

> 善德也好，圣洁也好，奇妙也好，神明也好，自由也好，这些全属于印度教女人。

在印度，大家一致承认，民众的传统观念是：丈夫是妻子的神。可此前从未听说过，妻子是丈夫的神。坚战在投骰子的赌博中输掉了妻子黑公主①。有人说，此前他已输掉自己。对此，我的看法是：一个人并非非得尊重自己不可，但每一个人必须尊重值得尊重的人。黑公主如果确实值得坚战尊重，确实是坚战的神，就不能把她当作赌注在投骰子的赌博中输掉。当黑公主在大庭广众之中不断受到污辱时，毗湿摩、德罗纳、持国兄弟等在场的人中间，有谁挺身而出保护女人的尊严？当黑公主在众目睽睽之下忍受着基杰克的拳打脚踢时，在场的哪个人又曾保护女人的尊严？《摩奴法典》有关处罚的一章中说：

印度神话中的爱神

> 如果妻子、儿子、小弟、弟子或仆人犯罪，就用藤鞭或竹板痛打，赶出家门。

对神绝不允许挥舞藤鞭或竹板。丈夫也是妻子的神，可按照典籍中的讲述，丈夫这位神从未从妻子手中接受这种"祭品"。因此，我在这儿不想引用经典不赞许的拳脚相加的描写了。总之，我个人，也许还有民众都相信，印度教徒的妻子过去任何时

---

① 黑公主是坚战兄弟五人的共同妻子。

代都不是信奉印度教的丈夫的神。显然，在这个地方，把属于别的宗教的孔德的著作与印度教典籍生硬地捏合在一起了。

讨论某种婚姻，应注意的第三点是：夫妻关系能密切到怎样的程度。昌德拉那特先生说："在印度教婚姻中看到的'从一而终'，在其他民族的婚姻中是看不到的。"对此，我也想说几句。一夫一妻的"从一而终"，是婚姻制度的崇高楷模。这种楷模假如在印度闪烁光辉，在印度怎么可能有一夫多妻制呢？阅读《摩诃婆罗多》可以知道，黑天有一万六千个老婆。当时的其他王室中，一夫多妻的例子不胜枚举。甚至可以发现，婆罗门仙人也有几个妻子。按理说，这样的婚姻不能称之为"从一而终"。称之为"从五而终"，"从六而终"，"从一千而终"，也不为过。有人可能会说，不管有多少个妻子，她们全和丈夫融为一体了，这就是印度教婚姻的光荣。妻子越多，婚姻似乎越是光荣。因为，"从一而终"的容量就越发大了。然而，所谓"从一而终"，也许应理解为：夫妻交换爱情，两个人的心和灵魂完全融为一体。这样的"融为一体"，是夫妻关系的神圣楷模，这一点，是无人否认的。在爱情的影响下，心心相印成为主要楷模的地方，一个男人是不可能娶几个女人的。男女的完美融合，如果是印度教婚姻的生命力，只允许同一种族的人通婚，在印度就不可能获得一席之地。婚姻所有的崇高标准，只适用于妻子，从不要丈夫接受。但谁能否认，婚姻是丈夫和妻子两个人的结合。和印度教寡妇一样，丧偶的鳏夫，为什么不愿有无爱欲的心性？关于这一点，奥卡亚昌德拉·萨尔卡尔给了一个奇妙回答。他说：

> 印度教徒不相信平等主义，但相信"比率主义"。当字母"玻"和"坡"不平起平坐时，它们不可能获得同样的席位。"玻"和"坡"分别获得与其身份相配的席位。"玻"和"坡"之间的差异有多大，它们权益的差异也就有多大。印度教徒相信这种"比率"。印度教男女不承认平等，因此印度教男女也不会有同样的境遇。

你如果说这样的话，就很难讲清楚你究竟是要站在什么立场上了。你说，无爱欲的心性是神圣的，所以丈夫死了，根除爱欲，就有专心操持家务的机会，这是极为神圣的机会，断不可轻视这种机会。此时此刻，我要从你所谓的平等、不平等的角度问一句，无爱欲的心性也会像印度教徒那样接受"比率主义"吗？对男人来说，难道无爱欲的心性不神圣吗？尽管男人很难有这样的心性，可在印度教婚姻至高的"从一而终"和精神结合的制约下度日，丧妻的男人也应坚守贞节，这一点为何至今没有达成共识呢？在这件事上，扩散"玻"、"坡"和"比率主义"的迷雾，有什么意思呢？哪位比率主义者能够否认，夫妻的纯洁、专一、坚定的爱情，也是男人高尚的标志和人心升华的原因之一呢？

所以，你要是说，不谈精神和神圣了，印度教徒的婚姻是有利于建立家庭的，那就是另一回事了。这样的话，比率主义的计算方法倒是有用的。奥卡亚先生说：

> 为了生儿育女，结婚是必要的，这种结论只展示了婚姻中最糟糕、最渺小的一部分。印度教婚姻有着极高尚、极宽广、极神圣和纯粹的精神目的。事事处处，印度教徒关注的是精神层面。在婚姻方面，精神情愫闪射着灿烂光芒。

我不赞同"生儿育女的必要性是婚姻中最糟糕、最渺小的一部分"这种观点。古代印度教徒认为最糟糕、最渺小的东西，我不觉得是最糟糕、最渺小的。尊敬的学者克里希纳卡马尔·伐达贾尔吉在《印度的宗教制度》一书中写道：

> 社会处于摩奴等伦理学家所作训诫的核心部位，关注社会福利，才产生所有相关的制度。

如果关注社会福利，就不会有人说生儿育女是婚姻最糟糕、最渺小的目的。比起生个身体健康、肢体健全、心情愉快和品德高尚的孩子，社会难道还有更重要的福祉吗？生孩子是妻子的责任，这是我们中间流行一句话。摩奴说：

妻子们生儿育女，因此是幸运的，是全家的光荣，应受到尊重。妻子们生育孩子，培养孩子，是每日人世之旅的可观的原动力。

摩奴还说：

在女人受到膜拜的地方，天神是满意的。

他接着又说：

女人若不光彩照人，就不能愉悦丈夫，
若不能愉悦丈夫，就不能生儿育女。

读了这些诗句，自然而然就觉得，完成人生之旅，是印度教徒结婚的主要目的。印度教特别关注的是，只有这个目的的专一，对于家人是必不可少的。很多时候，为了确保完成人生之旅，男人不得不娶第二个妻子。因为，当生儿育女是结婚的主要目的时，明媒正娶的妻子不能生育，按照法典，娶第二房妻子，就不是不正当的。甚至在古代，没有生育能力的丈夫，允许妻子与别的男子交媾，生育。无嗣的丈夫去世，与小叔子交媾生孩子，对女人来说，也不是伤风化的。在《摩诃婆罗多》中，有许多这样的例子。

既然生养孩子，完成人生之旅，是印度教婚姻的主要目的，那么，为了履行责任，女人忠于一个丈夫是必要的，可对于男人来说，却不必同样忠于一个妻子。妻子死后，第二次结婚对男人的人生之旅是有利的。但寡妇再醮，大部分重组家庭就缺少安宁。因为，寡妇如

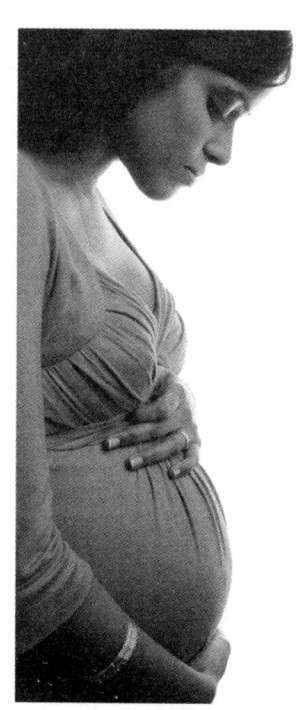

生孩子是印度教婚姻的主要目的

有孩子，孩子要么从一个家庭到另一个家庭去，要么失去母亲。即使没有孩子，寡妇离开丈夫的家庭，进入另一个男人的家庭，由于种种原因，对社会来说，也是不利的、不健康的。关于男人第二次结婚，摩奴说：

　　举行了亡妻的火葬仪式，

　　男人可以再婚，另起炉灶。

这儿可能看到摩奴对家庭特性的重视，他对精神结合并未给予相应的赞许。婚姻的精神特质指什么？超越所有的离愁别绪、处境变化，超越所有的匮乏、痛苦，甚至超越丑恶和污辱，对某个人或某种情感的坚贞所彰显的神圣而灿烂的美，你如称之为精神特质，说这种精神特质是印度教婚姻的主要支柱，生儿育女等社会责任是次要目的，是糟糕、渺小的一部分，那么，摆出任何理由，一夫多妻制和丧妻后再婚，在印度社会就没有立足之地了。原因嘛，前面我已说过，所谓婚姻是指男女双方的结合。

有些人论及印度教男女的神圣结合，顺便谈了英国的离婚制。我无意评判离婚制的得失。但在客观事实面前，我不能说，由于我国不存在离婚制，印度婚姻专一性的必要，已得到证实，这一点是必须承认的。按照经典和法规，不能娶多个女人的地方，不能说离婚制是肮脏的。妻子如不守贞操，男人可以休了她，想娶几个女人就娶几个女人。但丈夫与别的女人通奸，妻子却不能休夫。当丈夫公开爱别的女人，甚至与十二个女人有染，抬起穿着脏鞋的两只脚，搁在神圣的"从一而终"的头上时，妻子除了一个人坐在树林里放声大哭，别无他法。假如调查证明，与其他国家相比，印度大部分已婚男子不寻花觅柳，对印度教婚姻的神圣的怀疑，就会烟消云散。但当男人可以想结婚就结婚，可以乱搞女人，而妻子的休夫之路被严厉的法规堵死时，在这方面进行比较，是毫无意义的。

众所周知，在印度已婚男子中间，存在大量违反夫妻生活道德规范的现象。老人们全知道,以前,嫖娼是富翁生活的一部分。至今还能看到,国内不少赫赫有名的人物公开带着妓女乘车,招摇过市;大张旗鼓地包养妓女,肆无忌惮。社会对他们视而不见。谁违反社会中一些细小规则,会受到处罚,可那种处罚从来落不到他们头上。所以,印度不实行离婚制,但不能因此说,在印度,社会极为关注维护婚姻的神圣性和贞操层面上的从一而终。

总之,我的看法是,不去证明印度教婚姻的真正含义来自历史,但在英语教育的影响下,按照自己的想法,创立一种新模式,却大力宣传它是古老模式,就必然偏离正确道路。我们从英语教育中得到许多 Sentiment(情感)。(与 Sentiment 相对应的孟加拉单词,我一时想不起来)不少爱国人士饶在兴致地在证明它们是本国古老的东西,嘲笑那些反对他们的人接受了外国教育,神经错乱了。除了 Sentiment(情感)、Evolution(进化)、Natural Selectoon(自然选择)、Magnetism(吸引力)等新科学词汇,他们也以锐利的目光,从古代隐士头上的发誓中抠出来了。印度的耍蛇艺人经常从发愣的观众的小鼻孔里弄出一条蛇来,但不能因此就相信鼻孔是蛇的藏身之处。其实,蛇藏在他的褡裢里哩。我们对自己和他人解释说,我们印度人的褡裢里也装着那些情感,我们采取各种手段,吹响各种笛子,从经典中把它们引出来了。我们往印度教婚姻中塞进的情感中,很难说清楚,有多少来自孔德,有多少来自英国诗歌文学,有多少来自基督教中"神圣天国"这个单词及其含义,有多少来自古代印度教,有多少来自现代习俗。

古代印度教徒从不轻视家庭义务,但基督教徒是轻视的。所以,在印度,承认"生孩子是妻子的责任",印度教徒不感到害羞,但基督教徒会感到害羞。印度教徒的妻子忠于丈夫,是为了家庭的安宁。不管是为生儿子嫁人,还是因别的原因结婚,妻子如果不忠于丈夫,将是家庭的无穷灾难的根由,常常就不能达到结婚的目的。因此,为了家庭的正常生活,妻子应该忠于丈夫。但从表面上看,丈夫不必那样忠于妻子,不用对他严加管束。所以典籍曰:"忠于丈夫的妻子,是好女人。"可话到此没有结束。接着说:"妻子应生孩子。不管有多少神圣的贞操,不生孩子,印度教徒的婚姻就是失败的婚姻。"

在印度生孩子是妻子的责任

要是有人说,怀着有条不紊地做好家务事的愿望而结婚,它的名字就是精神婚姻。不光着眼于个人幸福,也为家庭幸福而结婚,这就是婚姻的精神特性,那么,这就是对"精神"这个单词的折磨了。

你如说印度教徒的夫妻关系是千秋万代的,人体的泯灭不是夫妻的永别,因此,它是精神的,这恐怕也值得商榷。因为,按照印度教典籍中所说的因果关系,转世是假想的。男女中间,一世世积累的因果,是有区别的。因此,下一世两人成为夫妻的偶然性可能存在,但不是必然的。在印度典籍中,如同想象有来世一样,也想象有天堂地狱。可男女两人并不一定总是一起上天堂,一起下地狱。如果两人因今世修的功德而上天堂,那么,因功德的多寡而可能去不同的世界。因今世的罪孽下地狱,也是类似的情况。印度典籍中,关于善恶,有假设的极细的判定,因此,在这儿,怎么可能有婚姻的永恒呢?所以,按照印度教典籍的观点,夫妻关系一般只局限于今世。于是,称夫妻关系为今生或家庭的关系,有什么可反对的呢?老百姓通常坚信夫妻关系局限于今世。处女许愿时说:"但愿我得到一个像罗摩或大神一样的丈夫。"假如处女相信,前世的丈夫,今世会和她团圆,她就不会那样祈祷了。记不清楚蚁蛭写的《罗摩衍那》中有什么,但从老百姓中间流行的歌曲和故事中可以听到,悉多对罗摩说:"但愿我下辈子能找到像你这样的丈夫。"可为何不说我一定要找到你呢?

罗摩和悉多

许多人说,外国婚姻是签约式的,可印度的婚姻是宗教式的,所以它是精神婚姻。他们这种说法是没有根据的。

婚姻的目的,如果是为维护由公公婆婆、岳父岳母、邻居、婆罗门客人等人群组成的社会,或为获得个人短时的愉悦,那么,从哪个意义上可称之为精神婚姻呢?超越生死、凡世,永远存在的目的,才可称为精神目的。但印度教徒认为,婚姻不是永恒的,它不是灵魂永久的庇护所。印度教徒中年出家到森林里居住,这倒可以称为精神栖居。因为,那样修行是为获得灵魂的解脱,而不是为获得家庭利益。

总之,我们的婚姻是社会的婚姻,因而随着社会的变化而变化。甚至摩奴制定的法则也未能全保留下来。所以,我们就有权按照社会的神益和需要探讨印度教婚姻了。如果发现，印度教婚姻制度在当今社会中扩大疾病、悲恸和贫穷，就可以说，摩奴着眼于社会福利，制定了婚姻准则。因此，关注社会福利，改变婚姻准则，也并非不正当。这样做不是对摩奴的侮辱，恰恰相反，是对他的尊重。但首先要说明的是，我阐述这种观点，绝不是为取得王家法规的协助，进行社会改革。

最近，就印度人的结婚年龄掀起了一场大讨论。如果认为，生孩子是结婚的主要目的，生健康的孩子是社会福祉最重要的基础，那么为了生健康的孩子，就得借助科学，确定男女结婚的合适年龄。但是，近来我国知识分子固执地不愿听有关科学论述。他们充耳不闻人体学专家的观点，只论述自己的观点。他们说，"实行童婚制，生的孩子必然瘦弱"，这种话是不堪入耳的。按照他们的观点，不光印度人瘦弱，动物也瘦弱，可动物并未执行摩奴有关童婚制的规定。所以，不能怪童婚制，要怪就怪印度的气候。关于这件事，我想说几句。首先，任何演说家和作家至今未能证明印度的动物是否真的比其他国家同类动物虚弱。我们的孟加拉虎举世闻名。孟加拉的象也不小啊，不把它与其他国家的象作细致比较，就说不利于它的话，是不公道的。

大家都尊重卡尔奔达尔博士，没人不承认他是人体学的大学者。因此，他的话大家是应该听的。他说，在十三岁至十六岁之间，女性开始显现青春特征。许多人说，热带国家的女性青春期，比寒带国家的女性来得早。但卡尔奔达尔博士不同意这种看法。他说，青春特征的显现，取决于体温，而不是外界的温度。外界温度使体温升高，是极有限的。所以，外界温度对性成熟的影响微乎其微。我们尊敬的主席先生同他的观点完全一致。在印度可以看到，到了十一二岁，许多女孩身上就开始出现青春表征，应该说它是童婚制造成的不正常结果。少女与丈夫同居，和已婚妇女或粗俗女佣以及爱开玩笑的老太婆接触，就会过早进入青春期，这是可以想见的。可并非一出现青春征兆，男女就适合生孩子。卡尔奔达尔博士说：

  青春初萌，一出现男女的生殖器官全面发育的征兆，有人就觉得那些器官就已适合使用了,实际情况不是这样的,它不过是前期准备而已。男女全身得到充分发育,那时才可以认为,为了民族的繁衍,他们有权运用生殖能力了。

我们的主席先生说,就像牙齿刚长出来,不应让小男孩吃硬东西一样,刚进入青春期,男女就生孩子是不合适的。众所周知,在这方面,印度吠陀时代的《苏斯鲁达医药典籍》和西方医药著作的观点是完全一致的。

虽然与某些人的看法不一致,但应该承认的是,一跨进青春的门槛就生孩子,对男女双方和孩子的身体是不利的。因而接受科学观点,童婚制就站不住脚了。

知识分子中间,支持童婚制的有两种人。一种人根据《摩奴法典》认为,男人在二十四岁至三十岁之间,女人在八岁到十二岁之间,可以结婚。另一种人看不到男女双方在年幼时期结婚有什么过错。在一本名为《家庭琐谈》的非常优秀的著作中,受人尊敬的作者在《童婚》这一章中先赞扬摩奴制定的规则,接着写道:

> 父母从小就让两个孩子朝夕相处,他们在一起过日子,渐渐像两条新生的柔藤,全身缠绕,成为一体。在他们中间可能产生的永久情爱,在成人的婚姻中怎么可能产生呢?

读这段话,虽不明白作者是否赞成男人年纪大一些才结婚,但昌德拉那特·巴苏先生说,当妻子与丈夫完全结合时,丈夫应该有成熟的年龄,因为:

> 要做成有难度而重要的媾合之事的人,应掌握相关知识,年龄应该成熟。而做两心触摸之事的人,应该年幼。所以,按照印度教典纂编者的观点,男人结婚年纪应该大一些,而女人结婚年纪应该小一些。

男的二十四岁结婚,女的八岁结婚,可以完成刻骨铭心的有难度的重要的媾合之事。但是,那种媾合很快解体也不会太难。夫妻年龄差别如此之大，印度的寡妇人数无疑会迅速增加。昌德拉那特·巴苏先生毫不怀疑守寡的神圣，但出于对男女双方福寿绵长的祝愿，他应当承认，已婚女子的守寡是不值得祈求的。尊敬的奥卡亚先生考虑到这一点，在《印度教婚姻》这篇文章中，称少年与未脱稚气的少女结婚是荒谬的，断定童婚制是寡妇增多的根本原因。他说：

"来吧，我们大家一起以行动抗议童婚制，只在这样，才能制止少女守寡，从此看不到未结婚就成为寡妇的悲惨现象。"

如果认定男子应到了二十四岁和二十四岁以上的年龄才结婚，那么不管谁来解释典籍，女方的婚龄也应相应提高。

在这儿更深入分析一下昌德拉那特先生的那番话吧。他提出女孩应很小就结婚的原因之后说：

"有了崇高目的，与别人才有真正的婚姻，就像悉多与罗摩的婚姻。"

这句话的意思是，印度教婚姻有崇高目的，夫妻必须融为一体，否则目的就难以达到。为了融为一体，妻子的年纪应该很小。所谓崇高目的，对妻子而言，就是和公公婆婆、小姑子、小叔子一起操持家务，为客人做饭端菜，侍候丈夫，为家中的一切宗教活动尽心尽力。崇高目的对丈夫而言，就是支使妻子做家务。经常可以听到，在家庭日常事务中，每个国家的丈夫都有支使妻子干这干那的崇高使命。不过，差别在于，各国的家务活儿是不一样的。不同国家有不同的家务活儿，这是不足为怪的，可我们看不到不同的目的。我不知道穆斯林家庭中有哪些日常家务，不过我知道，穆斯林妻子是一切家务的台柱子。

昌德拉那特先生也许会问，她们要是不这么做呢？我的回答是："印度教徒的妻子如果不做家务活儿会怎么样呢？她要是脾气暴躁，或者是个懒婆娘，跟婆婆吵架，乱摇着手严厉地拒绝说：'家里那件事儿，我干不了！'接下来会怎样呢？那么，不是强迫她去做这件事儿，就是全家默默地忍受媳妇的反叛。"

"结婚是为了依靠夫妻双方的力量,以不断增强的力量实现崇高志向,为此应娶年幼的女孩",对这种观点,我不敢苟同。并不是上了学的人,都能实现崇高目标。实现崇高目标,很大程度上依赖天赋和才华。同样,年幼的妻子长大以后,能否协助丈夫实现崇高志向,是无从预测的。顺利而熟练地做成一些每天习惯做的事情是一码事,凭教育优化了的本性和思维方式,在实现世界进步方面协助丈夫,是另一码事。为此,应该有所选择,两颗心应为同一个崇高志向所吸引。

男人需要称心如意的妻子。妻子的容貌和才干若不能让丈夫喜欢,妻子只习惯于认真做家务,丈夫的愿望是不能全部实现的。丈夫不会只关注妻子有条不紊地做家务活儿。他有对美的渴望,有对艺术的爱好,某些人甚至特别在意不同凡响的思想和道德品质。男人按照自己的兴趣,很自然地到妻子那儿寻找美学、音乐等艺术。看到妻子这方面的欠缺,丈夫心里是不满意的。在这种情况下,有些男人感到大失所望,便去寻花觅柳。有些男人得不到夫妻生活的乐趣,心中不愉快,就不能和颜悦色地对待妻子。在许多地方可以看到,妻子按照老习惯,在家中一个角落里一心一意神色漠然地做家务活儿,丈夫对她视而不见,脸上没有一丝爱意和关切之情。

有人会说,这种事情发生在当代知识界,以前可没有这么多。这话不无道理。

现代知识分子中间许多人迎娶新娘时,想到妻子只擅长做家务活儿,把他当作神,心里是不满意的。他们想知道妻子的天赋和文化水平。有些人考虑未来孩子的健康,还想了解妻子是否有慢性病,是不是残疾人。我没有说,所有男人都这样深入调查后再成亲。许多人迷恋财产和姿色,匆促成婚。目前,印度教徒结婚,也发生这种情况。奥卡亚先生在他的讲话中,谈到卡亚斯特种姓人结婚,为彩礼激烈争吵,但不在乎门当户对,这是无人不晓的。因父亲腰缠万贯而头脑发热的新媳妇,露出目中无人的狂妄神情,常常是贫困婆家不安宁的缘由。而因能力低下而十分贫穷的父亲,为女儿筹措聘礼,稍有差池,就会使不幸的儿女蒙受莫大羞辱。由此可见，只把注意力集中于财产和容貌，选择女方，男方将吞下可以想见的苦果。但对先看女方品行再娶妻的男人来说，童婚制是完全不足取的。女孩的性格还没有形成，往往无从知晓她的品质。女孩一天天长大，很难预测她今后是否通情达理，说话得体，爱做善事。很多年幼的妻子长大之后，怨天尤人，性格越来越古怪，经常跟人吵架，闹得家里鸡犬不宁。

现在，许多男孩子尽可能自己选择妻子。在许多地方，新郎新娘交换的吉祥目光，已不是首次观察对方的目光。我们看到，自由择偶的风气一点一点开始形成了。

自由择偶

在印度教知识分子中间，可以说已看不到男子娶幼女的现象了。我不相信，婚龄悄悄增大，是接受英语教育的结果。经济拮据，是其主要原因。我的感觉是，中产阶层的家庭中，童婚制远不如豪门大户中那么多。手头很紧的时候，操办儿女的婚事，是件很头痛的事情。条件成熟了再办婚事，往往要等很长时间。除了家庭日常开销，要一点一点积蓄，准备今后支付婚事的费用。对于中产阶层的人来说，这要花很长一段时间。

另外,在英语教育的影响下,现在许多未婚男青年出于各种考虑,不想匆忙结婚。他们中少数人满怀青春激情,发出豪言壮语:"我不结婚,我要把一生献给祖国的神圣事业。"之后,随着年龄增长,对神圣事业心灰意冷,就把注意力转移到自己的婚事上了。不少人在学习的压力下,在校期间不想结婚。许多人已想到,年纪不大结婚,家庭成员迅速增加,今生今世,就很难摆脱贫穷。他们知道,年纪不大就扛着妻儿的包袱,精力、勇气将渐渐丧失殆尽,就得默默地忍受各种屈辱,不敢进行应有的反抗。当在外国主子跟前,像下人似的忍受不公正的斥责时,想到家中饥饿、孱弱的儿子枯黄的脸蛋,只得一声不响低着头强忍着了。

我们在报纸上挥舞笔杆儿,讨伐白人。但在家里听到挨饿的妻儿的哭声,就再也坐不住了,只好跑到白人家门口,双手合十,含着眼泪,请求白人给一份差事。孟加拉人头顶着沉重的家庭负担,为人处世,不得不加倍小心;遇事思前想后,不敢越雷池一步。毫无疑问,这种惶悚焦虑的心理状态,对民族进步是不利的。想到这一点,许多不愿忍辱含垢、为人正直的爱国青年在经济上不富裕时都不结婚。显然,越感受到贫困的压力,人们就越犹豫,不愿让婚姻束缚住手脚。当看到四周婚姻像绞索似的套在已婚者的脖子时,面前摆着摩奴或其他隐士制定的法规,未婚青年谁也不愿把脖子伸进那绳套了。如果履行与妻子终生相守的神圣义务,就得走近死神,许多理智的人就不会去实现那个崇高目标了,这是毋庸置疑的。遵从父命过早成婚吃够苦头的人,不会再把磐石般的小媳妇压在不懂事的年幼儿子肩上,而感到了却了一桩心事。如今从许多父亲口中能听到"儿子挣钱了,再结婚"这句话了。我甚至在印度教徒家中一位恪守古训的老妇人口中听到这句话,不禁大为惊讶。其实,这是不足为奇的。生孩子的人,会让孩子吃饱的——当下的社会现状已难以让人相信这句话了。

随着英语教育的普及,导致缺吃少穿的复杂原因越多,男人就越不想早婚，有头脑的人都承认这是客观事实。以前许多男青年疯了似的要结婚，现在则害怕结婚了。这样的情绪渐渐在无数人中间扩散。毫无疑问，男人会等到有了挣钱能力，年岁较大才成亲，女人的婚龄也必然增大。成熟男子和小女孩结婚，是非常不和谐的。看到新郎新娘年纪相差很大，女方的女眷是十分沮丧的。也许她们担心夫妻彼此无从袒露胸怀，更担心新娘可能早早成为寡妇。所以，按照正常规律，与适合结婚的男子走进婚姻殿堂的适合结婚的女子的年龄，也必将增大。

总之，不管谁发表怎样的演说，基于我们接受的教育和国家现状，未婚男女的年龄肯定将增大，这样的趋势，无人能够阻挡。在某一段日子，受到古老法则和新事物的阻拦，社会中出现许多不安宁和混乱，在社会的动荡中，新生活和新规将会渐渐诞生。

不消说，我所说的社会中婚俗的变化，主要是指知识界中的变化。在知识界，可以马上废除童婚制。但童婚制的彻底消除，必然遵循其自身规律。有些人想立法，强行废除这种婚俗。他们只分析一两个成功例子，就想从社会剥离这种婚俗，没有关注与童婚制相关的其他习俗。强行从其他公认的社会规则剥离童婚制，社会中势必出现更多的私营舞弊和动荡不安。在新环境的潜移默化的影响下，社会所有的法规将呈现新面貌，使自己适应新环境。所以，反对童婚制的人，大可不必操之过急。

有些人脱离了传统大家庭，在新的环境和教育体系之中，从习俗和教喻的角度，已经摈弃童婚制。他们有的属于梵社的婆罗门，有的漂洋过海，到了外国，彻底放弃了本人的种姓。但愿明智的印度教徒们不把他们当作鼓吹离经叛道的大罪人。他们未做坏事。他们顺应当下的教育和环境，在自己责任心的鼓动下，做着合乎情理的事情。我在前面就已说过，童婚制固然适合某种环境，但在社会的变革中，童婚制是一种阻力。

有些人认为童婚制丑恶，由于境况较好，得以摆脱童婚制。对这些人不要责怪。但并不因此就可强行废除童婚制。因为，没有良好的教育，废除童婚制，社会基础就可能动摇。在教育普及的地方，童婚制正在自行消亡。在教育尚未普及的地方，童婚制仍然存在。总之，没有普及教育带来的变化，光靠法律的力量和演讲的鼓动，不可能在各地消除童婚制。

1887 年

圣雄甘地的神圣事业

世世代代，偶尔有伟人降临人世。我们不可能随时见到他们。见到他们是我们的幸运。时下，灾难无穷无尽。我们每天忍受着几多苦难，几多贫困，几多悲恸，几多烦恼，几多疾病的折磨。我们的痛苦累积如山。可是，今天，一种欢乐超越了所有的悲苦。一位无与伦比的伟人在印度诞生，出现在我们生活、行走的大地上。

在伟人来临的时候，我们不能深切地认识他们。因为，我们的心灵胆怯、不明澈，我们性格软弱，我们懒散成了习惯。我们心中缺少充分理解伟大的质朴力量。于是，一次又一次，我们将最伟大的人推拒于千里之外。

认识知识渊博、品德高尚的求索者，不是件容易的事。因为，我们的知识、智慧和习性，与他们不合拍。不过，理解爱，不是难事。我们大体能以爱去认识以爱作自我介绍的伟人。所以，印度出现了一个奇迹，我们已经感受到了这一点。通常这种情形是不会发生的。来到我们中间的这位伟人，非常高尚，非常伟大。可我们接受了他，熟悉了他。大家都认识到，他是属于我们的。他的爱中间，没有贵贱之分，没有智者和愚者的区别，也没有穷富的差别。他把他的爱平分给每一个人。他说："让所有的人幸福，让所有的人安逸。"他不是说说而已，而是以他的痛苦实现着他的希冀。他为此经受了无数折磨和凌辱。他的一生是受苦受难的一生。他不仅在印度忍受了苦难和和污辱，在南非，一次次的谋害，曾把他推到死亡的边缘。他甘愿受苦，不是为自己的物质享受，不是为牟私利，而是为大众的利益。他受到那么大的打击，可从不抱怨，从不大发雷霆。他坚强地承受着明枪暗箭。他的敌人目睹他的高洁和坚忍不拔，不胜惊异。他实现他的理想，不是受了某种压力。他以奉献，以痛苦，以执着的追求，夺取了胜利。他出现在人们的面前，伤筋累骨，承负着印度沉重的苦难。

我不知道你们是否都见过他。有些人也许荣幸地与他见过面。不过大家都知道他，整个印度都知道他。每个人知道，整个印度是多么崇敬他，尊称他是"圣雄"。奇怪，大家是怎样熟悉他的呢？另外有一些人也被称为"圣雄"，可影响不大。但称这位伟人是"圣雄"，意义深广。只有灵魂崇高的人，才是"圣雄"。灵魂卑微的人，追名逐利的人，终日考虑金钱和家庭的人，精神趣味低下。而"圣雄"，把民众的苦乐当作自己的苦乐，把民众的安逸当作自己的安逸。因为，他把民众放在心上，民众的心里他拥有一席之地。印度的典籍中，称天帝为"圣雄"，天国的挚爱和爱情的财富，在人世间却是罕见的。谁表露了那种爱，我们大致可以感受到，他倾心爱所有的人。但不可能完全体会，深刻认识会遇到一些障碍。我们的心灵扭曲了，承认真实，往往感到胆怯，犹豫不决。不费力气可以接受的东西，我们接受了，认识困难的，放在旁边搁置起来。我们不能接受他的至上真理。恰恰是在这一点上，我们以前曾打击他。所以他来了又走了。

读了基督教《圣经》，我们知道墨守成规的犹太人，把耶稣当作敌人，给予痛打。但伤害的难道仅仅是肉体吗？同样，甘地前来以生命开辟福祉之路，堵塞那条道路，难道不是伤害？那是最酷虐的伤害！今天，他忍受着多么难忍的剧痛，进行绝食，以死明志。我们若不承认这是神圣的斗争，难道不是对他的打击？我们难道不为渺小心灵的惶惑、畏葸而感到羞耻？我们在内心深处难道感受不到他的痛楚？我们难道不能接受他的馈赠？我们为何如此踟蹰，为何如此胆怯？在他身上从无这种胆怯的痕迹。他显示无穷的勇气，视死如归！戒备森严的监狱和它的一根根铁链，遏止不了他的浩然正气。

这样一个伟人，今天来到了我们中间。我们要是吓得后退，将无地自容！他进行决死的斗争，是为了不分贵贱团结所有的人。让他的勇气,他的毅力,融入我们的智慧和工作吧!让我们大声说:"你别走!我们接受你的神圣事业!"做不到这一点,任这样崇高的生命殒灭,比这更惨重的损失,难道还会有吗?

圣雄甘地

我们常常说,外国人与我们为敌。比起他们来,更厉害的敌人在我们的骨髓中,那就是我们的懦弱。天帝通过圣雄甘地的生命,为我们送来了战胜那懦弱的力量。圣雄来临,要以他的无畏消除我们的恐惧。我们难道要逼他收回他的馈赠踏上归途吗?这位围着腰布的求索者,走街串巷,叩击一家家门扉,提醒我们,我们的危险潜藏在哪儿。凡人之神,不愿进入人欺侮人的所在。千百年来,我们让凌辱人的毒液,在印度的血管中流动。我们把不堪承负的卑贱的负荷,压在无数低垂的头上。它们的重量,压得整个印度疲惫不堪,极度虚弱。头顶这样的罪恶,我们挺不起腰杆。我们在前进的路上,挖了一个个泥坑,我们的大部分鸿运,正落入那些泥坑。兄弟们互相往脸上抹黑,圣雄忍受不了这样的罪恶!

你们以整个心灵倾听他的呼唤,感受他的决心有多么巨大的力量吧!这位求索者今天已开始绝食,连续几天不吃食物。你们难道不肯给他食物?听从他的召唤,就是他需要的食物,就能拯救他的生命。

我们像对待奴隶和牲畜那样,对待自己的兄弟。欺压兄弟的行为,在整个世界面前,贬低了我们自己。假如给他们应有的尊严,我们今天不至于落到如此悲惨的境地。印度人尊重、畏惧世界上别的民族，因为那些民族的人民团结一致。我们不断得到证明：没有人因打击、羞辱我们的印度教社会，心中惶恐不安。

让我们把圣雄甘地想给所有人的尊严，分给每一个印度人。让不能做此事的人，躲到一边去！让阻挠兄弟们互相承认的腐朽社会，销声匿迹！在我们认识了真理却不愿接受真理之时，最大的怯弱暴露无遗。这样的怯弱不容宽恕！

今天，我来向你们转告他最后对我说的一番话。他在远方，但离我们不远，他在我们的心中。如果他为我们献出生命，我们将体味无尽的悔恨。

让我们低下头仔细想一想吧。他期望我们进行的求索，极其艰难，可他已做了比这更难的事情，他进行的斗争比这更艰苦。让我们勇敢地接受他交给的任务吧。我们所畏惧的，其实微不足道，那是幻觉，是空无。那不是真实，我们不予理会。你们大家齐声说："我们不理会那样的虚幻！"说吧，由衷地说："恐惧，不值一提。"他战胜了对死亡的恐惧。他已收缴全部恐惧。从今往后，我们不再恐惧，不再感到对人的恐惧，对王室的恐惧，对社会的恐惧。我们不再畏缩不前。我们踏上他开辟的道路，跟随他前进，不让他再遭受失败。

全世界在注视着印度。没有同情心的人在冷嘲热讽。如此重大的事件，在我们中间没有一个好结果，那才是可笑的。如果他的伟力之火，在我们大家的心中熊熊燃烧，世界将为之惊叹。如果我们齐声呐喊："你的苦斗将获得成功，胜利属于苦斗者！"胜利的欢呼声将从大海的此岸，传到大海的彼岸。各国民众将会说："真理的声音不可战胜，光荣啊，印度！"

此时此刻，这位苦斗者，坐在死神面前，让天帝端坐在他的心座上，心田上燃烧爱的纯火，胜利是属于他的！你们发出胜利的欢呼吧，你们的声音将传到他耳边。对他说吧："我们拥戴你，我们接受你的真理！"

我还能说什么呢，我的语言没有威力。他的话语，不是用耳朵，而是要用心去听的。那是至高无上的话语，一定传到了你们的心中。

　　陌生人变成亲人，这对我们来说是莫大的荣幸。而亲人变成陌生人，则是最大的危险。今天，你们自觉地把以前摒弃的人召唤回来吧！让罪过终止，让凶兆远去！让我们给人以尊严，并获得人性的光荣的权利。

1932 年

探望狱中的甘地

在悲凉、忧伤的气氛中,我们怀着希望登车前往普那。路途漫漫,我们越来越担心能否见到活着的甘地。火车在一个大站停靠,两位旅伴买到一份报纸,我忧心忡忡地展开阅读。上面没有令人宽慰的消息;医生称圣雄甘地病情危重,他体内的脂肪已经耗尽,肌肉开始萎缩,随时可能因脑出血猝死。消息说,近来他每天与本党和对立派就复杂的问题进行磋商,最后说服双方原则上同意给予印度教社会的某些落后团体一定的权力。他战胜病痛和虚弱,做成了一桩异常艰难的事情。现在,一切取决于英国批准该方案的决定了。当然,不存在不批准的站得住脚的理由。英国首相有言在先,他不能不接受印度教徒与落后社团一起草拟的方案。

9月26日清晨,我们怀着希望和忧虑交织的心情抵达卡兰车站,见到从加尔各答乘车先期到达的芭桑蒂女士和乌尔米女士。我们互致问候,随即上了女房东派来的汽车赶往普那。

普那的山路平整。进城时,那儿正在举行军事演习,路上见到许多军车、机枪和参加演习的士兵。少时,汽车停在了毗达尔巴伊·坦盖尔斯先生的府第前,他的遗孀满脸娴静的微笑前来欢迎我们。坦盖尔斯先生创办的学校的女学生列队站在台阶两旁,唱起迎宾歌曲。

步入楼内,立刻感受到一种焦虑、沉闷的氛围。每个人脸上罩着忧愁的阴影。询问得知,圣雄生命垂危,而从英国尚无消息传来。我当即给英国首相发了一份急电。

其实,这是多此一举。不一会儿,欢快的叫嚷声冲进耳朵,从英国传来了认可的消息。又过了几小时,传言得到证实。

泰戈尔笔下的印度

这一天是圣雄静躺示威的日子。下午一点以后说话，他希望我在他身边。我们的汽车开到贾尔贝达监狱外面被挡住了。英国卫兵声称，他没有接到允许车辆入内的命令。奇怪，我听说在印度现今进监狱的路是畅通无阻的嘛。看热闹的一群人围住了我们的汽车。

我们的人下车刚要进去同典狱长交涉，德卜达斯手执典狱长签发的探监证气喘吁吁地跑出来了。后来听说，是圣雄派他来的。圣雄忽然猜想警察在什么地方扣留了我们的汽车，尽管他没有得到任何消息。

吭，吭，吭，铁门一扇扇推开，又一扇扇关上。眼前出现凶横的高墙，囚禁的天空，笔直的石子路，三四棵树。

我在暮年才有了两种新鲜的体验：一，我最近跨过大学的门槛。二，尽管受到阻挠，今日终于进了监狱。

左边是又高又陡的台阶，我们拾级而上，进了大门，来到一个高墙森立的院子。几十米开外是两排囚房。圣雄卧躺在院子里一棵矮小的芒果树的浓荫下。

泰戈尔和甘地

圣雄急切地伸出双手把我拉到胸前，久久不放，动情地说，见到我他无比欣慰。

是我卷起了喜讯的浪潮，为此我在他面前赞扬我的运道。后来听说，下午一点半左右，英国政府的决定传遍印度，政治家们在西姆拉开会讨论文件。报刊的编辑们早已得到这则消息。圣雄的生命之流一刻比一刻细微，他已濒临死亡，但迟迟不见使他转危为安的快捷行动。传送系着红绸带的正式文本的手续的繁琐和冷酷，使我不住地摇头叹息。我们一直等到下午四点一刻，心情越来越焦躁。据说确切消息上午十点就传到了普那。

周围簇拥着朋友。我熟识的有穆哈特瓦、巴勒维、拉贾·古帕尔查里、拉真特罗·巴拉萨特，还有卡希都丽芭伊女士和索罗吉妮女士。尼赫鲁的夫人卡玛拉也在场。

圣雄甘地原来瘦小的身体瘦弱到了极点，他说话几乎听不清楚。他肚里酸液滞积，隔一会儿就得喂他几口苏打水。医生的负责态度超过了平常的标准。

圣雄依然神志清醒，思路敏捷，表现出非同寻常的毅力。绝食前的日日夜夜，他思考面临的棘手问题，忙于错综复杂的谈判。从海滨城市寄来的政治家的信件，沉重地打击了他的心灵。众所周知，绝食期间，各个政党的强硬立场，对他的危境未表示一丝怜悯。但他从未露出精神崩溃的神情。他那天然清澈的思维之河从未混浊。在他苦修的肉体上看到不可战胜的鲜活的灵魂，不能不感到惊奇。不来到他的身边，就无从知晓这个瘦弱的男子竟有如此旺盛的生命力。

躺在死亡祭坛下的这位伟人的心声，今日传到印度亿万人民的心中。距离的障碍，牢房的障碍，变幻莫测的政治形势的障碍，都挡不住他。数世纪思想僵化的壁垒在他面前分崩离析。

穆哈特瓦轻声告诉我，圣雄一直殷切地期待我来探望。我在监狱出现有助于国家问题的解决，这在我是前所未有的经历。我感到高兴的是，他终于心满意遂了。

考虑到墙壁似的围着他对他的健康不利,我们自觉地后退几步席地而坐。

斜阳冷漠地落在院墙上。身着白色土布衣服的男女囚徒,三三两两地平静地交谈着。这些人值得一提。他们的言谈举止,你看不到煽动培植的粗野。品行赢得了信任。监狱当局对他们另眼相看,允许他们互相自由自在地接触。他们从不违背圣雄的承诺,寻衅闹事。他们具有显而易见的坚定的自尊心和自制力。不言而喻,他们是争取印度独立的名副其实的斗士。

终于,典狱长拿着政府盖过章的信件来到院子里,我发现他脸上泛着淡淡的喜悦。圣雄肃穆而缓慢地看完典狱长交给他的一封信,把朋友们叫到跟前,吩咐他们仔细研究一下。

朋友们把信递给我。体现上层政府意志的这封信,措词严谨,但给我的印象是,它并不悖违圣雄的意愿。里达耶那特·昆吉鲁简明扼要地重复了信中的内容,完全消除了圣雄心中的疑虑。绝食斗争于是宣告结束。

圣雄的木板床移到墙影里,四周铺了牢房里用的线毯,大家围坐一圈。穆哈特瓦说圣雄爱听《吉檀迦利》的一首歌曲《生命憔悴时跃入友爱的甘泉》,曲调我记不全了,只得即兴发挥唱了一遍。萨姆夏斯特里吟诵了一段《吠陀》经,圣雄才接过卡希都丽芭伊①端着的一杯柠檬汁,慢慢啜饮。沙巴尔玛迪道院的师生和其他在场的人齐声高唱毗湿奴赞歌之后,分发水果、甜食。

戒备森严的监狱里举行这种庄严的庆祝活动,在印度是史无前例的。它是监狱里献身的祭祀获得空前成功的生动体现,从另一个角度说,狱中不期而遇的激动人心的场面,可谓神圣的典礼。

翌日下午,空阔的希巴杰曼迪尔广场举行群众大会。我费劲地挤上

---

① 甘地夫人。

主席台，心想，我和阿维玛尼①一样，只有进路没有退路。玛拉巴吉首先致词，以纯正的印地语条理分明地阐述对不可接触者的世俗偏见完全不符合印度教教义。他多次朗诵梵文诗句，论证自己的观点。我说话声音微弱，没有让如海似潮的人群听清演讲的那份能耐，只简单说了几句，书面讲话由戈宾特代念。在黯淡的夕照下，事先不看讲稿，他竟读得那么流畅、清楚，着实让我吃惊。

我的普那之行到此结束。临别的上午，我在圣雄身边待了很久，就许多问题同他交换意见。一天内，他出人意料地康复了，血压大致正常，说话语气坚定，笑吟吟地和前来祝贺的人交谈。孩子们献给他一束束芬芳的鲜花，他搂着天真烂漫的孩子，喜笑颜开。

今天，圣雄甘地肩负重大的历史责任，光彩夺目地出现在我们面前，这是鼓励人们在群众中发现伟人的一种动力，愿这种动力在印度各地成为切实有效的行动。

1932 年

---

① 典出《摩诃婆罗多》，阿维玛尼系阿周那之子，他冲进敌阵，未能生还。

致信甘地

亲爱的圣雄甘地：

　　各种形式的力量，是非理性的——它像一匹蒙着眼睛拉四轮车的马。其间的道德元素，只体现在驾驭马的车夫身上。消极抵抗是一种力量，其间不需要道德成分；为别人或为自己，它可能对抗真理。当各种力量似乎可能获得成功，具有诱惑力时，其内在危险迅速增加。

　　我知道，借助善行与邪恶交战，是你的教诲。但这样的战斗任务，是交给英雄的，而不是交给一时冲动的人的。一方面邪恶必然繁殖邪恶，另一方面，非正义导致暴力，侮辱别人召来报复。不幸的是，这种力量已开始被启用了。通过制造恐慌，或者发怒，我们的当局已对我们昭示，他们伸出爪子的必然后果，是驱使我们中间的一些人走上充斥愤恨的秘密之路，使另外一部分人走上彻底堕落之路。面对这样的危机，作为群众的一位杰出领袖，你站在我们中间宣布您对理想的信念，您深知，这种理想就是印度的理想。这种理想既反对暗中报复的怯懦，也反对被恐怖吓出来的屈服。您说过，佛祖释迦牟尼为他的时代和后代所做的是：以不发怒的力量制服愤怒，以善行的力量制服罪恶。

　　这善行的力量，证明它的真实性和实力，是以它的无所畏惧，也以它对种种欺诈的拒绝——这种欺诈为了它的成功，依靠自身能力进行着破坏。这善行的力量，不会用它的破坏的工具去恐吓手无寸铁的群众，让我们感到羞耻。我们应该知道，道义上的征服，并不体现于成功，失败不会剥夺它的尊严和价值。相信精神生活的人知道，胜利紧随着对物质力量中各种错误的抵制——这是理想中生机勃勃的信念的胜利，也是经受挫折之后的胜利。

我经常感到，也经常说，自由的珍贵礼物，从不施舍给人。我们必须夺取它，拥有它。印度某一天有机会获得它时，能对靠征服的霸权统治她的人表明，她在道义上是优胜者。她应当自觉进行忍受苦难的修炼，苦难是"崇高"的桂冠。她应用对善德的执著信念武装自己，泰然自若地面对嘲笑精神力量的傲慢。

您在需要提醒她认识自己使命的时候回到您的祖国，带领她走上真正获胜的道路，消除她目前政治的软弱，这种"软弱"头上插着施展外交计谋弄来的彩翎，招摇过市，想象着它已达到自己的目的。

甘地提倡食用国产盐

这就是我真诚祈祷的原因，但愿任何企图削弱我们精神自由的东西，挤不进您前进的队伍，但愿为真理事业所作的牺牲永不退化为光说空话的狂热。

作了简短的开场白，请允许我呈上两首小诗，作为一个诗人对您崇高事业的支持。

一

让我高昂着头，坚信你①是我们的庇护所，各种恐惧是对你拙劣的不信任。

---

① 这两首诗中的"你"指创造大神梵天。

对人的恐惧吗？可世界上哪有这样的人？这样的国王？啊，王中之王，谁与你势均力敌？世世代代，谁在在真理中支托着我？

人世间，哪种势力能夺取我的自由？你的手臂难道不穿过地牢的厚墙，抚摸囚徒，让他获释？

难道我必须怀着对死亡的恐惧，抓住这具躯体，像守财奴守护他不多的财产？我的灵魂难道年年岁岁不曾呼唤你永恒生命的盛宴？

让我知道，一切痛苦和死亡，不过是片刻的影子；弥漫在我和你的真理之间的黑暗势力，不过是红日东升前的白雾；只有你，永远属于我，你比威胁、嘲笑我男子气概的权力的一切骄傲，高尚得多。

二

我由衷地对你祈求——请赐给我至高无上的爱的勇气；赐给我敢说敢为的勇气；赐给我为实现你的愿望甘愿受苦的勇气；赐给我离弃万物或被万物摈弃独自生活的勇气。

我由衷地对你祈求——请赐给我至高无上的爱的信念；赐给我死亡中生命的信念；赐给我失败中获胜的信念；赐给我隐藏在最柔弱的美中那力量的信念；受到伤害而不进行报复，是痛苦的，请赐给我这种痛苦中的尊严的信念。

泰戈尔
1919 年

印度的改革家罗摩·摩罕·罗易①

通常我们每日忙于一些琐碎小事，像蜘蛛那样从自己身子里不断地抽丝，在我们的周遭建造、扩展一张私利之网，自己在中间悬吊着。我们把一生埋葬在每日的芥微琐事中，在狭窄、黑暗的穴中感到非常惬意。我们的每一天不过是前一天的重复。我们的人生不是一个持续进步的精彩故事。每天白天吃饱肚子，每天晚上安然酣眠——一年当中，只有这两件事和相关活动的三百六十五次重复——这就是我们的人生——其中不缺少骄傲和怨恨，但没有应有的自尊自重。有一种低等细菌，只会按照特定的轨迹转圈子，一转就是一生。我们看不到我们与它有什么区别。我们有每日的路径，但没有每年的路径——我们以自己为中心不停地走，围绕自己的肚脐眼兜圈子，但不在无限人生的轨道上前进一步。这种充满极端好奇的自我旋转的情景，随处可见——都像陀螺咬住地上的一个点儿，在针尖那么小的地面上完成一生的漫长旅程。每日看着周围这样的景致，我们对人性的信任渐渐减少，从而失去履行人性的重大责任的能力。所以，我们应当经常关注印度的圣雄们。研究圣雄的人生，我们才会理解何谓人性。

伟人确实是整个人类的光荣和理想的高峰，但毫无疑问，也是某个民族某种光荣和理想的高峰。仰视伟人的丰功伟业，只产生融合敬慕的惊讶，是不够的。我们越是把他们当作"我的人"心中就越萌生对他们的爱戴，他们的话语，他们的业绩，他们的品德，在我们面前就越生

---

① 罗摩·摩罕·罗易是印度著名社会改革家，他于1828年建立的一个宗教改革团体梵社，反对偶像崇拜、寡妇自焚殉葬等陋习。

动地呈现。

当今孟加拉社会的基础，是罗摩·摩罕·罗易奠定的。我们全体孟加拉人是他财富的继承者。我们居住在他建造的社会大厦中。深入探讨并弄清楚他为我们做了什么，为我们做成了什么事情之后，对他必然产生深深的敬意，对孟加拉民族必然充满信心。谁要是觉得我们是孟加拉人，看不起我们自己，我们就要大声说："罗摩·摩罕·罗易就是孟加拉人！"

分析罗摩·摩罕·罗易的人品，是当务之急。在我们这个时代，急需他这样的榜样。我们要真诚地对他说："罗摩·摩罕·罗易，啊，你如果活到今天多好哇。孟加拉多么需要你啊。我们是一群只擅长空谈的人，教会我们做实事吧！我们自满自得，教会我们自我牺牲吧！我们脾性轻浮，教会我们在革命的大潮中坚守崇高的品行吧！在炽热的阳光下，我们眼前一片漆黑，教会我们在永恒的心灵之光下明辨是否，教会我们守护印度恒久的真正福祉吧！"

罗摩·摩罕·罗易

罗摩·摩罕·罗易是实干家。他的工作涉及诸多领域。无论是教育、孟加拉语、孟加拉文学，还是社会、宗教，只要不幸的祖国向他投去期待的目光，他就立刻着手开展工作，从不懈怠。孟加拉社会一个个领域越是取得长足进步，在史册的一张张新页上他留下的签名就越多。

孟加拉社会处处矗立起他的纪念碑。他在社会的沙漠中播下的种子，已长成大树，每日扩展新的枝叶。我们如今坐在绿荫下，能不怀念他吗？

罗摩·摩罕·罗易创建了梵社。他不允许在梵社中建造他或别人的塑像。他本可能让自己登上师尊的座位，可他没有那样做，他只承认古代的修道士是师尊。他奋力延长他的事业，可从不扩大自己的名声。相反，他严加制止。他喜欢默不做声地做实事，这在当世是罕见的。

罗摩·摩罕·罗易忘我地在孟加拉社会播种自己的圣洁理想。所以，即使他不在人世，他的理想每日也真切地在孟加拉社会处处发挥着作用。孟加拉人可以从心灵之屏抹去他的记忆，但他不朽理想的家族不会从孟加拉社会泯灭。

罗摩·摩罕·罗易在印度出生之时，这儿四处笼罩着长夜的黑暗。死神在天空巡行。他不得不与虚假和死神作斗争。他举目四望，看到的孟加拉社会是一片鬼蜮之地，没有活力，没有人的安身之地，只有法则和恐惧。在黑夜，在焚尸场，为击退恐惧，他独自高喊着"莫怕"前进，他的高尚灵魂，是我们今天在阳光下不能真切地感知的。

在罗摩·摩罕·罗易生活的年代，印度教的残壁断垣内，千百种陋习一年年膨胀，已成为庞然大物。罗摩·摩罕·罗易独自前进，勇敢地拯救千百种精神锁链禁锢的印度教社会。但那种锁链像情爱之链一样，缠紧社会。因此，整个孟加拉社会呻吟着起来抗拒罗摩·摩罕·罗易。

古印度教苟延残喘的鬼魂控制着焚尸场。被死亡压着的印度教，日益虚弱，奄奄一息。罗摩·摩罕·罗易以阳光驱散印度教社会中的黑暗，但不曾点燃焚尸火。这是他最突出的高尚之处。他拯救了外在仪式和僵死的经咒之中被活埋的印度教。大家承认，他砸烂印度教的破庙，保护了印度教的生命，所以，印度对他永怀感激之情。

1884 年

印度文明与欧洲文明

法国思想家格朱有关欧洲文明性质的观点,是值得我们研究的。首先摘录他的一些论述。

他说,现代欧洲文明产生之前,不管在亚洲还是世界别的地方,甚至在古希腊和古罗马,可以看到文明中有一种倾向性思想。每种文明仿佛在某个基础上建立起来,依附于一种思想。在社会中,它的各种仪式、习俗和形态发展中,可以看到,一种稳定的思想起着统辖作用。

例如,在埃及,长老制控制整个社会。这是对它的习俗和功业的唯一影响。在印度,婆罗门教独自建立了整个社会。

当然不能说,有的时候,其中没有出现其他力量的反抗,可它被具有权威性的思想所击败。

这种倾向性思想的权威,在不同国家获得了不同成果。在整个社会中,由于思想统一,希腊以令人极为惊讶的速度,获得了空前进步。没有第二个国家,像它在这么短的时间内获得如此引人注目的辉煌。但希腊没有抵达它的顶峰就衰落了。它的衰败是出人意料的。为希腊文明注入活力的基本思想,好像衰竭了,消失了。没有其他力量使它发生变化,或占有它的位置。

而在印度和埃及,体现文明的基本思想是一样的,可它使社会处于停滞状态;它的质朴仿佛使一切显得很单调。国家没有毁灭,社会存留下来,但不朝前迈步,一切在原地踏步。

古文明多多少少拥有一些霸权。它不让别人走近自己。它在自己四周建造壁垒。这种统一和单纯的思想,也在文学和所有人的思维及举止中扩展自己的统治。正因为这个原因,在古代印度教徒的情操、著作、史籍和诗歌中，处处呈现同样的面貌。他们的知识、想象力，他们的人生旅程和社会活动，也有同样的模式。甚至在希腊，科学知识相当普及，可它的文学艺术中，也出现令人吃惊的单一倾向。

现代欧洲文明和它恰恰相反。观察现代欧洲文明，你会发现，它是那么复杂，那么活跃。它内部有社会体制的各种基本理论。世俗和精神力量、长老制、王权、个人专制、民权制等等，社会制度的各个阶段和和状态，交织在一起，历历在目。自由、财富和权力的各种演变，在其中均有一席之地。各种力量是不稳定的，彼此之间发生对抗。任何一种力量未能兼并其他势力，独占社会。有一段时期，所有反抗的力量联袂行动；尽管它们形态各异，但我们在它们中间能看到家族的共性，可以把它们当作是欧洲型的。

在性格、观点和情感方面，也存在多样性和矛盾。它们互相骚扰，互相打击，互相限制，互相转化，互相渗透。一方面，它们有保持特性的强烈愿望，可另一方面，它们又是受制约的力量。人与人之间，存在奇特的信任的束缚，而为了打破桎梏，人又有不理会世界上的任何人我行我素的固执脾性。心灵和社会一样，是多姿多彩的。

文学也异彩纷呈。在文学中，人心的追求各种各样，作品内容丰富多彩，深度和广度不尽相同。所以，文学的外在形式和宗旨，不像古代文学那样纯朴，那样完整。在文学艺术表现的情感、质朴和和谐之中，产生美。可当下欧洲，由于滥用感情和观念，保持纯正的质朴，越来越困难了。

我们在现代欧洲文明的各个组成部分中，可以看到奇异的特质。毫无疑问，也有缺陷。单独审视其一部分，可以看到，与古代相比，存在缺失。但从整体看，它的繁复，一目了然。

欧洲文明一直向前发展，延伸至十五世纪。它和希腊文明一样，未能快速前进。它一步步遇到新的阻碍，却依然至今朝前迈进。在其他文明中，一种思想和理想的严控，造成了管制的桎梏。但在欧洲，任何一种社会力量，未能完全击败其他力量，对峙使彼此有所认识，有所节制，从而诞生了欧洲文明的自由。在不停地唇枪舌剑中，所有对抗的力量，趋于妥协，在社会中赢得自己的权力。所以，它们从不试图消灭对方，处于劣势的势力，因而得以保持自己的独特性。

这是现代欧洲文明基本特性，是它的优点。

格朱说，大千世界也有类似的特性之间的对抗。显然，任何一种法规，任何一种体制，任何一种质朴的思想，任何一种力量，不能单独占领世界，把世界塞进一种模具，清除其他力量的影响，统治世界。世界上，各种力量、各种理论和各种主义，交织着，争斗着，塑造着对方，谁也不能完全打败别人，谁也不会彻底失败。

这一切体制、理论和思想的特性，它们的争斗和流变，朝着某种协调、某种理想前进。这是欧洲文明的世界性的体现。它不是受限制的个体，不是狭隘的，也不是僵死的。在人世间，文明首次舍弃自己特殊模样，出现在大家面前。它的首次展现，和世事显现一样，是宏大的，多姿多彩的，由繁多的拼搏支撑着。欧洲文明就这样找到了永恒真实之路。它接受了造物主的行事方式。这种文明在上帝开辟的道路上前进。关于这种文明的优点的理论，建立在真实的基础之上。

以上是我节录的格朱的论述。

毫无疑问，欧洲文明已经相当庞大。欧洲、美洲和澳大利亚，这三大洲承载着它。在众多国家之上建立伟大文明，这种奇事，以前从未发生过。我们把它与谁进行比较，进行评析呢？我们从哪段历史撷取证据，预测它的结局呢？其他文明，是一个国家的文明，是一个民族的文明。某个民族的文明，由这个民族提供一天燃料，就能燃烧一天。之后，熄灭，或者成灰。提供柴薪，让欧洲文明的祭火燃烧的责任，是多个国家多个民族承担的。所以，今后它的祭火是熄灭呢？还是不断扩展，吞噬世界呢？这种文明中有一种权威理念——任何文明不可能没有机体。肯定有一种特殊力量，控制着它的整个机体。这种文明的发展和灭亡，取决于那种力量的强大和失败。它是什么？它的种种努力和特性之中，有完全一致的理论体系吗？

在不同国家，逐个观察欧洲文明，在其他一切事情上，可以看到它的多样性和特性，唯独在一件事情上，可以看到它同一性。那就是国家利益。

英国也好，法国也好，在每件事情上，群众的信仰和观点有所不同，但在全力维护国家利益这一点上，没有意见分歧。在这方面，他们是一心一意的，是强大的，甚至是冷酷的。国家利益受到打击，全国就会团结一致，挺身而出。如同保卫民族是我们的深厚传统，维护国家利益也是他们民众的内在传统。

按照历史的某种无形规则，国内外的文明以某种思想为基础，具体确定却是困难的，但可以肯定的是，那种思想伤害比它更高尚的思想，它的死期就不远了。

每个民族有民族特性，但还有一种超越民族特性的至上正道，它是属于人类的。在印度，以可转世的种姓的宗教，打击更高尚的宗教——正道就难以维护，必然灭绝。

四大种姓婆罗门、刹帝利、吠舍和首陀罗

古代雅利安文明为了自卫，制造了婆罗门和首陀罗之间难以突破的隔阂。但这样的隔阂，渐渐折磨比可转世种姓的宗教更高尚的正道。可转世种姓的宗教竭力保护自己，但不为维护正道付出努力。当它不让首陀罗种姓人参与培养更高贵的人性时，正道便对它进行报复，而婆罗门教就不能像先前那样带着自己的知识继续前行了。愚昧无知的首陀罗种姓人群体，以重压迫使社会走下坡路。婆罗门不让首陀罗种姓人进入社会上层，可首陀罗使劲儿把婆罗门拽向社会底层。当下，虽然仍有以婆罗门为首的可转世种姓人群体，但首陀罗种姓人的陋习和拥有极少权利的其他群体的愚昧，也笼罩着婆罗门群体。

随着英国人的来临，求知的阻挠排除了，每个人有了培养人性的权利，出现了冲破对婆罗门教的幻想的迹象。如今包括婆罗门、首陀罗在内的民众，力图目睹印度教民族理想的真实形象。首陀罗觉醒了，婆罗门也开始渐渐觉悟了。

印度种姓制度的狭隘性，在各种场合削弱永恒正道，因而它不是逐步升华，而是走向畸形。

欧洲文明的基石——国家利益如果日益膨胀，跨越正道的界线，就必然出现瓦解的裂痕，煞星也会踏上它走的路。

利益的本质是对抗。欧洲文明的界线上那样的对抗越来越尖锐。争夺世界的先兆已经闪现了。

于是，我们看到，欧洲的国家利益开始公然蔑视正道，不再为推行"强者占地"的政策而感到羞耻。

我们也清楚地看到，正道对个人来说是可以接受的，而在国家层面上，由于实用主义作祟，它被扬弃，这种看法正得到大家的认同。所谓国家主义，使造谣中伤、欺瞒哄骗和篡改事实真相也不再被视为无耻行为。在人与人相处方面，有的民族曾强调坦诚，把见义勇为当做高尚品质，可它们的正义感，在国家主义的毒害下，渐渐僵化了。所以，法国、英国、德国和俄国，动辄大骂对方是骗子，两面三刀，阴险毒辣。

由此可见，欧洲文明过分强调国家利益，导致它渐渐恣意妄为，践踏永恒正道。上世纪的平等友谊,如今成了欧洲嘲讽的口头禅。在基督教传教士的口中,"兄弟"一词中已没有手足之情的味道。世界著名的幽默作家马克·吐温在二月份的"北美周报"上发表了《致黑暗中的人》一文。读了这篇文章,可以看到现代文明的一些病症。锋芒毕露、嘲讽辛辣的这篇文章,不可能译成孟加拉文。这篇文章当然不合某些文明人的口味。但这位值得尊敬的作者,援引了一些自私的文明的野蛮行径的例子,是可信的。他揭露的弱肉强食和掠夺残杀的情景,极为恐怖,在他的嘲讽的阳光下,一一展示出来。

国家私利渐渐占领了欧洲文学和宗教领域,这是无人不晓的。吉卜林目前处于英国文学的顶峰,张伯伦是英国国家事务的主要舵手。如同彗星的小头后面,它扫帚一样的可怕尾巴,横扫地平线,传教士掌握的基督教世界后面,极其残暴的侵害震惊各国,也已"世界闻名"。

古希腊和古罗马文明的根本,也是国家利益。所以,随着国家高大形象的泯灭,希腊文明和罗马文明堕落了。印度教文明不是建立在国家统一基础上的。因而我们无论在自由或者被人奴役的时候,我们可以在社会内部使印度教文明重新复苏,这样的希望是不应该放弃的。

近几年,得益于欧洲教育,我们学会了给国家尊严以更多的关注。可是我们心中没有它的理想。我们的历史,我们的宗教,我们的社会,我们的住宅,不承认国家机体的重要性。在欧洲,给自由以席位,而我们给解脱以席位。除了灵魂的自由,我们不承认其他自由的尊严。欲望的枷锁,是最大的枷锁。铲除欲望,我们获得比帝王更崇高的地位。我们的世俗责任,与对世界的责任交织在一起。我们在家庭中,确立大千世界和世界之主的地位。我们最主要的标准责任体现于两行诗:

家庭伦理体现对梵天的忠诚,

履行世俗义务与敬神同等重要

恰当地守护这样的理想,比起履行国家责任,更困难,更神圣。这样的理想,在我们的社会中已不具有活力,为此,我们嫉妒欧洲。如果这样的理想在我们的家家户户复活，那么，靠毛瑟枪和连发子弹获得的，也不会比它更有价值；那时我们独树一帜，享有真正的自由，绝不亚于胜利者。我们靠向胜利者乞得的东西，绝不能臻于崇高。

十五、十六世纪到现在并不是很长的一段时间。体现国家的文明，没有经过最严峻的考验。但我们看到，它在品质方面树立的榜样，不是很高洁的。它充斥不公正和虚伪。它的骨髓里充盈可怕的残酷。

把国家的理想作为我们的理想，虚伪的影响难道不曾在我们中间占领地盘？在我们的国家机构中，难道没有施展各种虚假伎俩和掩盖真相的现象？我们学会了光明磊落地讲真话？我们不曾互相说过，凡是为自己的利益和为受污染的国家利益做的事情，不应受到谴责？可我们的经典中讲了什么？——

> 正道不维护，正道必绝迹
> 正道如维护，正道不消亡

事实上，每种文明有一个庇护所。庇护所究竟是否建立在正道之上，应当进行研讨。如果它不是博大的，不是宽容的；如果它一面折磨正道一面扩展，看到它暂时的成就，但愿我们不羡慕它，不认为它是唯一值得羡慕的东西。

我们印度教文明的根基是社会。欧洲文明的根基是国家政策。人在社会的崇高中获得尊严，在国家政策的崇高中也能获得尊严。但如果我们认为，以欧洲的模具铸造国家，是文明的唯一特性，是人性的唯一目标，我们的理解就是错误的。

1901 年

被忽视的农村

以同样的情感，
以同样的理想和憧憬，
使你们那些心灰意冷的人
为共同的事业摈弃前嫌，心心相印。
使你们彼此敞开胸怀，真诚相处，
彼此不怀丝毫厌憎。
如同母牛怜爱新生的幼犊，
彼此怀一腔真情。
兄弟们彼此不怀恶意，
姐妹们彼此不怀妒恨，
互相衷心祝福，
朝着一个目标携手前进！

今天会议的开幕式上诵念的这段《吠陀》经文，几千年前就在印度的大地上回响。我们深切地感到，这段经文，表达了要人们和睦相处的热望。

世界上一次次崛起的文明，又一次次消泯。它们像被团聚的炽热吸引在一起的繁星，熠熠闪光，在茫茫宇宙中展示自己。之后，星光渐渐黯淡；在人类文明的历史长河中，它们的履历消逝在黑暗中。探寻它们灭绝的原委，可以发现，它们受到了欲望的袭击，导致人际关系在贪婪和幻想中逐渐松懈。在简朴生活的需求范围之内，人们得以保持健康和紧密的人际关系，维护良好的社会风气，而膨胀的个人野心，时刻妄图突破那样的范围，摧毁和睦之坝。

目前我们观察到的文明走向，让我们意识到，它逐步越过自然的质朴法则，走向远方。人类的力量战胜了自然的力量，聚集了大量劫掠的财物。人类一往无前的智慧，首先赢得胜利的殊荣。但它身后跟来了奢望。它的饥渴，不满足于承认本性的法则。社会中渐渐蔓生不健康的因素，只能靠本性之外的办法进行治疗，恢复健康。花园里可以看到，有些果树过度地开花结果，耗尽精力，最后枯死。过分的不正常的重压，是它死灭的原因。略微超越正常标准，尚可忍受，太过分则必然走向毁灭。犹太人的圣经中，有个建造凯旋柱的故事，那凯旋柱造得越高，倾倒的可能性就越大。

当人们高升的文明触摸云天的时候，胜利的狂傲和对物质的贪婪，使他们忘记文明的提升受到界限与法则的限制。在界限之内，它是美的，是造福的。世界的法规，从不宽恕反抗适当界限的过度狂妄。那样的狂妄，出现在几乎所有文明的后期，并带来毁灭。自然规则的界限之内，包含质朴的健康和治愈疾病的理论，人们忽视它，于是落入自己制造的庞大的复杂之中，如何采用人为的办法，保持生活的平衡，这是现代文明的一道难题。人类文明主要的生命力，是为社会造福的智慧，在它的鼓舞下，每个人为他人克制自己的欲念。可由于某种原因，欲望变得极为强烈时，人们的竞争中，势必产生不平衡。只有人的友情和为社会造福的自觉性，能够阻止这样的不平衡。在某种情形下，当那种自觉性受到挫折，人们只得试图采取一些措施来弥补它的不足。目前，这种努力处处是十分强劲的。如今文明与自然科学结盟，开始了胜利的征程。在科学领域，比起心善的人，精确计算的机器，取得了更大的优势。过去进行宗教修行，抑制欲望，弘扬友爱，被认为是为社会造福的主要手段，可眼下已落伍了。遥遥领先的是对机器的崇尚。结果我们看到，一方面，人们的心田充斥民族仇恨、妒忌和残酷的竞争意识；可另一方面，为与其他国家保持和平，成立了国际联盟。

这种思潮也侵染了印度。我们以宗教的名义，以永久神圣的传统的名义，在社会中，精心培植把一个国家从里到外弄到四分五裂的某些行为和削弱人们的意志力、拓宽奴役之路的那些极不合情理、愚昧的陋习。我们想入非非：依靠借来的表面的行政法规，在一部挂着议会制照牌的国家机器的帮助下，我们可以获得民族独立。抱有这种幻想的主要原因，是人们对物质的尊重，大大多于对精神的尊重。物质，坐在科学观念的席位上，与为社会造福的抱负很少交往。因此，当贪欲极度膨胀，人们的竞争把人际关系中真诚的纽带扯断时，就得设法在外部用复杂的措施之绳将它联结起来。那是非人性的科学行为。应该记住：人的问题，用机器的方法是解决不了的。

在现代文明中，我们看到，一个地方、一群人，付出全部精力在生产粮食，可在另一个地方，另一群人享用粮食，延长着他们的生命。如同月亮的一面明亮，另一面幽暗，一方面，贫穷在摧残人，可另一方面，人们疯狂地追求金钱，炫耀财富，花天酒地。农村生产粮食，可金钱在城市聚敛。在挣钱的机会和财物集中的地方，当然有舒适、娱乐、医院、学校，富裕属于极少数人。给农村的只有少得可怜的残羹冷炙。大部分人在农村种地，生产粮食，少数人在城里敛财、享受。这种人为的状态，在粮食和财富之路上，造成了人们最大的悬殊。在这种悬殊之上建造的文明大厦，是不能长存的。希腊文明囿于城市，骤然以富裕之光，惊怔了世界。但它完全集中于城市的力量，寿寡短命，悄然湮逝。

来自欧洲充盈贪欲的分裂势力，把印度群众分割在城市和农村。农村沉浸在永久苦难的黑暗之中。农民的力量逐渐向外转移。在这种人为的状态中，人类社会处处有耗损生命的分裂活动。总有一天，人类要为此付出代价，彻底破产。这样的日子越来越近了。世界上经济问题如此严重，大学者们找不到它的真正原因和解决办法。货币大捆大捆地发行，可钞票越来越不值钱。商品生产无可指责，但一般人却无缘享受。创造财富和分配财富之间隐藏的裂缝，日趋扩大。文明的交易中，人们未偿还的债务，如今张开了吞噬的巨口。既要赖账，又要保护自身，这恐怕是痴心妄想。在借贷和偿还应有的平衡失落之处，人际关系必然遭到破坏。世上财富的创造者和敛财者之间的惊人差别越来越大，我们在住宅周围看得见触目惊心的例子。孟加拉的农民种植黄麻，流血流汗，累死累活，可是用黄麻换到的钱，并未用于消除孟加拉严重的匮乏。阻塞借贷和偿还的正常之路的势力，早晚会自戕。在世界各地。现实生活中也采用大大小小各种人为的办法，制造灾难，引来毁灭。社会中那些奉献全部精力的人，得不到回报，不能恢复充沛的体力。这种不正当债务年复一年增长的态势，必须加以遏制。

过去，至少在印度，农民，或者说实际上是全体国民，不单分享国家的财富，而且通过各种渠道获得知识。他们尊重宗教，做不仁不义的事，心里害怕；他们承认彼此应负的社会责任。国家的科学和宗教研究，以他们为对象，在他们中间进行。那种随处可见的授纳关系，如今松弛了。授纳关系的缺失中，隐藏着不可阻挡的革命的冲动。有些人应有尽有，可另一些人一无所有，在这种失衡的冲击下，文明之舟倾覆了。严重的不平等，导致毁灭。眼下，到处听见从地下传来的毁灭的吼声。

对将临的革命的畏惧，充斥社会氛围，现在是牢记这句话的时候了：那些自诩为高贵者的人，剥夺群众的权利，他们失去的将更多。因为，他们不仅债台高筑，而且应受的惩罚，也累积得很高了。

但愿我们不要以为有了应付考试的书本知识就可骄傲自满，就可高枕无忧。在国民的心灵沉入愚昧的黑暗的地方，萤火虫的微光，不可能帮我们摆脱摔死在泥坑中的危险。印度的农村半死不活；假如认为，至少我们活得好好的，并因此感到宽慰，那就大错特错了，因为活生生的人，老与奄奄一息的人住在一起，也是活不长的。

1934 年

印度的合作社

过群体生活是人的本性。与世隔绝的人不可能是完人。和各种各样的人交往,一个人才能臻于完美。

张扬与人合群、在群体中活动的人的本性,有利于身心健康和施展才华。贪婪、暴怒、痴心妄想缘何被视为人之大敌呢?因为这些情绪在群体或一个人心里占了上风,势必害人害己。贪婪者夸大私利,缩小别人的权利,惯于损人利己。我们如果受制于这些情绪,也会目中无人。所以它们既是别人也是我们自己的敌人,同时也是人在群众中达到完美境界的绊脚石。

本性促成的群体生活的优越性,在于它使每个人尝到集体力量的果实。

孤独无助的一个人,花四分钱,不可能把一封信从吉大港送到卡纳古马尔。邮局是许多人紧密合作的巨大成果,能使穷人获得昔日寥寥无几的百万富翁方有的便利。在宗教、金融、教育等领域,邮政网为各国人民带来的益处,是无法计算无法界定的。无论宗教研究还是科学实验,每个社会的人历来广泛地合作,这,无人不知,无人不晓,无需赘述。

群体为某个人做好事,好事中也包含群体的利益。凡是尔虞我诈和勾心斗角阻止协作的地方,灾难不断降临。世界各国在前进的道路上无不遇到金钱的障碍。这里,贪欲摈弃社会良知;吹嘘"我比别人富裕我比别人显赫"的人,其实也在贬低自己。我前面说过,局囿于个人圈子的不是完人,而现实社会中,真理正惨遭打击,佐证是为了发财为了权力,人与人互相欺骗互相残杀。

如果属于社会的人互相配合能提供致富的足够机会，那么社会中人人就能分享大家共同创造的丰硕成果了。宗教告诫富人：汝速布施！此话的隐义是，宗教和知识等合理财富中含有公益的要求，否认这一点是违背教规的。公益的要求高于私利的要求，两者是对立的。提倡布施，是试图调和富人的利益和民众的利益。但公益往往被置于私利之后，而不是之前，所以布施不能消除贫困，只能使贫困根深蒂固。

宗教训喻不起作用，社会贫富矛盾便愈加尖锐。意欲铲除可恨的社会差别的人，主张用暴力达到目的。他们打家劫舍，开枪杀人，夺取富人的财物，企图实现社会经济平等。目前西方国家这类暴力事件屡见不鲜。西方人体格强壮，崇尚膂力，寻求社会福利竟也使用暴力。结果，毁了财富，毁了宗教。

斯里尼克坦泰戈尔创办的合作社

所以，高举宗教的旗子，或者鼓吹暴力，均非消除社会贫穷的良策。要向人们昭示：腰缠万贯，将享乐置于个人利益的范围内是行不通的。现在哪个百万富翁买几头骆驼，送他的信件，他比普通农民就要吃更多的亏。可是古代骆驼送信是富人特有的便利，农民是享受不到的。家族的祭师奉劝他行善，他或许应允捎带几位村民的家信，但终究弥补不了邮政工具的匮乏。富翁的家产并不拥有消除老百姓贫穷的能力。

那样的能力蕴藏在民众之中。我希望宣传这个观点，并为民众树立一个生动的榜样。人为地分配财富并不可取，应当采取切实可行的办法创造财富。民众一旦行动起来聚集他们的才能，就将清楚地表明，扎根于民众的财富的价值,是个人财富的无数倍。顺利地迈出第一步,接下来就可以不费一枪一弹解除资本的武装。人们固有的享受的愿望,靠人为的办法是踩不死的,多方面给予满足,方能使它跳出狭隘性。

人类历史上存在王权和民权的矛盾。帝王聆听的宗教训喻是为民造福,对此,他们有的遵从,有的阳奉阴违,有的置若罔闻,不少帝王把享乐和扩充权力放在首位,把为民造福放在次要地位,引发如火如荼的民主运动。民主的目的,在于通过集中平民的自治意愿和才干显示治国的能力。美国竭力鼓吹民主。

资本和工资极不协调的地方,民主遇到重重困难,因为形形色色的势力的主要载体是金钱。薪金的差别过大,全体平民中间就不能均衡地行使政权,因此在美国处处可见金钱统治着国家;金钱炮制民意,金钱的大棒只打碎富人利益的羁绊。这与民众自治风马牛不相及。

所以,将充裕的自由转化为民众财富的主要途径,是汇集民众的谋生手段。这样,财富不会以货币的形式存在个人或集团手中。百万富翁亿万富翁享受的财富的果实,人人将有权享受。一批批人依靠合作社学会把才智转变为财富的时候,人类自由的基础得以奠定。

我国最近就合作社创造财富展开了讨论和试验。印度亟须合作社,不消灭贫困,我们将死在阎王的各路索命鬼手中。明白了我们每个人中间蕴藏着财富的道理,积极加以开掘,摆脱贫穷是大有希望的。

印度的每个村庄应朝自给自足的方向迈进。为此,几个村庄宜组成一个行政单位。单位的负责人若能卓有成效地工作,消除匮乏,进而就可以扩大行政单位的数目,为全国的自治试验铺平道路。建立自己的学校、工厂、庙宇、仓库和银行,首先要鼓励、帮助农民学习文化。一年年坚持下去,印度的村庄总有一天会富裕起来,成为坚强的堡垒,那时我们就问心无愧了。

如何建立美好的农村社会,是我们面临的主要课题!

1922 年

创建合作社的历史缘由及其宗旨

关于合作社,我说得很多了,非要我讲,只能是旧话的翻版。

初创合作社之时,我精力充沛,文思敏捷。如今已届暮年,体弱力衰,所以你们对我不要寄予太高的希望。

我很久没有来这儿了。不过经常同你们见面。我是你们的陪衬,你们的配角。

当初购置这里的房子,我脑子里并无宏伟的构想。主要考虑圣蒂尼克坦远离城镇,虽有向外地文明家庭的子女传授知识的教学设备,使他们顺利通过各门功课的考试,但也应创造条件,让他们获得课堂外面的实用知识。

主持圣蒂尼克坦学校教务工作期间,我经常考虑另外一个问题。记得住在希拉伊达哈——帕里索尔的时候,我开始体验农村生活。我经管祖传的田庄,佃农常向我倾吐他们的苦乐。甚至向我告状。我看到了农村的现实图景。一边是外部世界——河流、原野、稻田、绿荫拥抱的茅屋;另一边是他们的内心世界。他们的喜怒哀乐,同我的田庄密不可分。

我出生在城市。我的祖先是加尔各答的土著居民。孩提时我没去过农村。委派我去管理祖传的田庄,我起初顾虑重重,担心胜任不了;挑着这副担子,恐怕享受不到快乐。田庄的事务、账簿、收租、存款、资金支取……我一窍不通。无知的惶惧笼罩着我的心。戴着账目的数字的枷锁,照样自由自在,是我始料不及的。

我一到田庄,就迷上了管理。我的脾性向来如此:承接一项任务,立即深入研究,尽善尽美地完成,绝不懈怠。我曾经当过教师,全身心地扑在教学上,上一堂课获得一份欢愉。我经管田庄期间,果敢地废除繁文缛节,探索管理的奥秘。我亲自规划,修筑了几条土路,这给我带来了声誉。周围的地主派人来,向我请教如何把田庄管理得井井有条。

我拒绝按照陈规旧章办事,这一来,田庄的老管家、老师爷、老庄丁全傻了眼。他们保管的账本、田契,我查阅起来如堕五里雾中。他们企图怎样解释,我就得怎样理解;害怕改了老章程引起混乱。他们告诫我,上法院打官司,千万别接受新式文件,而要以怀疑的目光加以审视。然而,哪儿遇到阻挠,我的心就在哪儿冲击。我排除障碍,在田庄进行彻底改革,效果颇佳。

佃户常来找我。我的门昼夜敞开,他们任何时候来都不会被挡在门外。有时整天处理他们的事情,竟没有发觉过了吃饭时间。我愉快地生龙活虎地工作。我在深宅大院里度过童年,第一次有了农村生活的体会。管理田庄的艰辛,也给了我鼓舞和慰藉。

那一段日子里,我想方设法了解农村。为了办事,远远近近,我去了许多村庄。从希拉伊达哈前往帕里索尔途中,乘船穿过沼泽、湖泊,饱览了乡村的秀丽景色。观瞻农民劳作和生活旅程的美丽画卷,我心里充满新奇感。城市养育的我,投入农村的温馨怀抱,兴奋地东张西望,好奇心得到充分满足。渐渐地,我也看到了农村的贫苦,为附近村庄办几件好事的欲望,使我寝食不安。

有一天,田庄旁边的村里着火。村里人目瞪口呆,不知所措。邻村的穆斯林赶去把火扑灭。由于找不到水源,不得不拆了几间房子。他们不知好歹,不许拆房。我派去的人揍了他们一顿,才使他们免受更大的损失。

大火扑灭后,他们对我说:"谢天谢地,'爷们'推倒茅屋,我们才捡了条命。"他们十分感激,"爷们"大打出手,做了件好事,他们可以接受,我心里却感到内疚。

我的思路是城市型的。我决定在他们的村中央造一间房子,他们白天收工后好有个聚会的场所,阅读报纸和《罗摩衍那》、《摩诃婆罗多》

等印度名著，它像个俱乐部。他们村有个爱好文艺的人，翻来覆去只会唱一段歌颂罗陀和黑天爱情的地方戏。每每想到黄昏他们枯燥乏味的生活，我心里好生难受。

后来房子竣工了，却闲置不用。我特意聘请一名教师，他们却以种种借口拒绝送孩子上学。邻村的穆斯林央求我："他们不要学校，让那位老师到我们村，教我们的孩子。我们付工资，一天管三顿饭。"

穆斯林村庄的小学，一直没有停办。但在其他村庄，我的教育计划全落空了。

印度自古就有依赖他人的风俗。财主是村里的庇护所和钱匣子。办学校、开诊所、修建庙宇，清除池塘的淤泥……有关公益的事，由他一手操办。印度社会就是通过这种习俗间接向富人征收赋税的，而他们也承认纳税是合理的。任何人不得随心所欲地享受全部财富。但在欧洲，个性原则不受侵犯。为全村尽义务中间，包含他们的荣誉；那时没有授予某人荣誉称号一说，报纸从不刊登颂扬他们的文章。人们尊敬地称他们为"巴普"或先生。比这更尊贵的称号，皇帝或藩王也无权授予。久而久之，一个村子的面貌能否焕然一新，就看财主愿意不愿意慷慨解囊。我曾称赞这样的风俗，然而它确实不利于培养自强自立的品格。

我的田庄远离河流，饮水困难。我向佃农建议："你们挖口井，井壁井栏，我派人砌。"他们的答复令我震惊："这不是鱼油炸鱼块么？我们挖井，卖力气。您升入天堂享用赐水的善果。"我只好作罢，说："那我收回建议。"他们肚里思量："这事儿记在天堂的账簿上哩，他泰戈尔去梵天或毗湿奴的天宫，有享不完的福。我们至多喝上几口水。"

再举一个例子。我派人从田庄公事房到库斯蒂亚修了一条土路。我对路旁村里的农民说："养路是你们的事儿。"他们的牛车横穿土路，压出很深的路辙，雨季积水，无法行走。我又找他们，说："路面坑坑洼洼，你们有责任哪。你们一起动手，不一会儿路就修好了嘛。"他们阴阳怪气地说："哼，我们把路修好，老爷从库斯蒂亚乘车回来可就舒服罗。"他们忍受不了对别人有利的事儿,哪怕自己受罪心里也痛快。为他们办好事实在太难了。

印度社会的穷人受到各种欺压。我就亲眼见过有的乡绅横行霸道,欺侮无辜,但他们又出资建造村里的公房。在富人的压迫和善举并存的农村,农民无可奈何,自轻自贱,认为今世的痛苦是前世的报应,祈祷来世投生于豪门富户,终生享福。怀着这种幻想,他们得过且过,无所作为,谁也不奋力挣脱今世贫穷的枷锁。

我经常思考如何改善农民的命运,却一直苦于找不到他们乐于接受的方法。他们世世代代因袭懦弱,没有发愤图强的习惯。虽然为他们找出路很难,但我从未停止探索。初建斯尼克坦合作社时,卡里默罕是我唯一的助手,他体弱多病,一天发烧两次。我为他诊治,喂药,当时真担心他撒手西去。

我从不鄙视农民,但那些通过大学毕业考试自以为经纶满腹的绅士瞧不起他们,不懂得尊重他们。印度的古圣梵典训诫人们要尊重他人,自然也包括农民。

我正是抱着这种态度研究农民问题的。我坐在茅屋里,看见农民牵着牛扛着犁下地劳动。他们每户只有一小块地,耕完地就回去,我觉得他们分散劳作浪费体力,对他们说:"你们凑钱买台拖拉机,耕地既快又好。大家一块儿干活,不要计较土地肥瘦,收成公平分配,打下的粮食堆在一个场院里,以合理的价钱卖给商人。"他们听了面露难色:"您出了个好主意,可是谁来领头呢?"我假如受过合作社方面的教育,拥有专业知识,兴许会自告奋勇地当他们的召集人。但那一天如果应承下来,说不定就事与愿违了。你们知道,在无知的情况下盲目地做好事是非常危险的。我国城市青年学生曾经轰轰烈烈地开展为农村服务的运动。农民嘲笑他们:"唷,只值两毛五分钱的老爷们来啦。"学生不懂他们的方言,不了解他们的思想,怎么为农民办好事呢?从那时起我意识到农村工作的艰难。我送儿子和逊德斯出国学习农业和畜牧业,从各方面着手研究和实践。

我买下这幢房子，决心继续在希拉伊达哈开创的事业。房子破旧，有人揶揄它是鬼魂之所。我花了一大笔钱，雇人修葺。之后因种种原因停顿了一段时间。安德罗斯劝我："把它卖了算了。"可是我想既然买了，日后肯定有用处。我一生有两个奋斗目标，其中一个目标没准在这儿实现哩。哪天实现？如何实现？心里没谱儿。贫瘠的土壤里落下一颗种子，在吉祥时辰总归会突然露出嫩芽。不过当时白手起家，要什么没什么，不曾出现鼓舞人心的迹象。后来，种子不知不觉地发芽了。

泰戈尔创办的合作社技工

我的朋友埃勒姆哈尔斯特大力支持我的事业。他把斯里尼克坦改造成为独立的实验区，他的不懈努力使实验区取得了长足进展。

农村事业包括两部分：服务和教育。优质服务的前提是普及教育。

我给你们的临别赠言是：在农民中间扎下根，积蓄潜移默化地发挥作用的力量。

我撰写题为《爱国社会》这篇文章时，曾经有个设想。具体地说，我暂且不必考虑整个印度，我一个人无力承担整个国家的责任；我的精力应放在搞好一两个村庄上面。要赢得农民的心，首先要学会和他们一起劳动，这并不容易，是劳筋伤骨的苦修。我如果能使三四个村庄摆脱愚昧和困厄的桎梏,就为整个印度树立一个小小的榜样。

  愿你们尽快让这几个村庄获得彻底自由——人人接受教育,幸福的春风吹进每个家庭,村里终年回荡着鼓乐声、歌声和颂神曲,一似印度历史上的鼎盛时期。我要说,你们树立起来的这几个模范村就是我的印度,有了这几个模范村就真正地获得了印度。

1939 年

孟加拉人的纺织厂和手工织机

关于孟加拉织布厂的问题,答案只有一个:拯救它们。天降大雨,洪水淹没庄稼地,为此,我们只得出门要饭。向谁乞讨呢?向除了种地没有其他谋生手段的人乞讨。孟加拉最严重的洪水,是无能的洪水,是贫困的洪水。孟加拉地区的财主,如今债务缠身,中产阶层成天愁眉苦脸,穷人饔飧不继。原因是,孟加拉的财富只减不增。

当今世界上,有能力的人,因使用机器而更加强大。他们依靠机器,极大地扩展了肢体的功能。他们只有一个躯体,却拥有多个躯体的能力。他们的人数,是不能数人头计算的。他们依靠机器,把他们扩展了许多倍。在这个由三头六臂的人统治的时代,作为单个身躯的拥有者,我们在别国财富的下面,日益羸弱。

在充斥无数失业者的地方,不独粮食匮乏,而且人穷志短。找工作要看主子的脸色,狭小的职业之地,丛生着彼此的妒忌和憎恨。

若不掌握集体使用机器生产粮食的方法,我们就将被机器之王的巨臂推倒。外来人正把孟加拉人逐出农田,逼入绝境。长期以来,我们单靠笔杆子谋生。我们的左边右边,只能为已习惯于集体工作的人让路。我们只会使用空手,在试卷、申请表和求乞单上写字。

过去,孟加拉人不仅是农民和文书,也是机器的操纵者。他们使用榨糖机,为国内外提供白糖。手织机是他们赚钱的主要手段。那时他们家境富裕,村村兴办福利事业。

后来,魔鬼般的钢铁大型纺织机,使孟加拉的手织机沦为失业者。于是,我们只能企盼神明的不可靠的怜悯,靠种地苟活。死神的使者披上各种伪装,打着各种幌子,抢占我们的家园。

孟加拉人的纺织厂和手工织机

我们承认，机器也具有危险。这如同印度神话中的天神和恶魔搅乳海，也搅出毒药。西方大陆的机器下面，也潜伏着饥荒。此外，丑恶现象、动乱、职业病，成了工厂的副产品。不过，我们不能责怪自然给予的力量的财富，只能责怪人们的恶习。枣树和棕榈树，是天帝的恩赐，可是以枣和棕榈汁酿酒的酒厂是人类的创造。砍倒棕榈树，消灭不了人的酒瘾。机器长毒牙的话，一定长在我们的贪婪之中。

教育落后，缺少训练，导致孟加拉的大脑和双手在使用机器时显得十分呆拙。在这方面，孟买在多大程度上超过我们，我们就在多大程度上成为它的依赖者。由于这个原因，孟加拉分治的时候，我们遭到了挫折。今后很可能还会重蹈覆辙。我们的当务之急是增长才华，提高能力。要记住这句话：亲戚中间，最可怜的是家徒四壁的亲家。

孟加拉分治的时候，孟加拉才开始创办纺织厂。孟加拉的头脑还不成熟，不适应庞大的工业和商业体系。所以，在各种困难中举步维艰。由此可见，首先要在思想上做好准备，否则必然陷入无所适从的困境。

在印度各邦中，孟加拉最早接受的英国的知识，是书本知识。但欧洲让人成为世界胜利者的实用知识，最晚传到孟加拉。

孟买工厂里有几十万台纺纱机，足以弥补棉纱的匮乏；可以建造一座大堤阻挡洋布的洪水。

孟加拉的手纺车，如果成为我们的唯一支柱，就得向孟买纺纱机的脚下呈上罚款。那样的话，孟加拉的贫困和无能，有增无减。如果谴责机器，将机器流放，那么，连同印刷谴

斯里尼克坦合作社的织机

责通告的印刷机，也必须抛弃，重新推行手抄本书籍。

在孟加拉地区，尽管经受了严重挫折，"孟加拉女神织布厂"终于竣工。之后，穆赫尼纺织厂和其他工厂也将相继崛起。

不管有多大困难，也要保护这些工厂。这是孟加拉人应尽的义务。种地不仅要收获庄稼，也要平整土地。同样，保护工厂，不仅要使用它的产品，更要巩固民族工业的基础。

孟加拉人应宣誓使用孟加拉工厂生产的棉布。这不叫地方主义，这是自我保护。

当前，应打消孟加拉人对本邦棉布的冷漠。应一次次告诉人们，孟加拉哪家工厂正生产哪些产品。加尔各答和其他邦首府的市政委员会的责任，是经常举办展览会，推广孟加拉的工业产品，激发孟加拉青年的爱国热忱，使他们习惯于使用孟加拉人的手工产品和工厂的产品。

最后，我想说的是，孟买的一些工厂把南非的煤作为燃料，开动机器，销售生产的棉布。购买它们的棉布，如果我们的爱国情怀没有蒙上阴影，孟加拉的织工又何必耿耿于怀呢。孟加拉人没有使用南非的任何生产资料，而使用英国的棉纱。他们没有进口英国的机器织布，而主要依靠自己的双手和技术，他们的土织布机，也是国产的。现在，比较一下我们的土织布机织的布和孟买的工厂生产的布，各有多少外国成分，能说明什么呢？此外，难道商品的数量最重要？与之相比，商品艺术价值难道很低吗？我们像傻子似的扼杀了商品艺术价值。我们借助机器打击它，那机器难道是我们生产的吗？比起那些机器，世世代代，孟加拉穷人训练有素的双手，难道不屑一顾吗？在这儿，我坚定地宣布：欢庆杜尔迦大祭节，需要到市场采购的话，我一定不买孟买用英国纺织机织的棉布，而毫不犹豫地自豪地买达卡的土布。这种土布交织着孟加拉多个时代的情感和成就。

当然，想买便宜货，肯定得买机织布，但最好也别到孟加拉邦的外面去买。有些人打算出高价购买孟买时髦的机织布，他们为什么不买同样时髦而价格便宜的桑迪普尔的布，真叫人百思不得其解。英国商人一度重创孟加拉的手织机，僵化了织工双手的技巧。可目前有些同胞给予了更致命的打击。训练一双熟练的双手，要花很长时间，而让这双熟练的手变得不灵活，则不用太多的时间。孟加拉经历了漫长岁月才把艺术女神请来，永远地失去她，谁心中不难受呢？我想再说一遍，手织机使用英国棉纱织成的布，其中的外国成分，比烧外国煤，使用外国纺织机织成的布里的外国成分，要少得多。更为重要的是，我们的手织机交融着孟加拉的艺术。艺术价值绝不比布的价格低。

不言而喻，孟加拉的手织机使用本邦工厂生产的或手纺车纺的棉纱，织成的布能以通行的市场价格销售，那最好不过。本邦手纺车的生产能力，达到那种水平，织工们就不必四处求人了。即使达不到，我们也绝不让孟加拉的织工和手工艺术成为英国机器和外国煤的祭坛上的牺牲品。

1923 年

森林女神

创造之初,地球是冷酷的,不育的;见不着怜悯生物的任何征兆。地震频繁发生,岩浆喷溅,大地瑟瑟战栗。某一天森林女神不失时机地向大地的庭院派遣了女使者。她那方嫩绿的披纱朝四周铺展,遮掩了大地赤裸的羞臊。不知过了多少年,受到生命之神款待的绿树青藤姗姗来临,但动物尚未诞生。林木忙于准备迎迓动物,为它们筹措解饿的粮食和纳凉所需的绿荫。

火是森林最贵重的礼品。森林后来把从阳光采集的火,献给人类。文明至今举着火炬阔步向前。

人类是肆意挥霍的动物。在大森林里栖息的时候,人类与森林充分地进行交换。但后来迁居城市,对森林的感情逐渐淡薄。为了建造房屋,人类忘恩负义,凶狠地袭击最初的知音——送来神明的恩德的树木。人类散布可怕的诅咒,鄙视为之祝福的一身绿装的森林女神。

现在北印度地区树木稀少,夏天的酷热不堪忍受。《往世书》的读者知道,北印度过去覆盖修士隐居的一望无际的森林,点缀着凉荫婆娑、景色幽美的村落。人类贪婪地收下自然的馈赠,一旦有限的赠礼不敷享用,便无情地砍伐树木,造成沙漠卷土重来的恶果。由于水土流失严重,波勒普尔的地表露出了骨骼,灾害步步逼近。昔日的情景迥然不同,那时大片森林保护着田野,提供人们赖以生存的水果、根茎。

哪儿的森林遭到破坏,哪儿的人蒙受苦难。如欲遏制灾难,唯一的办法是呼唤布施恩惠的森林女神,祈求她护佑这片土地,赠与水果,赠与绿荫。

采取有效措施防止森林资源被贪欲鲸吞，不仅是印度也是世界各国面临的难题。美国的大森林遭到破坏，滚滚而来的黄沙，毁坏着淹没着农田。天帝派遣的生命，在大地营造了庇护所，人类的贪欲则在里面繁殖死亡的细胞。人类社会违背天意，必然受到无穷的诅咒。一些利欲熏心的人，滥砍滥伐承担净化空气的、以落叶肥沃土壤的树木，残害森林，也招来了自己的灾祸。人类忘记了自己的长远利益，糟蹋了天帝仁慈的赠礼。

现在是忏悔的时候了。我们今天起誓：以我们微薄的力量，在我们的生活环境中，建一座赐福的森林女神的祭坛。今天的春耕、植树节有两大内容。第一，耕地——为了我们需要的作物和粮食。耕地是履行自己对自己承担的责任。第二，为了弥补由此产生的大地的损失，我们应当回赠礼品。为了对大地负责，让它免受伤痛，我们植树造林。我衷心希望这项活动无止境地扩展绿荫，让水果、稻麦飘香的乡村更加美丽，更加快乐。

1938 年

土地女神

世世代代，我们在土地的怀里撒娇，就像稚童在母亲的怀里一样。千百年来，土地使我们丰衣足食，我们从无缺粮的烦恼。但近来粮食奇缺，土地满足不了我们的种种需求，我们也就不眷恋土地了。

不久前，我走访了波勒普尔一个村庄，走进一户人家，主人殷勤地搬来椅子。我们坐下坦率地作了长谈。最后他恳求至少让他一个儿子到我的学校任职。我奇怪地问他："你家祖祖辈辈务农，为什么要送儿子去做月薪仅七八卢比的工作呢？"他叹口气说："我算过账，光种地日子过不下去了。早先我们要啥有啥，那样的日子一去不回啦。"

我问他是什么原因，他讲不清楚。

根本原因，是过去当地生产的粮食当地消耗。印度尚未修筑铁路，牛车、木船不可能把大批粮食运往外地。印度和其他国家尚未建立广泛的贸易关系，贸易渠道有限，贩运农产品的商人很少。我们对土地并无过高的要求，满足需求是件轻而易举的事情。那时，孟加拉大片土地荒芜。我曾见过一件怪事，好意把土地白白给农民耕种，他却认为是压迫。如今花钱也买不到那种土地了。每逢闹饥荒，农民扔下土地出外逃荒，找个雇工很困难。现在地价飞涨，农民死死抓住土地不放。

然而，那个老农抱怨，光种庄稼，入不敷出。其中一个原因，是农民买不起的商品不断增加。雨伞、布鞋、服装、家具……相继到了他的门口，他不买觉得脸上无光。与此同时，国内外商人敲开了他的大门，他生产的粮食装船运往国外。于是，农田再不能闲置，全种上庄稼也无法满足膨胀的需求。

土地不再荒芜,粮价直线上升,可是一年到头,一天吃不上两顿饱饭,农民负债累累。这种现实值得研究。为什么发生灾荒,家家户户没有储备粮?为什么一季作物受灾,下季作物收割之前,哭声震天?

这两个问题的答案是:我们对土地的要求很低,手头有些粮食就不愁吃用的时代的耕作方式,沿用至今。需求有增无减,但耕作方式一成不变。大片土地闲置的时候,每块土地不必年年种庄稼。轮耕轮种,土壤得以保持充足的肥力。如今土地没有轮休的机会,种植方法却一如既往。

一个家庭每日做饭用的大米、达尔豆如果限量,人口却年年增加,孙子孙女不言而喻不会像爷爷奶奶那样壮实。发育时期,必然皮包骨头,肝肿脾大。家长怨恨命数,咒骂《往世书》上记载的黑暗时代重又来临,都无济于事,当务之急是找到从缸里舀出更多的大米、达尔豆的有效办法。

农民无可奈何地诉苦:如今地里打的粮食,哪能有他们父亲、祖父的年代那么多哩。从他们嘴里说出这句话是可以理解的,他们学到的继承的是古老的种植方法。而我们这样说则是推卸责任了。我们应该根据实际需求,千方百计提高单位面积产量。否则,只能半饥半饱半死不活地过日子,抑或让高烧、消化不良等病魔缠死。

围绕开掘土地潜力多动脑筋,提高我国粮食总产量是可能的。这方面已有许多成功的例子。万万不可再讥笑种田是蠢人的行当,农业是门大学问。近年高等学府开展农业研究,推广科研成果,粮食单产提高幅度之大,完全出乎我们的意料。

使用脱粒机的农民

以我之见，只向农村提供粮食的生产方式，无法满足出口粮食的现实要求。有些人宣扬，过去那种自给自足的生产模式非常之好，粮食不该外运。可是，我们不能中止与外界接触，画地为牢，每日两顿饱饭，入夜沉入甜梦。与外界交流，我们才是完整的人。一个闭关自守的民族难以生存。资金、宗教、科学等等，都应适应对外交流，将它们幽禁于寓所和村庄是不可取的。大千世界在我们门口呼唤，若不作出反应，将受到惩罚的诅咒；谁也不会来救助我们。我们不可能找到返回古代村社的狭小天地的道路。

科学的阳光照耀印度农业的日子来到了。现在不是农民独家单干的年月，农民要与学者、科学家密切合作。农民的铧犁光翻土是不够的，也应与民族的智慧、知识和科研建立友谊。所以，获悉比尔普姆县出版《土地吉祥女神》报，我兴奋不已。事实上，不让吉祥女神和文艺女神携手联袂，土地女神的苦修修不成正果。因此，我谨向这家报纸的创办者表示衷心祝贺，祝愿他们树立的光辉榜样，扩展到孟加拉各县，使农田和心田一起呈现丰收的景象。

1918 年

疟疾防治

一

我首先回顾一下防治疟疾是怎样使我们和库巴尔昌德罗·查达帕塔耶先生殊途同归的。我不是医生,我在这儿讲话完全是为了抛砖引玉。你们知道,我们的学府"国际大学"位于圣蒂尼克坦,我们与周围村庄的关系非常密切。诚然,我们的首要任务是传授知识,但我一贯认为,知识、学校脱离整个社会,就不能激起心灵的共鸣,不能成为社会的一部分。

所以,尽管财力有限,我们总设法把教学与农村生活结合起来。在这间会议室里曾多次讨论我们目前展开的防病治病工作,与会者知道我们是怎样一步一个脚印地走过来的。我们不是富商巨贾。起初我们没有勇气向全国呼吁:请防治农村疟疾的专家和我们并肩战斗!我们只能量力而行。我们无限感激地承认,我们曾得到外国友人的热情帮助。一位美国妇女是我们热诚的合作者。她不是专科医生,大战期间在战地服务,通过实践积累了丰富知识。她每天踩着泥泞的乡间小道,走家串户,诊治病人。她走进贫苦的农民家庭,分发营养品;亲手清洗那些自诩高贵的文明人见了就恶心的溃烂的脓包。她为所谓不可接触的首陀罗种姓的贱民包扎伤口,喂水喂药。纵使夏日酷热难忍,浑身软乏,她也不把病人拒之门外。她累病了,在希隆疗养几天便匆匆赶回来,不久又累倒了。她吃苦耐劳的精神着实令人感动。这位高尚的女性即将回国,在孟加拉的时间不多了,但仍拼命工作。

另一位朋友是英国人埃勒姆·哈斯特。他花自己的钱在各国奔波、募捐,把捐款全部交给我们。为消灭四周村庄的疟疾,他日夜操劳,他所做的一切，不是一两句话说得完的。在两位外国朋友的大力协助下，我们拉开了防治疟疾的序幕。

国际大学外面的贫困村庄

你们洞悉人与蚊蚋的战斗。疟疾这个敌人的载体占据广大的地区。在这么大的地区，这么小的敌人，是不易俘获的。至少对三四个人来说，那比登天还难。在我们艰苦摸索的时候，攻读医学的我过去的一位学生跑来告诉我，库巴尔先生是著名的细菌学专家，全欧闻名。他的医术高超，月薪丰厚。他和您不约而同地在与疟疾激战，他发誓要从他最强大的敌人手中最大限度地解救孟加拉，哪怕收入减少也在所不惜。我的心被他的誓言感动了，打定主意向他提出合作的要求，当然不单是为了从他那儿获得消灭蚊子的武器。我认为，我这位同胞未受到外界的督促，不是出于一时的愤慨和激动，仅仅想到拯救国民的义务，就毅然牺牲个人利益，全心全意地投身于这项事业——这是罕见的楷模。我对他肃然起敬，盼望与他见面，共商大计。不久，他亲自登门拜访我。我听了他的具体计划，暗暗坚信与他精诚合作，必然获得成功。岂止成功，与他这样的人相处本身就是莫大的光荣。

你们已经看到，战后，德国、奥地利的人才黯然失色，其根由是饥饿体弱。粮食禁运期间，大批人饿死并非最严重的后果。孕妇吃不到营养品，婴儿喝不上牛奶，一代羸弱的儿童来到人世，长大以后不会聪慧健壮。从这个角度而言，人头数不等于人数，要看顶着脑袋的人有多大能力。光统计数字，不是科学的计算方法。住在孟加拉，我们不曾想到我们健康的主要源泉已经枯竭。我们头顶着疾病的重负，血管里流动着孱弱。每年死亡多少人，出生多少人，增长多少人，这无关紧要。至关重要的，在世的是不是名副其实的人，有无才华，智商高不高。大部分人半死不活，这样的包袱，民族是扛不动的。

我们以前总是唉声叹气，疟疾是全国流行的疾病呀，我们有什么办法同它斗争呢？亿万只蚊子怎样歼灭呢？政府漠不关心，我们能有什么作为？现在再不能唉声叹气了，成千上万的同胞正面临死亡，数十万人活着跟死了一样。这样的局面如不扭转，我们的前途将是非常黯淡的。只要克服悲观情绪，所谓灾难是天数的宿命论，总有一天被我们推翻。

我们应珍惜男女老少聚集起来的主动性。全村的人一齐动手，初步控制住疟疾的蔓延，读书人也好，文盲也好，大家就会认识到团结的重要。库巴尔先生正在这样做。听了他刚才提到的几位组织村民的村长的名字，我感到很欣慰。他们正携起手来，站在一个战壕里同渺小的敌人作战。库巴尔先生使越来越多的人明白：邻居池塘里滋生的蚊子，吸邻居的血也吸我的血，帮助整治杂草丛生的池塘也是为我自己。

超越贪欲、愤慨、仇恨、冲动的纯洁的情怀，使库巴尔先生兢兢业业地从事这项事业，他为我们树立的榜样，较之灭蚊本身，具有更重要的意义。为此，我要对他表示感激和敬意。

1923 年 8 月 29 日

二

今天，疟疾防治委员会召开会议，提交工作报告，让我来当会议主席。你们不是不知道，我是没有资格坐在主席台上的。事实上，在防治疟疾的会议上，有几位与会者可以和我竞争当主席的。他们脚踏实地从事疟疾防治，发表了有关防治疟疾的多篇文章。尽管如此，我还是要说几句话再告辞，请大家见谅。我之所以拖着病体来参加会议，是因为我不能回绝对我的邀请。

刚才几位发言者的精彩讲话，值得大家认真思考。疟疾等疾病侵袭我们，不只有一个原因。这个问题相当复杂，不是三言两语可以说清的。从一个角度预防疟疾，从另一个角度又可能出现漏洞。刚才说这句话的人，并未瞎说。换句话说，我们手中没有应对各种困难的权力。我们不能从四面八方围堵清剿疟疾。是的，千真万确，疟疾已侵入我国先前没有疟疾的地方。另一个原因是，我国以前没有铁路的时候，正常的排水系统没有遭到破坏。蚊子繁殖的一个重要原因，无疑是铁路破坏了两旁村庄的环境。此外，那些关注商贸、权势和私利的人的贪婪，造成了印度难以忍受的灾难。随之而来的疟疾、洪水、饥荒，无疑是严重问题。不过，刚才发言者的一种观点是错误的。我们尊敬的朋友库巴尔昌德罗·查达帕塔耶先生从事的事业，如果只是为了消灭蚊子，我就不会认为这是崇高的事业了。国内有蚊子，这不是大问题。最为严重的，是印度民众思想上的懒惰。这是我们自己的缺点，也是巨大苦难的根由。库巴尔昌德罗全身心投入这项事业，不是为了行善。任何人都不能说"我分发奎宁，给人打针，就能防治包括疟疾、黑热病在内的各种疾病"。说这种话是错误的。因为，他们在这个世界上能活多久？今天或者明天，早晚要离去。而疾病和灾难实在太多了！把几个人的一个项目当作唯一的办法，我们的苦难就永无尽头。

在我国，不幸的是，我们总指望外来者帮助我们消除各种苦难。印度历史上有过这样的岁月：那时国家并不依赖王室，老百姓自己解决缺水问题，消除各种匮乏。但其中的缺陷，使我们至今难以摆脱灾难。过去老百姓对身居社会上层、有志于建功立业的人提出这样那样的要求，要他们提供饮用水和急需的物资，建造寺庙和驿馆。他们得到的回报，是今世的功德和来世的升迁。现在，我们看到的恶果是，村里人至今盼望他们来送水。送水是善举，可谁来行善呢？他们老是说："你送水为我做好事，这并不是最重要的，你行善来世有好报啊。"诓哄别人、对别人提要求的做法，在我国随处可见。这造成一种恶习——民众从不携起手来，自己下决心消除匮乏。过去，印度不缺少行善的好心人，所以那时的村庄欣欣向荣，没有缺吃少穿的现象。如今世道变了，可我们并无适应新世风的心态。我们再寄希望于行善的好人，我们就没救了。

不进入村庄，你们不会知道疟疾带来多大的危害。许多人的肝脾肿大。所以，不用多作解释，一定要消灭

斯里尼克坦诊所

疟疾。我们很多人已经知道，疟疾是怎样暗地里慢慢地使人衰弱，走向死亡的。

总之，不要无所作为地望着天空，不要眼巴巴地盼望伟人来临。希望你们大胆地说："只要鼓足勇气，我们就能消除病痛。"在一个地方，做一件实事，高举起胜利旗子吧。读了报纸上的报道，你们大概已知道

多少人因患疟疾而死去。可我听说，情况已有所好转。最重要的，是有了信心。在孟加拉或许不能完全消灭疟疾，能消灭一部分就是不小的成就。消灭蚊子的同时，也克服人们的惰性。自信心是永久的基石。如果国内形成防治疟疾的强大力量，如果村里人说："我们不指望别人。我们瞧不起那些为积德而来行善的人。哪怕要饭，我们也不期盼那些人来行善。我们要对来自加尔各答的人说，你们来这儿，是为了宣扬你们是我们的好朋友，在报纸上发表长篇报导，让所有的读者为你们大声喝彩。以前我们从未看到你们为我们做好事。我们早就知道，绅士放高利贷收利息，在法院里当律师，害人。那些地主也是绅士，一直吸我们的血，他们的家丁、管家，横行霸道，胡作非为！这就是那些绅士的真面目！今天为什么突然来行善？"他们说这番话，我会非常高兴，他们早晚会这些说的。

我们的国际大学已行动起来。我们已采取措施，根除学校周围村子里的传染病。我们对村民们解释："我们生为文化人，这不是我们的罪过。我们和你们是心心相通的。"走到他们中间，所见所闻，让我们意识到，他们相信了我们说的这些话。

我多次讲，别人听我的话，并非因为我是诗人，而是因为我说过"要在社会内部唤醒社会的力量，大家互相支持，形成合力"。我身体力行，成立了乡村委员会。之后在这方面，未花太多的精力。今天到这儿看了看，我很欣慰。我们终于明白，我们问题的症结在哪儿。

依赖别人是不足取的。天帝对此不会满意。作为无穷力量的源泉，他以各种力量创造、养育了世界。不要只着眼于经济，不要只着眼于政治——只要我们承认，在我们社会内部和我们中间，有他的各种力量，有他不竭的力量，就会去发掘那无穷无尽的力量。只做一两件小事，只说几句不轻不重的话，是不可能实现既定目标的。

从我们艺术美感开始，到如何种地，如何收获庄稼，如何获得粮食，一切的一切，都需要培养自力更生的精神。

你们让我这个诗人坐在主席的位子上，让我说一句我认为应该说的话吧——春神吹笛子，不只让一朵鲜花绽放，一棵树萌生新叶。他让百鸟在南风中歌唱，让万木复苏。树木开的花和结的果实，参加各种力量的欢乐盛会，无比兴奋，无比喜悦。让我把这春天的福音送到你们身边吧。

1924 年

三个阶层喝三种酒

今天的会议一开始,一位发言者说,我们收割田里种植的不可缺少的庄稼,可我们不把同等数量的东西还给农田,造成了农田的贫瘠。印度有句老话:世界像一个大圆圈。我们的生活和我们的世界,循环着向前迈进。从泥土流出的生命的活水,如果不以循环的方式回到泥土里,生命就会受到伤害。水以水汽的形式从地球的河流和海洋蒸发,在天空凝聚成云,又以雨水的形式落到地面上。如果自然界的水和风的运动受阻,循环不完整,就会出现干旱、饥荒等灾害。由于地里种庄稼的循环过程不完整,我们的耕地越来越贫瘠了。可我们不知道这个过程已持续了多长时间。植物和动物把从自然界获得的财富还给自然界,确保周而复始的正常循环。但麻烦因人而生。人类在自己与自然之间,又创造了一个世界,阻塞了与自然的交流渠道。人类用砖石构筑难以跨越的隔离带,造成与田野的分离。我们承认,对于像人这样的高级动物来说,使用那些材料是不可避免的。但人不应该忘记,他富于活力的躯体,来自土地的生命,违反这颠扑不破的真理,人不能长期生存。人类把生命的物质还给土地,才能与土地进行正常的生命力的交换,欺骗土地就是欺骗人类自己。在土地的账本上,长时期只看到花销而看不到储蓄的记录,我们就应明白,离开破产为期不远了。

那位发言者说,在古代,几种伟大的文明相继诞生,遇到各种障碍,又一一泯灭。随着文明的发展,渐渐出现人口稠密的城市。以前提供衣食而未贫瘠的土地,如今已不能完全满足城里人的需求了。所以,文明逐渐衰微了。当然,在现代,由于扩大国内贸易,城里人享有诸多便利。一个地方的土地荒芜,可以进口另一个地方多余的粮食。就这样，粮食照常供应。但长期怠慢土地，人类总有一天将陷入困境，寸步难行。

就像刚才所说的生命有循环，心灵也有循环，也要使之正常进行，这一点应牢记心中。我们是社会的儿女，接受社会的馈赠，心灵得以健全，如果我们不予回报，就将把社会的一切消耗殆尽。人类社会是由众多思想、众多奉献和众多探索组成的。社会中，思想和奉献之河的流动一旦受阻，人的心灵一旦萎靡不振，无所作为，处处遵从陈规旧律，它就会渐渐欺骗社会，社会就不可能生机勃勃，提供活力。从心力的角度而言，这样的社会必将破产。在印度的农村，社会领域日益扩展。乡村社会如果没有新的思考、探索和奋斗，必将死气沉沉。

那位发言者还说，一捆捆稻草装在车上，从村庄运到城里，农民的稻地的肥力为此不断减少。与此同时，城市的残羹剩饭抛进恒河，漂向大海。于是，城市和农田永远分道扬镳了。

我们心里只考虑城市，只探究城市的发展，结果，印度的乡村社会不能回收精神财富了。我对农村是相当了解的，我看到那儿的生活极为枯燥单调，毫无乐趣。民间曲艺、民间戏剧、《罗摩衍那》的说唱词，全销声匿迹了。原因是从前从事这个行业的艺人离开农村到城里去了。他们的传艺方式如今不吃香了，演出也转向了。我们学到的知识不能使乡下人恢复朝气。他们的精神生命无从借助当下的歌曲、故事和曲艺，焕发生机。维持生命所需要的营养，未进入他们的思想领域。那种营养，就是生命所需的简朴娱乐。有了这些养料，心田才会肥沃。

在城里，我们不能建立真正的社会人际关系。城市的街道和千家万户的差异之墙，时时阻碍社会交往。城里人之间不可能有正常的情谊的纽带。只有在农村，人类社会的生命才能无阻地趋于健全。现今那些绅士下乡是愈发困难了。他们说，乡下弄不到可口的食物，他们过日子不可缺少的中意的菜肴，更是奇缺。其实，正是这些牢骚满腹的人与农村一刀两断，才使农村变成了一片荒漠。

没有人深入研究农村目前的困境是如何造成的。有些人倒是思考过，可也不能条理分明地讲明原委。仅仅同外地人绝交，仍无出路。想活下去，就得和农民共处。只有极少的人知道，在农村，如此严重状况的推力是什么。在乡下，在某些教派的手中，古老宗教扭曲到了怎样可怕的程度，已不便公开说了。

埃勒姆哈斯德先生今天在讲话中问："应在哪条路上选择保护生命的方法？"我的问题是："保护社会的健康和生命的道路，应向哪个方向延伸。"有一件事值得大家深思：在乡下喝酒的，是所谓不可接触的哈里、杜姆和莫齐等贫困的下层种姓人。中产阶级的印度人一般不喝酒。原因是，穷人需要喝酒。他们整天干重活儿，十分劳累。他们早晨带着用布包的饭团去干活儿，中午十二点或一点，用温水泡一下吃完，傍晚饿着肚子回家。全身疲乏的时候，多吃一些好菜好饭，疲乏是可以消除的，可他们弄不到饭菜。由于买不起饭菜，他们花四五分钱买土酒喝。这样，起码一小段时间心满意足，想象着自己跟国王似的。之后再慢腾腾地回家。这就是他们生活散漫和自甘沉沦的缘由。

而在城里，我们中间存在另外一种痴醉和疯狂。这种变态的原因是，我们没有认清印度的各种匮乏，只在极小的范围内借助疯狂，安抚自己的责任心。我们用怒吼、演说、写作和其他方式，表示我们在尽责。但我们只要一天不真正站在民众身边，不在他们中间传播知识之光，不全心全意为他们做实事，不肯为他们放弃全部个人利益，就一天不能排除心中的愧疚和怨恼。于是，为安抚恼火的责任感，我们瞪着发红的眼睛，发表演讲，做出各种疯狂的动作。和我一样能写诗的个别人，创作了几首爱国歌曲。可这几首歌不足以清除乡村的污泥浊水，不能为农民提供身心的食粮。所以，哈里、杜姆和莫齐等下层种姓人每天喝酒，我们城里人的疯癫也有增无减。

不能再这样自欺欺人了。我们必须每天站在村民身边，为国效力。我认识的一群年轻人，在不合作运动的推动下，下乡为农民服务。在与加尔各答国大党委员委保持联系的日子里,他们一直在农村工作。后来,因种种原因撤走了。

他们是否全身心地走进了哈里、杜姆和莫齐等下层种姓人的家里呢?他们是否心里惦记着村庄每日的需求,采取了长久措施呢?做这些事不需要血脉贲张的疯狂劲儿,为此,他们心里感到有些不过瘾儿。培养责任心是需要营养的,如果我们不能每天提供营养,在乡下做事就会如疯似癫,想象自己是英雄或伟人。

如今我们社会的三个阶层喝三种酒——真酒、道德沦丧之酒和安抚责任心之酒。哈里、杜姆和莫齐等下层种姓人喝的是第一种酒,农村上层人物喝的是第二种酒,城里的知识分子喝的是第三种酒。其原因是,社会各个阶层中,都出现了"食品"短缺。

1922 年

布波纳沙尔庙

首次游览奥里萨邦的布波纳沙尔庙,仿佛是读一本新著作。我觉到,这些石头里储存着许多话语。这些话语多少个世纪沉默着,像个哑巴,这给我心里带来的震撼便更强烈了。

《吠陀咒语》的作者写了有韵的咒语。这座庙是石刻的咒语;它的心语历历在目,矗立在蓝天之下。

人心在这儿用言词编织了什么?虔诚在这儿展示了什么奥秘?人在心里获取了"无限"中的什么信息?将其诠释的博大努力,散布在牢固石基四周的原野上。

这儿有一百多间诵经室——许多诵经室里,如今不点晚灯,螺号声静默着,雕刻的石板倒在地上,布满灰尘——它们不再设法把形象赋予某个人的想象。它们被那个不可知的时代的语言压伤了。印度衰败的佛教转世投胎为新生的印度教,当时新生活的豪情的波涛幽禁在大量巨石中,一千年之后,在印度一片原野上,以无声的暗示抒唱着其他时代人们苏醒的甜美心声。这座寺庙是距今遥远的一个新时代的史诗的断编残简。

这些诵经室,依凭它隐秘沉默的心力,以骤然涌动的情感波澜,亢奋游览者的心,其扑面而来的宏远,其繁复和神奇,很难在文章中描写——必须细细辩析,一点一点地阐述。人的语言,在这儿向岩石认输了——石头无需一段一段排列语句,它不说一句清晰的话,但把想说的一口气同时说完——转眼之间,它征服了整颗心——所以,心儿听到了什么,听懂了什么,得到了什么,脑子里似乎明白了,却尚未得到用语言表述的时间——最后,必须静下心来,慢慢地用自己的话诠注它。

布波纳沙尔庙

我看到，这座庙的基座上刻满画像。没有一点空隙。目光落到或未落到的地方，到处是艺术家艰辛劳动的印记。

这些不是取材于往世故事的画像。我也不能说，寺庙墙上写着天神十次下凡的经历和天堂里神仙的故事。每天世人的或大或小、或好或坏的事件——俗人的游戏和琐事，战争和和平，家里家外的事物，通过各种画面围绕着这座寺庙。我在石头上雕刻的画中，看不到什么特殊目的，不过是尽力描绘了演进的凡世而已。所以，一系列画中目睹的许多东西，突然觉得不适合画在庙里。这些画未经过筛选——琐碎的和神圣的，应该隐藏的和可以宣扬的，这儿都有。

进入一座教堂，如果我看到墙上挂着表现英国社会日常生活的画作——有人在吃饭，有人在骑马，有人在玩惠斯特牌，有人在弹钢琴，有人搂着女朋友跳波尔卡舞，我会惊愕地想，也许我在做梦吧——因为，教堂竭力抹掉尘世，彰显自己的天国特征。人在那儿远离城乡；它仿佛是尽力割断尘缘的天国楷模。

所以，布波纳沙尔庙的绘画，首先使我心里感到震惊。本可以不这样震惊的，但因为从小接受英式教育，我们在心里把天堂人间分得泾渭分明。平常事事处处小心翼翼，生怕俗人情感玷污神旨；生怕渺小的人突破神明在人群中确定的圣洁的遥远距离。

这儿，人和神仿佛身子贴着身子——这样的亲近感，没有被风尘抹掉。不断变化、杂事繁忙、蒙上灰尘的凡世画像，昂然挺胸，遮覆着神像。

我走进庙里。里面没有一幅画，没有阳光，神像静默地待在未加装饰的沉寂的蒙胧中。

神像的深广含义，在我的脑海里浮起。人用石头的语言想说的一切，从千百年前传来，在我心里回响。

那些话是：神不在远处，不在教堂里，他在我们中间。他静静地站在生死、苦乐、善恶和团圆离别之中。这凡世是他的永恒寺庙。这生动敏感的高大庙堂，时刻形式多样地重建着。它在任何时代不是崭新的，在任何时代也不是陈旧的。它的容貌不是恒久的，一切都在变化——可它神圣的和谐、真实和永恒，不会受损，因为在活跃的繁复中显现着一种永恒的真实。

释迦牟尼在印度引导人走向崇高。他不承认种姓。他登临祭坛，让人获得解脱，让神离开凡人追寻的目标。他弘扬凡人自身的力量。他不从祈求天堂的善良和福祉，而呼唤人心中的善良和福祉。

如此这般，他以尊敬和虔诚，使人心的觉悟、力量和热忱趋于高尚。他宣布：人不是神控的贫贱之物。

就在这时，印度教的心苏醒了，说："那是真言，人不微贱，因为，人拥有的力量，给人说话的语言，给人心灵手巧。就是那种神力，创造社会，推动世界前进"。

这座庙是石刻的咒语

刚刚苏醒的印度教在释迦牟尼建造的高耸入云的佛殿里获得了它的神。佛教融入了印度教。新生的印度教的要义是：神在人群中现身，神在人世建功立业，神徜徉在我们每时每刻的苦乐中。教徒寻求的力量，毗湿奴教派寻求的爱情，散布在万千人家。凡人细小的琐事中神力的作用，凡人友好的关系中天国爱情的游戏，在人的身边显现。社会中可憎

布波纳沙尔庙体现永恒的真实

的事物，也神气地说它也有神力，它的历史，记录在用中世纪地方语言写的往世故事中。

《奥义书》中有一句经文：

"一体"矗立着，像天上的一棵树。

布波纳沙尔庙以其特殊方式诵念这句经文："一体"静静地矗立在人世间。生死一次次在我们眼前返回。苦乐升起又落下。善恶在光影中奠定凡世的基础。一切是奇妙的，一切是活跃的，在其幽秘的深处，存在着那"一体"。一切是不永恒的，恒定的是他的乐园。流变是连续的，永久的他，能世代闪现。人和神、天堂和人间、束缚和解脱的永久协调，在石头的语言中回响。

《奥义书》用一个比喻阐述了它的含义：

一对美丽的鸟儿身贴身蹲在树上，

一只鸟吃甜菩提果，一只鸟饿着肚子观看。

在别的地方，还有以如此单纯的勇气，用一个如此简单的比喻，毫不费力地表现了生灵和最高灵魂这样的和谐、这样的相似和这样的共处吗？仿佛谁在眼前看到生物和造物主之间的美好平等，并把它讲了出来。为此，他不必上天入地地寻找比喻了。漫步林中的诗人，看到"有限"和"无限"，身子挨着身子静坐着，就像看到树林里翅膀美丽的一对鸟儿，他不用再绞尽脑汁，动用恢宏的比喻，阔大地诠释深奥的理论。两只小鸟清晰可见，看上去非常漂亮，熟悉的模样相当亲切，任何更大的比喻不能与之媲美。纤小的比喻展示宏大的真实，巨大的真实的勇气，在一个纤小的比喻中真切地表现出来。

两只鸟的翅膀交叠着，它们是挚友，同栖一棵树。一只鸟在啄食，一只鸟是证人。一只鸟活泼，一只鸟沉隐。

布波纳沙尔庙仿佛也载负着这句经文。它没有从神庙抹去人性；它宣告两只鸟儿在寺庙里大有作为。

布波纳沙尔庙似乎还有别的特点。《吠陀咒语》作者的比喻中，还有幽深森林的静谧气氛。在这个比喻的视野里,每个生灵,仿佛单独和至上灵魂朝夕相处。它在我们心中诱发的冥想之景中,我们看到,我在享用,我在游览,我在寻找,在这样的"我"之中,出现静修的湿婆。

在布波纳沙尔庙里,没有记载"个我"与"一体"的关系。那里所有的人,带着一切世事和享受,带着或短或长的全部经历,彼此融合,在自己中间,隐秘地无声地以证人的身份,昭示着造物主——不是在无人处,不是在关联中——而是在有人处,在世事中。它把人世和城乡当作寺院来表述——它以神性为万物和人类举行灌顶大礼。它首先不分贵贱,把所有的人作为一个整体,置放在石幕上,之后才展示——至上和谐在哪儿?他又是谁?万物一统的内在现映中,每个人与别人融合,变得崇伟。儿子与父亲,兄弟与兄弟,男人与妻子,邻居与邻居,一个种姓与另一个种姓,一个时代与另一个时代,一段历史与另一段历史,通过神灵,浑然交融。

1901 年

孟加拉掠影

一

今天中午,风和日丽,四周异常安静。我浮想联翩,手捧着的书,一页也没有读完。从木船停泊处飘来的水草的清香,田野里暖烘烘的气浪,萦绕着我的躯体,仿佛有生命的大地对我徐徐地呼出热气,而我的呼吸也拂触着他的身子。

绿油油的稻秧随风摇颤;河里的鸭子或潜水觅食,或用喙撩水洗濯羽毛。没有喧杂;潺潺流淌的河水牵动木船,缆绳和跳板发出轻微的凄凉的声音。

不远处是渡口。郁郁葱葱的榕树下聚集着不少等待摆渡的人,渡船一靠岸,便争先恐后地上船。我久久地望着渡口,感到别有一番情趣。对岸是乡村集市,怪不得渡船这么拥挤。他们有的头顶着几捆青草,有的挎着竹篮,有的扛着麻袋,下船后急匆匆走向集市。有些村民赶完集往回走了。宁静的晌午,小河两岸两座村庄之间这司空见惯的事情,构成乡村生活的一条支流,缓缓地流动着。

经管田庄时的泰戈尔

我坐着陷入沉思：孟加拉的田野、河埠、蓝天、阳光为何透现沉郁的苍凉呢？或许是因为孟加拉的自然景色特别引人注目的缘故吧。万里无云的晴空，一望无际的平原，金光四射的太阳，置身其间，觉得人太渺小了；人来人往，像渡船划过来划过去，只隐隐听见他们的交谈；世界的集市上，模糊地看见他们在人生的道路上颠踬，寻觅亘古如斯的些许悲欢。在浩茫冷漠、万世绵延的自然中间，那微语，那忽隐忽现的歌谣，那昼夜的琐事，是那么细微，那么短暂，充斥无谓的忧思。没有目标、烦恼，无需拼搏的幽寂的自然中间，可以看见博大的美和广阔而稳定的宁谧。可是在我们人群中间，满目是不间断奋斗的艰苦和可怜的愁容。

远望河畔影影绰绰紫岚缭绕的丛林，我的心不觉飞到了那儿，在凉荫下谛听清风和枝叶的喁喁低语。

愁云惨雾、坚冰厚雪、漫漫黑暗笼罩的地方，自然是萎缩的。那里的人建立了功业，认为他们的愿望和事业万古不朽，在所做的每一件事情上打上深深的印记；他们把目光投向后裔，树碑立传，在尸体上用岩石建造永久的纪念堂。然而，接下来许多印记漫漶了，许多名字被遗忘了，这一点没有被人们注意到，是因为他们太忙了。

萨加特普尔
1891年6月23日

二

今日天气晴和。码头上泊着两条船。整整一年以后，在外地谋生的人，提着装满礼品的皮箱、藤篮、旅行包，纷纷回乡省亲，欢度杜尔迦大祭节。我望见一条船快靠近码头的时候，一位先生脱掉旧衣服，换一条新裤，穿一件中国衬衫，把围布细心地绕过脖子，一端垂在胸前，下船后打着伞，昂首阔步朝村口走去。

稻田里荡漾着碧绿的波澜，天空飘移着一朵朵白云，芒果树、椰子树的枝梢耸立在白云之上，肥硕的椰子树叶在风中沙沙作响，河滩上芦苇行将绽放白花……这一切组成生意盎然的画卷。刚从外地返回故乡的那位先生的心情，与家人团聚的渴望，澄蓝的秋空，飒飒金风，绿树芳草，清流碧波……万物之中不停息的生命的律动，浑然交融，给独临船窗的青年①以极大的欢乐，也诱发他绵长的愁思。

帕德玛河

寂寞地坐在窗口瞭望，我心里陡然涌起新的期冀。嗯，新的期冀，不很贴切，其实是以新的面目出现的夙愿。前天，我也静坐窗前，望着一位唱着民歌的划桨的渔夫，歌声不那么动人，但把我的思绪牵向了童年——那时我也曾乘船游览帕德玛河。一天深夜两点左右醒来，推窗探头望去，如镜的水面映着皎洁的月光，一个小伙子在小船上撑着竹篙，嗓音甜美地唱着我从未听过的渔歌。

我忽发奇想，假若我的生活从那一天重新开始，进行生活的探索，就决不让它枯燥乏味，充满懊悔。我唱着诗人写的情歌，驾一叶扁舟，穿过惊涛骇浪，周游列国，寻访名胜古迹。逢人作自我介绍，也设法了解别人。全身洋溢青春的活力，像罡风呼啸着掠过天涯海角。末了返回

---

① 指泰戈尔自己。

故园，和诗人一样消度充实安逸的暮年。

这不是什么伟大的理想，造福于社会的志向比它高尚得多。可我这样的平庸之辈，心里还没有产生那样的志向。我无意饿着肚子，不眠地仰望远空，时时在脑子里辩论；无意以花言巧语诓哄世界和人心，在人为的饥荒中丧失宝贵的生命。我不认为世界是造物主创造的虚无和魔鬼挖的陷阱。我相信世界，热爱世界，我赢得爱，像人一样活着，像人一样死去，这就够了，我不抱神仙似的乘风遨游的奢望。

希拉伊达哈
1891 年 10 月

三

昨天我在公事房里处理杂务，同雇农交谈，问他们有什么要求时，突然来了五六个男孩，神色庄重地站在我的面前。不等我发问，他们中间一个口齿伶俐的孩子，以纯正的孟加拉语演讲般的开始说道："大人，承蒙天帝垂恩，您又光临此地，我们这群不幸的村童真是三生有运！"

他以抑扬顿挫的语调大约演讲了半小时，好几次背错，抬头望着天空，想了想，纠正了继续往下背。

我终于听明白了，他们的学校缺少椅子、凳子。他讲述着缺少椅子、凳子的严重后果："我们端坐何处？堪受我们膜拜的老师当坐何处？督学光临我们学校，我们恭敬地请他坐在何处？"

听着这个小男孩口若悬河滔滔不绝地演讲，我肚里觉得好笑。尤其在这间公事房里，不识字的农民以朴素平易的农村方言，有板有眼地对我诉说他们的贫困痛苦。在这儿，我听他们说，每当洪水泛滥，发生饥荒，卖掉黄牛、牛犊、木犁，换到几升粮食，每天填不饱肚皮。而这个男孩演讲，"日日"这个词，他不用孟加拉语单词"ohoroho"，而用梵文词"rohoroho"，"越过"这个词，他不用孟加拉语单词"otikromo"，而用梵文词"otikroya"，以缺少椅子、凳子为内容的孟加拉语演讲，掺杂这么多梵文词，别人听了感到真有点不伦不类，古里古怪。

其他雇农和管家见这个小家伙"精通"文言文，惊叹不已。他们好像在心里抱怨他们的父母："爹妈舍不得花钱让我们念书，要不然，我们也能像他这样用纯正的语言提出自己的要求。"

我听见一个人用胳膊肘碰碰另一个人，用忌恨的语气说："这个小家伙是谁教的？"

他的演讲尚未结束，我打断他的话说："放心吧，我会给你们购置足够的椅子、凳子的。"但他并不罢休，停了片刻，从被打断的地方重新开始他的演讲，尽管他已达到目的，再说是多此一举。

他锲而不舍地说完最后一句话，向我鞠躬行礼，带着他的小伙伴兴高采烈地回家去了。我假如不答应提供椅子、凳子，他未必伤心。但他下苦功夫背下的演讲词，不让他讲完，他将感到恼怒。所以虽然手头有许多急事，我仍耐着性子神色和蔼地听他从头至尾背了一遍。

卡里格拉姆
1891年

四

许多日子以后，今日独自坐在船窗前，我心里略微感到松快。

风帆高挂，船儿顺流而下。冬阳悬天，正午暖融融的。帕德玛河中没有航船。黄澄澄的寂寥沙滩，宛如碧水与蓝天的一条分界线。北风中河水粼粼地抖颤，波涛不兴。

我斜倚窗口，微风拂面，心舒神爽。近日被骄阳灼烤之后，我有些衰惫。此时，自然的清凉耐心的侍奉，扩散着甜美的惬意。我整个身躯也像浅清的河流，在温煦的阳光下慵懒地闪光，写信常常走神。

当河水潺潺流动，四周生命的律动，朗照、青空、音籁，辽阔柔和的葱茏，崭新的蓝色地平线，交织成色彩、舞蹈、音乐和美的节日，呈现在眼前时，我的心不觉陶醉了。我眼前的大地是古老的，又像我累世钟爱的人，是常新的。我与她有着殷深而久远的情感。我恍惚记得，亿万年之前，年轻的陆地在沧海里沐浴完毕，昂首伫立着赞颂朝气蓬勃的太阳的时候，地球肥沃的新土和元古生命的激情，把我养育成一棵大树。那时还没有动物，浩瀚的大海日夜翻腾，经常如愚昧的母亲，疯狂拥抱新生的陆地。我通过我的肢体汲取第一束阳光，怀着婴儿似的莫名的兴奋，在苍穹下摇晃；以密集的根须抓住泥土母亲，吮吸她甘美的乳汁。神秘的欢乐催绽我的新叶，催开我的花朵。当天空密布乌黑的雨云时，稠浓的暗影似熟悉的纤手抚摸我的绿叶。此后，我一代又一代地诞生在地球的沃土里。我与大地面对面坐在一起，便隐隐忆起往昔的情义。

此刻，河畔田野里，大地母亲身着金光闪闪的罗裙。我扑向她的脚边，扑向她的怀抱。就像生养许多孩子的母亲，不会专注而细心地观察每个孩子的行踪，大地母亲中午凝望天际，追忆着洪荒时代的景象，不曾向我投来一瞥；我却不住地絮叨。

时光就这样悄然流逝，不知不觉已是下午。冬日毕竟短促，太阳眼看着西坠了。

希拉伊达哈
1892 年 12 月 9 日

五

小河拐了个小弯，形成怀抱似的一个二三十度的角，河岸很高，我们隐蔽在怀抱似的转弯处，一百米开外看不见我们的身影。

从北面走来拉纤的船夫，一转弯忽然看见杳无人迹的原野的尽头奇怪地泊着一艘船，大为惊异，脱口说道：

"哎，这是谁的船呀？"

"看上去像地主家的。"

"干吗停在这儿？不停在庄园里？"

"八成是来呼吸新鲜空气的吧。"

这样的对话，一天能听见好几回。其实，我的使命比呼吸新鲜空气要艰难得多哟。

中午饭刚吃过,现在是一点半钟。提锚解缆,我乘的船缓缓朝田庄驶去。河风轻拂,却无凉意。冬天的阳光照在身上,暖洋洋的。船儿在浓密的水草上面驶过,响起咝溜咝溜的声音。不少小甲鱼伏在水草上,伸长脖子晒太阳。

远处的一座座村庄静静地朝我的船儿靠拢,村里有几幢茅屋、屋顶上不铺草的泥屋、几座草垛,有酸枣树、芒果树、竹林。三四只山羊在啃草,几个光屁股男孩女孩在玩耍。河边简易码头上,有的人在洗澡,有的人在洗衣服,有的人在涮碗擦盘。一位害羞的村妇腋下夹着汲水的陶罐,两个手指稍稍撩开面纱,好奇地望着站在船头上的地主①,她刚洗完澡的孩子,一丝不挂,通体黑亮,拽着母亲覆膝的裙裾,目不转睛地瞅着写这封信的人,满足着从未有过的好奇。

河边泊着几只木船。一艘暂时遭遗弃的旧渔船半浸在水中,等待着被拉上岸修理。作物收割完毕的空旷田野上,常常可以看见几个牧童,几只黄牛走到倾斜的堤坡上,寻找鲜嫩的青草。晌午时分,如此幽静的环境,别处恐怕是没有的。

波迪夏尔
1891 年

六

昨天下午,突然乌云滚滚,大雨倾盆,不久天又放晴了。今天,几片失散的薄云在艳阳下显得分外洁白,逍遥自在地在天边漫步,看上去没有化为甘霖的意思。印度古代的文豪贾纳格在其著名的诗篇中加以痛斥的不可信任者的名单上,似乎应加上司掌节气的神灵

上午的水乡分外秀美,蓝天纯净,河水不泛涟漪,倾斜的河滩上芳草缀着昨天的水珠,熠熠闪亮。阳光普照的原野,犹如身着素雅长裙的

---

① 指泰戈尔自己。

庄严女神。

上午太寂静了,不知为何不见河里有船行驶。离我的船不远的码头上,也没有人来汲水、洗澡。事情料理停当,管家径自去了。我默坐了一会儿,仿佛听见"幽寂"在低语。碧空和阳光仿佛渗入脑壳,占据了里面的地盘,用蔚蓝和金黄染透思绪和情感。船上有我弄来的一张躺椅,这样的时光,我喜欢抛却一切琐事,静静地躺下小憩,我觉得:

我像一朵野花,

自生自灭,无始无终,

年年岁岁

开放在青林。

我仿佛在天宇、河流、古老苍翠的大地的轻舟上消度年华,看不尽熟稔、真挚、丰富的情感的变幻。

希拉伊达哈

1893 年 5 月 11 日

七

纵目远望,清幽秀丽的水乡景色令人心旷神怡。我窗前的河对岸,四海为家的贝德人①搭起竹架,上面铺几张草席和毡布,便算是栖身之所了。那是三个简易小帐篷,人在里头直不起腰的。他们在帐篷外面做各种活计,晚上钻进去挤在一起睡觉。贝德人的习性亘古如斯,有点像吉普赛人。他们没有固定的住所,不向地主交租。他们携儿带女,赶着狗,轰着猪,到处流浪。警察时时以警惕的目光监视他们。

我常立在窗前看他们干活儿。他们看上去挺随和,很像信德河东岸的居民。虽然皮肤黧黑,但身材壮实,矫健,相貌端正。他们的女人也很俊俏,身段匀称、苗条、颀长。热烈大方的动作颇像英国姑娘。他们

---

① 在孟加拉地区,贝德人以编制竹器、贩卖土特产、耍蛇为生。

无所顾忌的举止行动,富于快捷自然的节奏。我有时觉得她们简直就是黝黑的英国女性。

一个男的把铝饭锅搁在灶上,坐在一边破竹篾,编制篮子箩筐。他的妻子面对怀里的一面圆镜,细心勾了分发线,梳完头发,用湿毛巾非常仔细地擦净面颊,整理一下衣裙,干净利索地走到男人身边,盘膝坐着做零活儿。这情景很有诗意,我认为。

这些大地的儿女,常年挨着大地的躯体。但他们中间也有对美的渴求,也想方设法让对方开心。他们不知在哪儿出生。他们在漂泊中长大,最后不知在哪儿死去。我很想了解他们的现状,窥探他们的内心世界。

寥廓的天空下,凛冽的寒风中,裸露的田野上,爱情、儿女、家务、劳动……组成他们的奇特生活。我见他们不停地忙碌,没有一个人闲坐片刻。一个女人做完手头的活儿,立即坐在另一个女人身后,解开她的发髻,认真地捉虱子,估计俩人嘀嘀咕咕还在谈论三个帐篷里的隐秘,可惜离她们太远,听不清楚。

今天上午,无忧无虑的贝德人家里突然人声嘈杂。那是八九点钟光景。他们把睡觉盖的夹被和破旧褥子搭在帐篷上晒。几头大猪小猪簇拥在一起,远看像一堆土圪垯。捱过了寒冷的长夜,晒太阳晒得正舒服。他们其中一家的两条狗,前脚踩在猪背上,汪汪叫着把它们轰了起来。那些猪不情愿地爬起来,哼哼唧唧觅食去了。我正在写日记,时而抬头瞥一眼窗前的土路,忽听路上传来了呵斥。我起身走到窗前,只见贝德人的帐篷前聚集了不少人。一个绅士模样的人,骂骂咧咧地挥舞着警棍。贝德人的头领神色惊慌,用发颤的声音争辩着。我猜测谁控告他们违反法规,警长特来找他们的麻烦。

有个贝德女人依旧专心致志地削竹篾,那儿仿佛只有她一个人,周围没有出事。俄顷,她霍地站起,毫无惧色地对警长挥动着手臂,连珠炮似的反驳。警长的气焰顿时大为收敛。他温和地想解释几句,但许久没有插嘴的机会。

警长走时态度软了许多，可是慢吞吞地走了一箭之遥，忽然气急败坏地吼道："听着，快给我滚蛋！"我以为我的邻里贝德人会拆掉帐篷，打点行囊，赶着狗，轰着猪，迁往别处。然而，始终不见动静。他们照样做饭，照样捉虱子，照样坦然地削竹篾。

我想起到我公事房告状的一个蒙着面纱的农妇，从她面纱后面飘出的银铃般的话音里，也没有一点儿犹豫、悲切、惶惧，只有清晰争辩的执拗。她一句话点到了要害："管家对俺不公平。"她不容别人解释孰是孰非，一个劲儿地申诉："俺是寡妇，俺孩子还没拉扯大……"我肚里暗笑，不作声，不同她争论。她侧着脸，从面纱后面斜眼观察我的表情。公事里来这么一个女人，可就热闹罗。听差的嗓门自然而然地变小，男佃户别指望有时间提出自己的要求。

萨查德普尔
1891年2月

八

帕德玛河水已开始退落，但这儿河水还在一个劲儿地上涨，环顾一下四周就明白了。粗壮的树干浸泡在水中，枝条无力地坠向水面。榕树、芒果树林的幽暗深处几条船之间，村民在洗澡。一间间落寞的农舍兀立在水上，前后院落被淹没了。农田杳无形迹，依稀可见水稻叶尖在水下晃动。

我记不清楚乘船经过了多少河流、沼泽。有时沙沙沙穿越稻田，一转眼滑入了池塘。池塘里白莲亭亭玉立，鱼鹰在潜水逮鱼。有时驶进河浜，一边是稻田，另一边是浓密树林掩映的村庄，丰盈的河水迂回地从中间流去。

洪水无孔不入，填满了一切空隙。乡村的惨况你大概从未见过。当地人坐在大缸里，竹片当桨使用，往返于农舍之间。看不见一条旱路，洪水如果继续上涨，涌入住房，他们将不得不蹲在高高搭起的竹架上。黄牛日夜立在齐膝深的水里，可吃的青草日益减少，等待它们的是死亡。一条条蛇离弃灌满水的洞穴，盘踞在茅屋顶上。无家可归的爬行动物、蚊蠓与村民同居。

泰戈尔家族的田庄

村外黑糊糊的树林里，树叶、葛藤、蔓草泡在水里腐烂，到处漂浮着人畜的粪便和垃圾。沤泡黄麻的臭水绿幽幽的。大肚子细腿赤裸的小孩在泥水里玩耍，全身脏极了。散发臭气的死水上面雾团似的蚊群嗡嗡旋舞。

雨季经过这些卫生条件极差的村落，我浑身汗毛凛凛的。每回看见身裹潮湿纱丽的家庭妇女把下摆挽在膝盖上，像受折磨的牲畜似的在风雨中拨开水上的污物，洗锅洗碗，心里非常难受。我难以想象乡村的人忍受着这样的苦难。他们家里有的患风湿病，有的两腿浮肿，有的感冒、发烧，婴儿不住地啼哭。但目前没有办法救助他们，只能看着他们一个个死去。乡村这种愚昧、落后、贫困、肮脏、无人关注的困境，太触目惊心了。

我们是各种恶势力的手下败将——自然的灾害，我们忍受；帝王的残暴，我们忍受；对世代造成无数悲剧的礼教，我们没有勇气发出反抗的呐喊。我们应该遁离这样的世界，这儿恶势力不会带来和谐、幸福，不会带来真善美。

梯格瓦蒂亚水路上

1894 年 9 月 20 日

泰戈尔笔下的印度

孟加拉母亲

让你的儿女在欢乐悲伤、
善恶荣枯中锻炼成长!
啊,慈祥的孟加拉母亲,
别让他是怀中永久的稚童。
让他走进现实世界,寻觅
于他最合适的立足之地。
别以清规戒律的绳索牵住
有为的儿子奋进的脚步。
让他在战斗中忍受伤痛;
正确、谬误,以心镜照清。
懦弱、腼腆、胆怯缠着你儿郎,
让他舍弃家产,走出高堂。
啊,无比善良的孟加拉母亲,
七千万孟加拉儿女尚未成人。

1895 年

印度巨人

啊,我的心,在印度巨人的海滨
这福善的圣地缓慢地苏醒——
　　站在这儿伸出双臂,向民众之神顶礼,
　　礼赞它,以洋溢欢愉的豪放韵律。
这儿有深沉冥想的山峦、
珠串般的河流滋润的平川,
啊,每日关注它神圣大地的风云,
在这印度巨人的海滨。

无人知道谁的呼吁下多少人流汹涌澎湃,
从何处注入印度的茫茫人海。
　　雅利安人、非雅利安人、达罗毗荼人、中国人、西徐亚人、
　　匈奴人、帕坦人、莫卧儿人在印度的躯体里交融。
今日开启西部的大门,
人人送来丰厚的礼品,
赠纳,融合,无一回遁,
在这印度巨人的海滨。

指挥铁流,高唱凯歌,怒吼狂奔,
横穿窒息生命的沙漠、越过峻岭的先人,
　　都消融在我体内,不在身外什么地方,
　　他们神奇的吼声在我的血液里回荡。

泰戈尔笔下的印度

呵,湿婆,弹拨神琴!
远离的一切被我憎恨,
铲除路上的障碍,让他们
也前来汇集在这印度巨人的海滨。

印度德里门

这儿曾响彻久经不息的神圣梵音,
"一体"的经咒在心弦上铿锵共鸣。
  修道士以"一体"的祭火焚烧"庞杂"的牺牲,
  忘却差异,唤醒一颗博大的心灵。
那苦修祈祷的庙宇,
如今山门已经开启,
所有的香客垂首祈望心心相印——
在这印度巨人的海滨。

你看祭火中跳荡着苦难的血红火苗,

必须忍耐,注定的命运在胸中燃烧。
  谛听"一体"的召唤,我的心,忍受忧愁!
  战胜平日的惶恐、羞惭,让耻辱化为乌有!
不堪忍受的将尽的哀恸
将化为一个伟大的灵魂?
天将晓,宏大的巢里母亲正苏醒,
在这印度巨人的海滨。

来吧,雅利安人,非雅利安人,穆斯林,印度教徒!
来吧,英国人!来吧,基督教徒!
  来吧,婆罗门,净化你的心,紧握所有人的手!
  来吧,堕落者,卸却廉耻的重负!
赶来参加母亲的灌顶大礼,
两手接触的圣水
尚未斟满吉利的祭典的器皿,
在这印度巨人的海滨。

1910 年

泰戈尔笔下的印度

恒　河

　　啊，恒河，
洪荒时代你足前萦绕着
　　凡世的恸哭；
神仙维吉罗陀沉湎于再生的苦修，
　　越过重叠的山峦，
向你传达死亡囚禁的鬼魂的呼唤——
　　请你赠送生命——
热情地说，啊，你是性灵的化身，
　　让荒漠轻吻你的赭色裙裾，
　　生长芳草，洋溢生机。
　　给不结果的树木累累硕果，
　　化解青藤不开花的苦厄。
　　让缄默的大地
　　说出鲜活的话语。
啊，恒河，你是生命的形象，
　　你流经的地方，
　　荒原的昏睡消散，
　　荡起苏醒的波澜，
　　泥土的院落里响起歌声，
　　两岸林木茂盛；
　　沿岸崛起的城市
　　堆满生活创造的富裕。

恒 河

恒河

凡人不知怎样
才能战胜最可怕的死亡;
　　冥想中望着你
从长生不老的湿婆的发髻
　　随滔滔不绝的甘霖
　　　时刻降临
　　　　凡世。
人们在两岸的圣地
　　盼望你的祭品,
叫喊着——割断虚假的恐惧之绳!
　　揩净被我抹黑的死亡的脸!
让死亡肃穆的神态并不令人惊恐不安!
　　你潺潺流动的水里,
　　　注入它的歌曲,
把人生之舟涌向最后的河埠;

在迷茫的旅客的额头印上你的祝福，
　　让他收下一笔
新的旅程需要的川资；
　　最后的时刻，
　　　他侧耳听着
通往无名大海的路上
　　你赴永恒幽会的歌唱。

1937 年

泰姬陵

啊，泰姬陵！
是谁给了你生命？
　　年年岁岁
　是谁向你提供了玉液？
因而你手擎大地一束欢乐的花朵，
　　仰望着天界琼阁；

泰姬陵

暮春别离的哀伤的叹息
　　常年伴随着你；
幽会的残夜，倦眼
　　怅望着黯淡的灯盏，
情人低唱的含泪的恋歌
　　在你的心窝
　　　　时刻回萦，
啊，泰姬陵，不朽的泰姬陵！

啊，郁郁寡欢的皇帝，
　　你从破碎的心里
　　　　掏出一件忆恋的珍奇，
送入世界的手中，
　　送入恋人的久别重逢。
没有帝国的军队
　　在它四周守卫。
　　　　碧空
　　满怀爱怜之情
　　　　千秋万世
无声地吻它洁白的胴体；
　　朝阳馈赠它的鲜红罗裳
　　　　放射着初恋的光芒；
面带分离的苦笑的冷月，
　　给它抹上凄凉的色泽。

啊，忠贞的皇后泰姬·玛哈尔，
　　你对爱情的回忆富于高洁的美质。
那游离了你的回忆

渗透生活不灭的光辉，
　　在黎民百姓中间
　　　　永无止境地扩展；
无形的回忆凝成形体，
　　将皇帝的宠爱融入人世的情义。
你从幽深的宫苑
　　取出骄傲的珠冠，
　　　　戴在天下有情人的头上，
不管他们住在泥房
　　还是在金碧辉煌的王宫——
你爱情的回忆使他们分享光荣。

　　皇帝的悲心，
皇帝的珠宝金银，
　　永别了这座宏伟的建筑。
如今人类隽永的情愫，
　　　　热烈地
拥抱着陵墓的瑰丽；
　　　　朝朝暮暮
进行着执著的苦修。

　　　　　　　　　　　　　　　1914年

金色的孟加拉（孟加拉国歌）

金色的孟加拉，我爱你！
你的碧空，你的和风，
永远在我心里吹奏情笛。
啊，母亲，
你春天的芒果花香使我陶醉，
啊，母亲，
你丰熟的田野，
我看见洋溢着甜蜜的笑意。

你的绿荫多么旖旎，
你的感情多么真挚，
榕树底下，池畔河边，
你铺展的绿茵无边无际。
啊，母亲，
我倾听你琼浆般的微语。
啊，母亲，
你形容憔悴，
我眼里充满泪水。

我在你的游乐场度过童年，
身沾你的尘土，我荣耀无比。
白日消尽，黄昏你点亮华灯，

金色的孟加拉(孟加拉国歌)

啊,母亲,
我立刻丢下玩具,
一头扑进你的怀里。

金色的孟加拉

你那牛羊踯躅的旷野里,
行船如梭的渡口,
终日鸟雀鸣啼、
树影婆娑的村径,
堆满稻谷的庭院里,
我消度着岁月,
你的牧童、农夫都是我的兄弟。

母亲,我匍匐着向你顶礼,
赏赐我你足上的尘粒,
它将是我桂冠上的宝石。

我要把穷人的财富献给你，
啊，母亲，
我决不允许从异域舶来的绞索
当作你颈上的首饰。

1906 年

印度命运的主宰（印度国歌）

胜利属于统治民众之心的印度命运的主宰！
旁遮普、信德、摩罗塔、达罗毗荼、
孟加拉、古吉拉特，
文底耶山、喜马拉雅山、白浪滔天的印度洋、
朱木那河、恒河，
在你的圣名下复苏，
祈求你吉祥的祝福。

印度国歌乐谱

泰戈尔笔下的印度

你的凯歌，高唱起来。
胜利属于为民造福的印度命运的主宰。
啊，胜利，胜利是属于你的！

听着你高亢的响彻四方的声音，
印度教徒、佛教徒、锡克教徒、基督教徒、穆斯林、
波斯人，来自东西边陲，
聚集在你御座的周围，
编成的花环溢散着爱。
胜利属于团结民众的印度命运的主宰。

National Anthem

जनगणमन अधिनायक जय हे, भारतभाग्यविधाता
पंजाब सिंधु गुजरात मराठा द्राविड़ उत्कल बंग,
विंध्य हिमाचल यमुना गंगा उच्छलजलधितरंग,
तव शुभ नामे जागे, तव शुभ आशिष मांगे
गाहे तव जयगाथा ।
जनगणमंगलदायक जय हे, भारत भाग्य विधाता
जय हे, जय हे, जय हे, जय जय जय जय हे ।
जनगणमन अधिनायक जय हे, भारतभाग्यविधाता ॥

Janaganamana adhināyaka, jaya he, Bhāratabhāgyavidhāta!
Panjāba Sindhu Gujarāta Marāthā Drāvida Utkala Banga,
Vindhya Himāchala Yamunā Gangā uchchhalajaladhitaranga,
Tava subha nāme jāge, tava subha āśisa māge,
Gāhe tava jayagāthā.
Janaganamangaladāyaka, jaya he, Bhāratabhāgyavidhāta!
Jaya he, jaya he, jaya he, jaya jaya jaya, jaya he!
Janaganamana adhināyaka, jaya he, Bhāratabhāgyavidhāta.

Translation into English

Thou art the ruler of the minds of all people,
dispenser of India's destiny.
Thy name rouses the hearts of Punjab, Sindh, Gujarat, the Maratha country,
in the Dravida country, Utkala (Orissa) and Bengal;
It echoes in the hills of the Vindhyas and Himalayas,
it mingles in the rhapsodies of the pure waters Jamuna and the Ganges.
They chant only thy name,
they seek only thy blessings,
They sing only thy praise.
The saving of all people waits in thy hand,
thou dispenser of India's destiny.
Victory, victory, victory to thee.

In Bengali script

জনগণমন-অধিনায়ক জয় হে ভারতভাগ্যবিধাতা!
পঞ্জাব সিন্ধু গুজরাট মরাঠা দ্রাবিড় উৎকল বঙ্গ
বিন্ধ্য হিমাচল যমুনা গঙ্গা উচ্ছলজলধিতরঙ্গ
তব শুভ নামে জাগে, তব শুভ আশিস মাগে,
গাহে তব জয়গাথা।
জনগণমঙ্গলদায়ক জয় হে ভারতভাগ্যবিধাতা!
জয় হে, জয় হে, জয় হে, জয় জয় জয়, জয় হে।
জনগণমন-অধিনায়ক জয় হে ভারতভাগ্যবিধাতা!

印度国歌印地语译文和译音、英语译文、孟加拉语原作

印度命运的主宰（印度国歌）

啊，胜利，胜利是属于你的！

盛衰的坎坷路上世代奔走着旅人，
旅途日夜回响着永恒御者的辚辚车声。
艰难的革命中，
你吹响号音，
排除危险和祸灾。
胜利属于指示民众前进的印度命运的主宰。
啊，胜利，胜利是属于你的！

当浓黑的长夜窒息了大地，
你清醒地用坚定温善的目光对它凝视。
从恐怖的噩梦中，
慈爱的母亲，你拯救它的生命，
把它搂在胸怀。
胜利属于拯危济难的印度命运的主宰。
啊，胜利，胜利是属于你的！

夜尽天明，东方的额际升起太阳，
百鸟歌唱，纯洁的晨风倾斟新生的甘浆。
你以朝霞的爱抚
唤醒昏睡的印度。
它在你足前俯身膜拜。
胜利属于统辖众王的印度命运的主宰。
啊，胜利，胜利是属于你的！

1911 年

图书在版编目（CIP）数据

泰戈尔笔下的印度 /（印）泰戈尔著；
白开元译. —北京：中央编译出版社，2015.12

ISBN 978 - 7 - 5117 - 2874 - 6

Ⅰ.①泰… Ⅱ.①泰… ②白… Ⅲ.①文化史 -
印度 - 文集 Ⅳ.①K351.03 - 53

中国版本图书馆 CIP 数据核字（2015）第 286416 号

泰戈尔笔下的印度

出 版 人：	刘明清
出版统筹：	董 巍
责任编辑：	邓 彤
责任印制：	尹 珺
出版发行：	中央编译出版社
地　　址：	北京西城区车公庄大街乙 5 号鸿儒大厦 B 座（100044）
电　　话：	（010）52612345（总编室）　（010）52612352（编辑室）
	（010）52612316（发行部）　（010）52612317（网络销售）
	（010）52612346（馆配部）　（010）55626985（读者服务部）
传　　真：	（010）66515838
经　　销：	全国新华书店
印　　刷：	北京金瀑印刷有限责任公司
开　　本：	787 毫米×1092 毫米　1/16
字　　数：	257 千字
印　　张：	18.5
版　　次：	2015 年 12 月第 1 版第 1 次印刷
定　　价：	46.00 元

网　　址：	www.cctphome.com　　邮　箱：cctp@cctphome.com
新浪微博：	@中央编译出版社　　微　信：中央编译出版社（ID：cctphome）
淘宝店铺：	中央编译出版社直销店（http://shop108367160.taobao.com）　（010）52612349

本社常年法律顾问：北京嘉润律师事务所律师　李敬伟　问小牛
凡有印装质量问题，本社负责调换。电话：（010）55626985